Heibonsha Library

［増補］国境の越え方

平凡社ライブラリー

Heibonsha Library

［増補］
国境の越え方

国民国家論序説

西川長夫

平凡社

本著作は、一九九二年一月に筑摩書房より
刊行されたものに新稿を加え、増補したものです。

目次

I　日常のなかの世界感覚
1　世界地図のイデオロギー……12
2　好きな国・嫌いな国——心理的な世界地図……24
時代の流れ……31
日本人の人種的距離——アジアの問題を中心に……36
日本人の自己同一性……49
II　ヨーロッパのオリエント観
3　サイード『オリエンタリズム』再読……68
湾岸戦争とオリエンタリズム……68

『地獄篇』のムハンマド……73
オリエント巡礼と巡礼者たち……81
マルクスのインド論——文明論の陥穽……97
二項対立の限界とそれを越える可能性……112

III 日本における文化受容のパターン

4 欧化と回帰……126
欧化と回帰のサイクル……126
受容における二重構造……135

IV 文明と文化——その起源と変容

5 起源——ヨーロッパ的価値としての文明と文化……161
文明……161
文化……171

6　フランスとドイツ――対抗概念としての文明と文化……184
歴史的条件……184
フランス革命の役割……193
人類学者の観点……205
補論――整理のためのノート……216
7　日本での受容――翻訳語としての文明と文化……222
文明開化ノ解……222
岩倉使節団と福沢諭吉――文明論から脱亜論へ……233
文明から文化へ――陸羯南の文化概念……249
大正文化と戦後文化……263

V　文化の国境を越えるために

8　国民文化と私文化――日本文化は存在するか？……272

国民文化への疑い……274
〈民族〉概念の揺らぎ……281
文化相対主義の役割と限界……295

9 二つの『日本文化私観』――ブルーノ・タウトと坂口安吾……305
対立的な二つの文化観……305
文化価値と生活価値……312
俗悪の闊達自在……326
文化の国境を越える……342

VI 補論――一九九〇年代をふり返って

10 グローバリゼーション・多文化主義・アイデンティティ
――「私文化」にかんする考察を深めるために……364
グローバリゼーションとは何か……365
多文化主義の可能性……395

アイデンティティの政治性……409
参考文献……437
あとがき……449
平凡社ライブラリー版 あとがき……453
解説――「国民国家」論の功と罪 上野千鶴子……461

I　日常のなかの世界感覚

1——世界地図のイデオロギー

子供のころ世界地図を見るのが好きだった。地図は国ごとに美しい色でぬりわけられ、日本は赤く世界の中心にあった。大英帝国は巨大な面積を占め、インドもオーストラリアもカナダもピンク色だった。メルカトル図法のおかげでソ連やカナダの北方は無限にひろがり、世界の果ての神秘を思わせた。広大な中国は黄土そのものであった。とりわけ私の夢を誘ったのはユーラシア大陸の西端にあるフランスの青紫とポルトガルの赤紫色であった。二〇年後にフランスに留学し、休暇を利用してスペインを横断し、ポルトガルに至り、リスボンの港に立ったとき、とうとうやって来たな、という感慨があった。

世界地図が壁に張ってあったのは戦争があったからだろう。小学校に入ると間もなく「大東亜」戦争がはじまり、中国や東南アジアの各地に次々と日の丸が印された。私の父は軍人であったから、私の家族は父の部隊の移動のあとを追って朝鮮、満州の各地を転々とした。

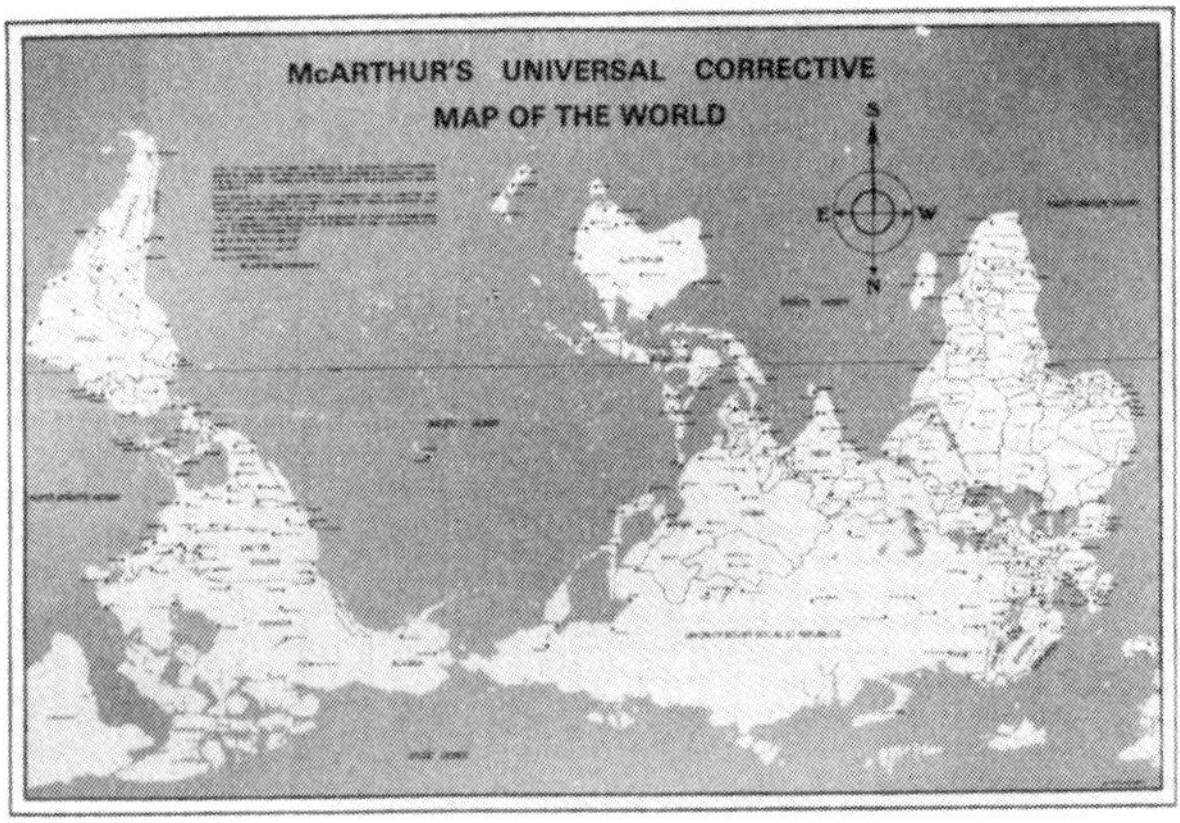

図１　オーストラリアの世界地図

そして敗戦。戦後、私は長いあいだ世界地図を眺めて夢想する習慣を失っていた。世界地図が気になりだしたのは一九六〇年代の後半、私自身も外国に出かける機会が多くなってからである。

　経済成長とともに、そして国際化の呼び声とともに、いまやふたたび世界地図が巷にあふれる時代となった。相変わらず小さい列島を中心に。色どりは変わったが、相変わらず国々を色わけにして。北が上なのも同じことだ。あるとき数人の地理学者にその理由をたずねてみたが、納得のゆく説明はえられなかった。書物で調べてみると、聖地エルサレムを中心に置く中世のＴＯ図では東が上、イスラムの世界図では南が上であったらしい。世界地図は世界観の雄弁な表明だ。地図は人類の偉大な発見であるが、人類の思考の枠にもなる。先日オーストラリア土産にもらった世界地図（図1）は南が上になっており、見ていると目まいがする。世界の崩壊だ。だが機知と批判精神にみちたオーストラリアの人も、自国を中心に置く習慣からは逃れられなかったらしい。

外国に行く友人に頼んだり、自分でも旅に出る度に各国で出ている世界地図を買う。太平洋を中央にもってくるもの、大西洋を中心にもってくるもの、さまざまだが、それだけでも世界のイメージは何と違ってくることだろう。当然どこの国でも自国を中心に世界地図を作ろうとする。現在のところ例外はタイ土産にもらった地図で、これはヨーロッパとアフリカ大陸が中央にあり、したがってタイ国は右寄りになる。モロッコではついに世界地図を手に入れることができなかった。おそらくどこかで売っているのだろうが。世界地図に興味のない国、世界地図を必要としない国だってあるだろう。地理上の発見をめぐる競争に参加できなかった日本人は、だが鎖国のあいだにも世界地図にかんする強い関心をいだいていたようである。一七〇八年、切支丹禁令を冒して日本に潜入した宣教師ヨハン＝シドッチの尋問を行なった新井白石の主要な関心の一つは「世界地図」であった（『西洋紀聞』）。鎖国時代、平賀源内は皿に世界地図を書いて楽しんだ。平野威馬雄『平賀源内の生涯』（ちくま文庫）には次のような興味深い記述がある。

「やっと出来上がったぞ!」源内はにこにことうれしそうだ。ここは長崎肥前屋の奥座敷……源内は梅鉢紋の麻上布《じょうふ》を素肌にひっかけ、あぐらをかいてしきりと一枚の皿をひねくっている。それは珍しい皿で、よく見ると皿のおもてに世界地図がかいてある。じつにきらびやかな色彩で、東半球皿と西半球皿になっている。それにもう一枚日本地図皿というべきものも出来上がったようである。天草の土がすっかり気に入った源内、この春のおわりころから、この土でやいた皿にひとつ新味を出してやれ……と、夢中になってとりかかった。この皿のことはたいへんな評判になった。遠国からわざわざ見にくる学者も毎日二、三人はあった。江戸時代もこのころまでは、そう完全な世界地図はできていなかった。明《みん》の万暦年中に外国宣教師が中国人のために作った世界地図がわが国につたわり、正保二年に長崎で発行された『万国絵図』というのが、その模写《もしゃ》で、その後、寛文十年に保井算哲という学者のつくった地球舟形図《ふながたず》や、元禄九年に書いた西川如見の世界地図などを見ても、前述の万暦時代のものと同じようなもので、いっこうに進歩はなかった。

ところが源内のつくった二枚の世界地図皿はこの種類の知識の発達史のうえからもっとも重要なものとされている。

「さすがは新時代の先覚者だ！」と、当時の学者たちは舌をまいておどろいた。昔からの卵形図法というありきたりな形式を破って、球形図法による世界地図に思いつき、しかも皿の円とふちをこれに利用して、新世界図を表現し、旧知識から新知識へと一般大衆をみちびいていこうと企てたことは源内以外にはだれにも考えおよばなかったろう。皿のふちにははっきりと目盛りが刻まれていることからいま考えても、ただ無意味に円形の皿をつかったものではないことがわかる。この皿はどれも貴重な文化資料として、今日でもたいせつに保管されている（一二四－一二五頁）。

幕末から開国にかけて若い知識人たちは、例えば福沢諭吉のように、外国製の世界地図を前に置いて、思考し、あるいは行動した。明治天皇の即位の儀式に地球儀が登場するのは、たとえそれが世界を足蹴にする意図を秘めていたにせよ、興味深い。久米邦武は明治五年、岩倉使節団の一行がパリの国立図書館の「地球図」の部屋を訪れる情景を忘れずに書きとめている（『米欧回覧実記』第三巻、七〇頁）。だが日本人の最初の世界一周が、明治政府の要人の半ばを含む、東洋に誕生したばかりの近代国家をあげての事業であったことは、日本人の未来にとってはたして幸運だったのだろうか。使節団の精力的な行動と観察力は感嘆に値する。だが彼らが見たものは、世界の人びとの生活ではなく、世界の国家と国民であった。

世界地図に興味をもちだしてから各国のテレビ・ニュースが気になる。テレビは、空港、大学、病院、軍隊、銀行、株式取引所、百貨店、等々とならんで世界中似ているものの一つだろう。ニューヨーク、ロンドン、パリ、モスクワ、北京、東京、等々、ニュース番組のパターンはいずれもよく似ており、背景に自国中心の世界地図がある。国家の利害がしのぎをけずる現実政治の世界では、世界地図の中で考える必要があるだろう。だが世界地図の外に出ることはできないだろうか。宇宙飛行士は国境も色分けもない地球を見た。類似の経験は普通の飛行機旅行でもできる。もっとも世界地図の虚構と現実を知るには、歩いて国境を越えるほうがよいかもしれない。

世界地図は、地球は諸国家によって構成され、国境によって区切られ、色分けされた国民が存在するという固定観念をわれわれに与えている。そして国家と民族と文化が一致するという偏見。ナショナル・アイデンティティの神話。それを失うことの恐怖、それに背く人びと、「非国民」への反感。ソウル・オリンピックでは一四〇カ国からの参加があったという。

小国も大国も、国家の名誉をかけて競い、それぞれに国歌をうたい国旗をうちふる。その熱狂ぶりは壮観であるが、少し距離をおいて眺めれば実に異様な光景ではないだろうか。

世界地図はしばしば塗りかえられる。大国による侵略、併合、分断、植民地化、等々、あるいは長い闘争で得た独立。戦略的な地図、世界を二色、あるいは三色に分けるイデオロギー的な地図、世界を宗教や文化圏で分ける地図もある。だが基本的な単位は国家だ。

地球が国家に色分けされてしまったのは、そんな昔のことではない。せいぜい最近の二〇〇年、フランス大革命以後のことと考えてよいだろう。それなのにわれわれは近代国民国家のイデオロギーにすっかり侵されている。国家のイデオロギーの特色の一つは、自国と他国、国民と外国人、「われわれ」と「彼ら」の二分法だ。昔、「彼ら」は怪物や人食人種であったりした。今では黒人や共産主義者や犯罪者や外国人労働者、等々だ。公認された差別の原理である。オリエンタリズムは結局、東洋に対する支配の様式である、と主張して議論をよんだエドワード・W・サイードの書物『オリエンタリズム』には、異種文化の真の理解は不可能ではないかというペシミズムが顔をのぞかせている。「われわれ」と「彼ら」の二分法に立つかぎりはと、つけ加えるべきだろう。

だが、いま現実の世界では国境は侵犯され、国家は変形を余儀なくされている。人工衛星に備えつけた性能のよい特殊なカメラがあれば、越境しつつある無数の影をスクリーンに映しだすだろう。それらは人間の群れであり、巨大な資本であり、世界の工場の廃棄物であり、いまだ不分明な思想である。

国民国家の原理にもとづく地球上の古い秩序は、いま音をたてて崩壊しつつある。核ミサイルは容易に国境を越え一国民全体、あるいは地上の人類の大半を絶滅しうるだろう。われわれが核戦争の悪夢にうなされるようになってから、すでに久しい。核兵器ばかりではない。酸性雨や放射能に汚染された雨も容易に国境を越える。アメリカの工場の廃棄物がカナダの河川に流出して水俣病を発生させ、酸性雨が森の樹々を立ち枯れさせる。チェルノブイリの放射能はヨーロッパの牧草にまで及び、汚染された牛乳をヨーロッパ諸国の食卓にもたらす。資本も容易に国境を越える。多国籍企業はいうまでもないだろう。日本の資本がアメリカの自動車工場を倒産させ、エンパイヤー・ステート・ビルやハリウッドの映画会社を買収する。あるいは南アジアの熱帯雨林を裸にし、アフリカの象を絶滅させる。情報も電波にのって容易に国境を越える。ベルリンの壁を崩壊させ、社会主義の衣装をまとった現代の専制政治を打破するのに、映像の力が働いていたことは確かだろう。そして最後に、戦争や災害や圧制や経済的困難、等々による大量の難民と移民の群れが国境を越えている。外国人労働者と呼ばれる貧しい越境者の群れを、われわれはどのように迎えたらよいのであろうか。ローマ時代であれば蛮族の侵入とでもいったであろう。だがその蛮族が次の時代を作ったのだ。

そうした世界の状況をわれわれは事実として、あるいは知識として、よく知っている。だが何かある具体的な事柄に直面したときのわれわれの反応は、驚くほど愛国的であり自国中心的である。国民国家の体制が足元から崩れているのに、あるいはそれ故にいっそうわれわれは国民国家のイデオロギー（ここではよりヴィジュアルに「世界地図のイデオロギー」と呼ぶことをお許しねがいたい）に執着し、深くとらわれている。その一例は外国人労働者に対するわれわれ日本人の反応だろう。「われわれ」の中の「彼ら」はいつどのようにして「われわれ」になるのだろうか。あるいはその逆は？　「われわれ」と「彼ら」の二分法はどのようにして廃棄し、あるいはのり越えられるのであろうか。これは現代の最大の思想的な課題だと思う。国際化や異文化交流の問題はそこから出発すべきであろう。外国人労働者の存在は国籍の概念を変え、国家の概念をつき崩す。外国人労働者の多いフランスでは国籍の再定義が問題となり、最近、政府の諮問機関が大部の報告書を出した。* わが国でも数年前に国籍法が改正されたが、この点では鎖国に近い。国際化とは、英語をしゃべることではなく、賢人会議や文化サミット（何という無神経で非文化的な言葉だろう）の高遠なお説を拝聴することではなく、身近に外国人労働者をいかに受けいれ、いかに接するかにかかっていると思う。

＊――Etre français aujourd'hui et demain. Rapport de la Commission de la Nationalité présenté par M. Marceau LONG au Premier ministre（「今日と明日フランス人であること――マルソー・ロン氏より首相に提出された国籍にかんする委員会報告書」一九九一年）。

一個人に特定の国の国籍を強制することのできる根拠はどこにあるのだろうか。そもそも国籍とは絶対的な論拠のある概念だろうか。現行憲法の第二二条には「何人も、外国に移住し、又は国籍を離脱する自由を侵されない」という条文がある。第一条や第九条にくらべてこの第二二条はほとんど知られていないが、同じように重要な意味を含んだ条文だ。この条文は国家と国籍のあり方に大きな問題を提起してはいないだろうか。それに自国民に外国への移住の自由を保障するなら、他国民の自国への移住の自由も認めるのが道理というものではなかろうか。この条文を読んだとき、私はジャン・グルニエの「人は生地を選べないが、死ぬ土地は自分で選ぶべきだ」という主張（『地中海の瞑想』）を思い出した。あるとき私は地中海のほとりで死ぬことを夢想したが、結局はいま住んでいる京都を選ぶかもしれない。だが、私がアルジェリア人でなく日本人でなければならない究極の理由は見出せないだろう。

人びとが、それぞれに死ぬべき土地（したがって自分にふさわしく生きるべき土地）を求めて地球上を移動しはじめたら、あのいまわしい「非国民」という言葉もなくなるだろう。

＊

なおメルカトル図法にかんして、歴史学者の側から興味深い指摘がなされているので、以下に引用させていただく。

この図法は、地表の各部分における方向・角度が正確に示されるので航海用の地図には適当であるが、距離や面積については、赤道付近は比較的正確に示されても、高緯度の地方では拡大され、形や大きさをあらわすのにきわめて不適当な図法である。だから、この図法によると、北緯四〇度以北が大部分を占める「ヨーロッパ」の面積が不当に拡大されて示され、ヨーロッパと面積において大差のない低緯度の「インド」（パキスタンを含む）がイベリア半島程度の大きさで示されることになる。ヨーロッパが大陸で、インドはアジア大陸の一つの半島のような錯覚を与えることになる。しかもこの図法による世界地図が、今日にいたるまで、多くの歴史書に用いられてきた。この図法は、ヨーロッパ＝「大陸」観を定着させ、ヨーロッパ中心的世界像を地理的に基礎づけてきたといえる。いままでの多くの世界史像は、このメルカトル図法にもとづく世界像と密着した、メルカトル的世界史像といえよう（前川貞次郎『歴史を考える』ミネルヴァ書房、六九 - 七〇頁）。

「メルカトル的世界史像」を特色づけるものとして、前川氏はさらに以下の誤てる二つの原理を指摘されている。(1)世界史の流れを東から西へとみる「光は東方から」観――これによれば、西ヨーロッパにおいて文化は最高度に達し、そこで完結する――、(2)西ヨーロッパより東の諸文明を一括して東の文明ととらえ、オリエントとオクシデントの対比によって西ヨーロッパを不当に拡大する偏西史観。

2――好きな国・嫌いな国――心理的な世界地図

『未来』のバック・ナンバーを何気なくめくっているうちに、「好きな国・嫌いな国」と題されたエッセーが目にとまり、朴慶南《パクキヨンナム》氏の一〇回にわたる文章を全部通読することになった。はじめから長い引用で恐縮だが、その「好きな国・嫌いな国」と題されたエッセーの中心になっている部分をまず引かせていただきたい。

埼玉県の高校生が送ってくれた〝好きな国、嫌いな国アンケート用紙の結果〟への反響を大急ぎで紹介する。日本史の先生が、受けもちの二クラスの生徒を対象にとったアンケートで、〝好きな国、嫌いな国を一つずつあげて下さい。それぞれの良いイメージ、悪いイメージを〟という設問になっていて、その結果が数字と表になって印刷されている。

好きな国は、オーストラリアがだんとつで一位、以下、イギリス、アメリカ、スイスと続き、嫌いな国の方は、ソ連と朝鮮半島（韓国・北朝鮮）が同数で一位。以下、南アフリカ、フィリピン、日本と続く。良いイメージの方は、開放的、のどか、美しい……などの言葉が連なり、対して、ソ連――秘密主義、暗い、冷たい……朝鮮半島――スパイ、ダサイ、性格が悪い……と暗いイメージのオンパレードとなっている。この話を前回の放送の最後にして、意見、感想を求めたらドッとリスナーたちからの手紙、ハガキが届いた。

束ねてあった輪ゴムを外して順番に読み始める。中学生から社会人まで、北海道から福岡と、幅広い年齢、広い地域から届いた声。

――……確かに韓国が日本を嫌いなのは過去にこだわっている消すに消せない事情がありますが、日本が韓国を嫌いなのはなぜでしょうか？　確かに以前は韓国についてあまり知らされずにいたし、自分自身も興味を持たずにいたのですが、新大統領になり、ソウル・オリンピックの開催で少しずつニュースや報道で取り上げるようになって興味をもって見るようになったのですが。……

――僕の場合、好きな国〝日本〟嫌いな国〝日本〟です。特にここ数週間の日本は嫌だ。（〝昭和天皇崩御のニュース〟から十日後のハガキ）他の国は、好きでも嫌いでもありません。さて韓国ですが、さっきも言ったように好きでも嫌いでもないのですがこれからも今以上に、ずっと日本にとって重要な国になると思います。だから僕は、大学に入れたら英語同様、朝鮮語も勉強したいと思っているわけです。喋れて決して損はしないだろうから。……

――韓国って、そんなにイメージ悪いんですか。好き、嫌い以前に本当にその国の事を知っている人が何人いるんでしょうね。北朝鮮やソ連の日本語での正式名称さえ、言える人が少ないのにね。そう言ってる僕も韓国の事は殆ど知りませんから、こんな事を書く資格がないいんだよね。

――嫌っている理由というのは、今までの主な世界の事件にその国が係わっていると思われているからだと思います。大韓航空機の爆破事件で、犯行は北朝鮮とし証人も出ましたが、はたしてそれが正しいという証拠もないままです。世論の非難に日本人が流されている気がします。……

アンケートのとり方に対する批判も。

――どこの国が好きか嫌いかという安易なアンケートって問題があると思いません

か？　何となく有害無益という気がして……。

――私が思うのは「キライな国は？」という質問自体がよくないのではないでしょうか。大体、この平和な世の中（日本に関して）で本当にキライな国なんてできるわけがないと思います。……

かなりのスピードで手紙を読み終えた。最後の一枚をテーブルに置くと深呼吸を一つ。そして、再びマイクに向き合う。

「韓国も日本を嫌いな国と言ってるので、それに対して反感を持っている日本人が多いみたいだけど、足を踏んだ人はそのことをすぐ忘れても、踏まれた人はいつまでもその痛みを忘れないと思うのね。例えば、日本を他の国に奪われ、今日から日本語を話しちゃいけないとか、名前を変えなさいなんて言われて、それが三十六年間も続いたら、なほみちゃん大変なことだとは思わない？」

その言葉に対してなほみちゃんは、「最大の屈辱ですよね。言葉もそうだし、名前を変えさせられるなんて絶対耐えられない」と強い口調で答えてくれた。私の言葉は続く。

「日本と韓国の繋がりは二千年以上で、最初は文化の交流もあり親しかったのが、やきもの戦争とも呼ばれる秀吉の朝鮮侵略があったり、近代では日本の韓国併合という植民地統治があり、歪んだ関係になってしまったのね。そして、今、南北分断の痛みがあまりに深いんで、日本を赦せないという気持ちが強いと思うけど……あのね、埼玉県のツノヤマ君が新聞の切り抜きを送ってくれて、日本の若い人と文通したいという韓国の若者からの申し入れに日本からの反応が全くないという内容なんだけど、これからはホントに個人レベルでいい関係を作っていけたらいいと思うの。まずお互いがお互いのことを知り合うという……」(『未来』一九八九年一一月)。

朴慶南氏の文章には「〈ラジオたんぱ〉オープン・スタジオから」という副題が付されており、毎回の放送のエピソードが巧みに綴られている。朴氏は、朝鮮や日韓問題についてまったく無知といってもよい日本の若者たちに、簡単な韓国語講座を開いたり、両国のあいだの歴史を語ったりしているのだが、その率直でしなやかな語り口が若者たちの心をとらえている様子が読みとれる。

もっともリスナーがつねに韓国と朝鮮人に心を開いているとはかぎらず、時には「外国の問題を日本に持ちこむな！　(難民のことも) コジキの犠牲になれるか！　自分の国ぐらい自分たちだけでなんとかしろ！　日本人を巻きこむな！　みな他人のことを考えるより自分の生活を考えろ。たいした生活してないんだろうが……」といった匿名のハガキが舞いこんだりもする。朴氏はそんなひどい手紙にも立腹したり、あるいは無視したりせずに、宛名には「慶南さん係」と記されているところに、ある種の「親しみ」が表現されていることを読みとり、「返事が書けないので、住所と名前を教えてね」と語りかける。在日朝鮮人のこういう語り口があり、それに応える日本の若者たちの電波を通じてのこういうつながりとこういう感受性が育ちつつあることを知って私は感動した。

「好きな国・嫌いな国」というエッセーのタイトルに私が心をひかれた理由は、おそらく二つある。一つは私が北朝鮮で生れ、幼少期を朝鮮、満州ですごし、敗戦の翌年、難民として三八度線を越えた体験があるからだ。古い戸籍簿に私の出生地は「平安北道江界郡江界邑石古洞陸軍官舎生れ」と記されている。私の生れ故郷は朝鮮なのであるが、私はそうした行政区画がいまも存在するのか、また存在するとしてもそれが朝鮮語でどのように読まれるのかを知らない。困るのは外国に出たとき、国籍とともに必ず出生地の記入を求められることである。例えばフランスでは国籍の項に Nationalité : *japonaise* と記し、出生地の項には Lieu de naissance : *Kokai*（*Corée*）と記すことにしているが、そんな地名はおそらく現実には存在しないだろう。私はなんとなく自分のアイデンティティがうたがわしいような気になる。私の生れ故郷は今ではさまざまな意味で私には拒まれた土地であり、そのことが朝鮮と朝鮮人に対する私の感情をいっそう複雑にする。

「好きな国・嫌いな国」というタイトルが気になったもう一つの理由は、私自身がこの数年、同じようなアンケートを、私の担当している「比較文化論」の学生を対象に試みていたからである。

最近の三年間に私が行なった「好きな国・嫌いな国」のアンケートの結果を以下に記しておきたい。設問の趣旨はいずれの年も同じで《好きな国・嫌いな国をそれぞれ順位を定めて三つ示し、その理由を示せ》といったものである。なお二位、三位の国々を含めての分析をはじめると処理がむずかしくなるので、ここでは一位の国だけを問題にしたい。

私は毎年このアンケートを学年はじめの四月に行なう。一つには大学生活や講義の影響を受ける前の学生たちの反応を知りたいからである。特に「比較文化論」の講義でそれを行なうのは、それが私のもつもっとも多人数の講義であり、学生の半数以上が一回生でしかも文学部という限定はあるがほとんど全専攻の学生が登録しているからである。それでもこのアンケートの結果が一般的な傾向を示しているかどうかについては疑問がないではない。英米文学科の学生は中国文学や東洋史専攻の学生の二、三倍はいるから、イギリスやアメリカを好きな国に数える学生の比率は当然、高くなるだろう。だが、ほとんど毎年行なわれる政府や各新聞社の類似の調査の結果と比べてみれば、意外に両者のひらきは少ないことがわかる。またここでは厳密な数字を問題にしているのではないから、この程度のアンケートでも議論のきっかけを作るには十分だろう。世界の国々への関心をひらくきっかけを作ることが第一の目的だから、私は毎年学生たちに、一種の遊びと思って軽い気持で答えてほしい、とたのむ。だがアンケートの集計をしてみると、時には予想外の結果もあり、考えこんでしまうことも少なくない。以下アンケートの結果から読みとれるいくつかの問題点を考えてみたい。

時代の流れ

この種のアンケート調査は、科学的な観点からもイデオロギー的な観点からも多くの問題点を含んでいるが、ときには時代の流れを明確に映しだすことがある。例えば昭和一五（一九四〇）年の「全国壮丁教育調査」の項目に「好きな国」があり、その順位は、(1)ドイツ、(2)イタリア、(3)フランス、(4)イギリス、(5)ロシアとなっている。それが日‐米開戦前夜の日本人の世界のイメージを映していることは明らかだろう。この順位は私の少年時代の思い出に対応物をもっている。メンコ（私たちはパチンコといっていた）でもっとも尊重されたヒーローはムッソリーニとヒトラーであった。中国や他のアジアの諸国の英雄たちがメンコの絵に現れたことがあっただろうか。

戦後の調査ではアメリカが常に好きな国のトップを占め、嫌いな国のトップはソ連と中国になる。安保体制下ではあるが戦後二〇年近くを経て、すでに高度成長期に入っていた昭和三九（一九六四）年の中央調査社による「好きな国と嫌いな国」の全国調査の結果は次頁の表1のようになっている。

好きな国の三位にスイスが入っているのは戦後デモクラシーの名残であろう。小中学校の教科書でスイスやデンマークといったヨーロッパの小国が、戦後日本の手本とすべき国として称揚された一時期があったからである。だがそれにしても、好きな国の上位はすべて欧米諸国である。それに対して嫌いな国の上位はすべて隣国だ。二つの社会主義国と韓国、四位にアメリカがあることは戦後二〇年という歳月が作用しているかもしれない。だがアメリカも日本に依然として軍隊が駐留する、海の向こう側の隣国だ。

以上の二つの表と対照させるとわれわれのアンケートの結果の意味が鮮明になるだろう。まず「日本」の問題がある。戦争直後、すなわち今から四〇年、あるいは三〇年以前でも、われわれは「好きな国」の項に「日本」と書き入れることを思いつきもしなかっただろう。

「日本」を別にすれば、現在アメリカは依然としてトップか上位を占めている。だがきわめて大きな変化が起きていることも明らかだろう。例えば中国である。中国は嫌いな国の上位から好きな国の上位に移っている。これは明治以来の新しい現象だろう。この傾向は一九七八年の日中平和友好条約以来のものだと思われる。八〇年代前半期の調査はすでに明白な傾向を示している。例えば八四年一〇月の「読売全国世論調査」で「あなたが特に信頼できると思う国（ただし指定された三〇カ国から五つをあげる）」の一位と二位はアメリカ（四三・三％）と中国（一九・五％）であるし、翌六〇年の新情報センターの調査でも「最も親しみを感じている国」の一、二位は同じくアメリカ（四七・六％）、中国（二六・二％）であった。こうした傾向は全国の大学における中国語学習者数の急増によっても裏づけられる。われわれのアンケートのなかではあるが、中国がトップを占めたというのは、日本近代の歴史のなかで特に記念すべき事柄だろう。だ

表1　「好きな国と嫌いな国」全国調査

	好きな国		嫌いな国
1	アメリカ	1	ソ連
2	イギリス	2	中共
3	スイス	3	韓国
4	フランス	4	アメリカ
5	西ドイツ	5	西ドイツ
6	インド	6	イギリス
7	ソ連，中共	7	インド
8	韓国	8	フランス，スイス

（中央調査社，1964年）

アンケート結果（1）

好きな国

順位	1990年（641人）		1989年（196人）		1988年（248人）	
1	日　本	128(20.0%)	日　本	90(45.9%)	日　本	99(39.9%)
2	アメリカ	67(10.8)	アメリカ	14 (7.1)	中　国	28(11.3)
3	オーストラリア	65(10.1)	中　国	12 (6.1)	アメリカ	21 (8.5)
4	イギリス	56 (8.7)	オーストラリア	10 (5.1)	オーストラリア	20 (8.1)
5	中　国	46 (7.2)	イギリス	10	イギリス	9 (3.7)
6	スイス	38 (5.9)	スイス	10	スイス	9
7	ドイツ	35 (5.4)	フランス	7 (3.5)	カナダ	8 (3.2)
8	フランス	31 (4.3)	ドイツ	5 (2.6)	インド	6 (2.4)
9	カナダ	18 (2.8)	オーストリア	5	フランス	5 (2.0)
10	インド	14 (2.2)	ギリシア	3 (1.3)	ドイツ	4 (1.6)
11	エジプト	11 (1.7)	スペイン	3	エジプト	3 (1.2)
12	スウェーデン	10 (1.6)	カナダ	2 (0.1)	スウェーデン	3
13	ギリシア	9 (1.4)	インド	2	(以下省略)	
14	スペイン	8 (1.2)	スウェーデン	2		
15	イタリア 8 (以下省略)		(以下省略)			
好きな国(日本を除いた場合)						
1	アメリカ	94(14.7)	アメリカ	35(17.9)	中　国	44(17.7)
2	オーストラリア	81(12.6)	スイス	22(11.2)	オーストラリア	42(16.9)
3	イギリス	70(10.9)	中　国	19 (9.7)	アメリカ	39(15.7)
4	中　国	66(10.3)	オーストラリア	17 (8.7)	スイス	14 (5.6)
5	スイス	49 (7.6)	イギリス	14 (7.1)	イギリス	13 (5.2)
6	ドイツ	46 (7.2)	フランス	13 (6.6)	カナダ	11 (4.4)

表2　学生への

嫌いな国

順位	1990年（641人）		1989年（196人）		1988年（248人）	
1	南　ア	125(19.5%)	日　本	45(23.0%)	ソ　連	45(18.1%)
2	アメリカ	101(15.8)	南　ア	28(14.3)	南　ア	39(15.7)
3	中　国	65(10.1)	ソ　連	22(11.2)	アメリカ	37(14.9)
4	北朝鮮	63 (9.8)	イラン	20(10.2)	北朝鮮	33(13.3)
5	日　本	62 (9.7)	北朝鮮	18(9.2)	日　本	26(10.5)
6	ソ　連	48 (7.5)	アメリカ	18	イラン	13 (5.2)
7	韓　国	41 (6.4)	韓　国	10 (5.1)	中　国	7 (2.8)
8	フィリッピン	22 (3.4)	イギリス	4 (2.1)	韓　国	6 (2.4)
9	フランス	10 (1.6)	フィリッピン	3 (1.5)	イラク	4 (1.6)
10	イラン	9 (1.4)	フランス	2 (1.0)	フィリッピン	3 (1.2)
11	ベトナム	6 (0.9)	中　国	1 (0.5)	フランス	2 (0.8)
12	インド	5 (0.8)	他に，タイ，インド，シンガポール，オーストリア，リビア，イスラエル，など		(以下省略)	
13	イギリス	5				
嫌いな国(日本を除いた場合)						
1	南　ア	137(21.4)	南　ア	35(17.9)	ソ　連	47(19.0)
2	アメリカ	121(18.9)	アメリカ	33(16.8)	アメリカ	46(18.5)
3	中　国	68(10.6)	ソ　連	28(14.3)	南　ア	45(18.1)
4	北朝鮮	64(10.0)	イラン	21(10.7)	北朝鮮	33(13.3)
5	ソ　連	51 (7.6)	北朝鮮	19 (9.7)	イラン	14 (5.6)
6	韓　国	43 (6.7)	韓　国	15 (7.7)	中国	7 (2.8)

がその中国人気が最近いくらか下降気味である。一九九〇年にかんしていえば、明らかに天安門事件の影響が読みとれる（もっとも本年度〔一九九一年度〕の中国語学習者の激減と比べれば、この表における中国の下降はあまり目立たない）。

「嫌いな国」の上位にそれまで忘れられていた南アフリカ共和国が入ってきたのは、いうまでもなくアパルトヘイトがジャーナリズムで大きく取り上げられるようになったからである。イラン・イラクが出てくるのはイ・イ戦争と、そのあとのホメイニ師の言動やサルマン・ラシュディの『悪魔の詩』の問題がかかわっている。中国に対する日本人の感情が大きく変化しているのに対して、ソ連・韓国・北朝鮮に対する嫌悪感は依然として残っている。嫌いな国のなかで新たにアメリカが急増しているのは、貿易摩擦その他、最近の日米関係をはっきり反映している。アメリカのテレビを見ていると、日本批判の激しさは開戦前夜を思わせるものがあるが、アメリカでも日本人嫌いの傾向が同様に強くなっているのだろうか。ただし後に述べるように、われわれのアンケートに見られるこの傾向は、たんなるアメリカ嫌いでなく同時にアメリカに対する関心の深まりを示している。

日本人の人種的距離――アジアの問題を中心に

図2　シュルレアリストの世界地図（『ヴァリエテ』1929年6月号）

地理的な世界地図とは別に、心理的イデオロギー的な世界地図を考えることができるだろう。一九二〇年代の末にシュルレアリスト（アメリカ人、イヴ・タンギーによるものとされている）の描いた世界地図（図2）を思いだす。当時のシュルレアリストの芸術的政治的な意見に対応した世界地図を描いてみせたものである。この地図では、まずオセアニアのニューギニア、ビスマーク列島が、チリに近いイル・ド・パック（イースター島）とともに異常に拡大されているのが目立つ。同じオセアニアでもオーストラリアは縮小され、拡大されたハワイほどの大きさになる。世界の陸地の大部分を占めるのはロシアとアラスカだ。アメリカ合衆国は消失し、メキシコとラブラドル（カナダ）が広い地域を占める。南米とアフリカも小さく、ヨーロッパはドイツとオーストリア＝ハンガリーに二分されている。パリはドイツの首都、コンスタンティノープルはオーストリア＝ハンガリーの首都であるらしい。アイルランドはあるがイングランドはない。アジアでは中国が拡大されインドが縮小されている。日本や朝鮮は存在しない。創意と偏見に満ちた世界地図である。

同じようにして、日本人の心理的な世界地図を描いてみたらどうなるだろうか。アメリカとヨーロッパは異様に大きく、ニューヨークは東京のすぐ近くであるのに対して、ピョンヤンやソウルはパリやロンドンよりも遠くにあるかもしれない。アフリカや南米は極端に小さく、南半球では、オーストラリアだけが目立っている。何となくグロテスクな絵図になりそうな気がするが、グロテスクと感じるか、面白いと感じるかは立場のちがいにもよるだろう。

もう一〇年ほども前のことであるが、栗原彬氏の論文を読んでいて、泉靖一氏に「日本人の人種距離」にかんする調査研究のあることを教えられ、その結果があまりにも判然としているので強い衝撃をうけたことがあった。「人種距離」という用語はなじみにくいし、また四〇年も昔の調査を今ごろとりだすのは当事者には迷惑かもしれないが、現在でもきわめて重要な示唆がこめられているので以下、栗原氏の著作からその部分を引用させていただく。この調査は東京都に限られているが、そこから当時の全国的な傾向を読みとって、おそらく

表3　民族集団の好嫌と人種距離

	(1)人種距離指数							(2)好嫌の実数		
	総平均	男	女	職業別				好き	嫌い	回答総数
				商業	工業	公務団体等	無職			
朝鮮人	12.5	12.5	12.5	13.9	13.5	12.1	12.6	8	150	158
シナ人	9.8	9.7	9.9	9.8	11.0	10.2	10.9	22	74	96
フィリッピン人	10.9	10.8	11.0	10.9	11.3	10.7	11.3	7	39	46
インド人	6.7	6.3	7.4	9.6	7.2	6.7	7.8	27	8	35
インドネシア人	9.7	8.3	10.0	10.5	10.2	9.4	10.0	8	10	18
タイ人	7.6	7.4	7.8	7.9	7.0	7.4	7.8	28	4	32
ビルマ人	8.9	8.9	8.9	9.3	8.2	9.1	8.7	10	7	17
安南人	10.3	10.8	9.5	7.6	11.5	10.3	9.8	13	7	20
アメリカ人	3.4	3.9	2.6	4.2	1.7	4.3	2.5	167	6	173
イギリス人	4.3	4.5	3.9	4.7	4.4	4.4	4.0	105	3	108
フランス人	4.1	4.4	3.7	4.1	5.7	4.3	3.7	117	3	120
濠州人	11.5	11.5	11.4	11.5	11.4	11.6	11.2	4	39	43
ドイツ人	4.8	4.7	5.0	4.3	5.8	4.7	4.9	83	2	85
イタリー人	6.5	7.1	9.7	6.5	8.4	7.1	6.7	23	6	29
ロシア人	11.8	11.3	12.5	12.3	13.9	11.4	12.6	11	106	117
ニグロ人	12.6	12.6	12.5	12.2	14.0	12.9	12.8	5	64	69

（1951年東京都調査，泉靖一「東京小市民の異民族に対する態度」日本人文科学会編『社会的緊張の研究』所収．有斐閣，1953年，第3，4表，430-31頁：民族名ママ）

間違いはないだろう。

この調査では、日本に最も関係があると思われる民族集団十六を選び、最も好きなものから順次一から十六までの番号をつけさせ、その平均順位をもって各民族の人種距離として いる。表3はその調査結果であり、図3は人種距離だけを図に表示したものである。民族名は「シナ人」「安南人」「ニグロ人」など、不適当な表現もあるが、当時の調査のニュアンスを伝えるため、あえてそのままとした。

まず表3(1)を見ると、男女や職業の別にかかわらずそこに共通の傾向があり、総平均の傾向に近似していることがわかる。つまり、東京都民に限るにしても、性や職業などのカテゴリーを越えた規模で、一定の傾向性が存在することが推定される。このことを前提としたうえで、図3からは、つぎの事実を読み取れるであろう。

第一に、アメリカ人・フランス人・イギリス人・ドイツ人が至近距離の一群を占め、日本人の欧米志向性を示している。

第二に、ニグロ人・朝鮮人・ロシア人・濠州人・フィリッピン人が最遠距離のグルー

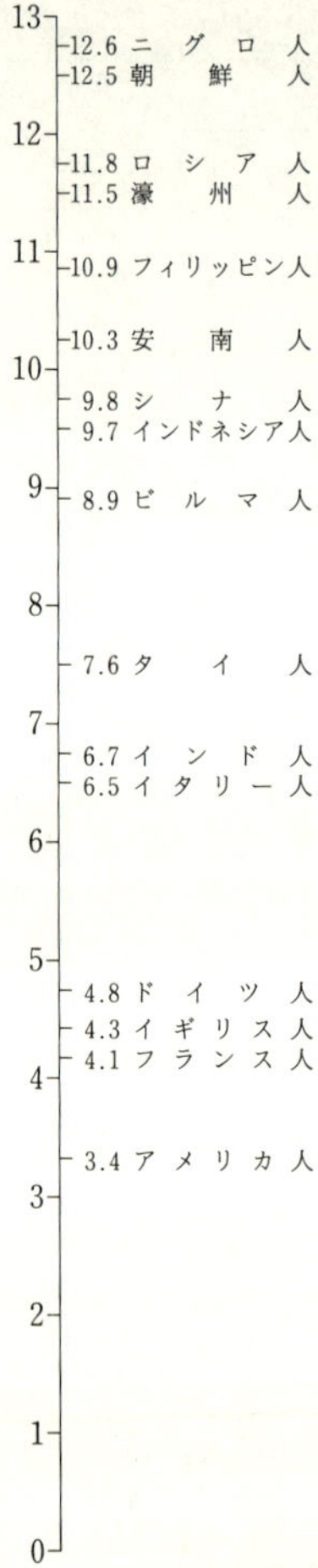

図3　日本人の人種距離
（民族名ママ）

プを形成している。

第三に、欧米グループの最後尾イタリー人に踵を接してアジア民族のなかでは最も好まれるインド人が現れ、後尾の安南人にいたるまで不規則に分散するアジア・グループの一群がある。朝鮮人に対して明らかに偏見があり、フィリッピン人に対して偏見に近い時事的反発が見られることを別とすれば、日本人にとってアジアの諸民族は、そんなに好きでもなければ嫌いでもない中間距離群を形成していることになる。

つぎに表3(2)の好嫌回答の総数を各群について比較すると、欧米グループの回答率は高い。また「嫌い」に傾くニグロ人・朝鮮人・ロシア人・濠州人・フィリッピン人のなかでは、朝鮮人とロシア人に回答率が高く、ニグロ人・濠州人・フィリッピン人は低い。中間のアジア・グループは直接接触度の高い中国人を除いて、回答実数がきわめて小さい。なかでも最低はビルマ人、ついでインドネシア人である。

このことから欧米グループとロシア人への関心度は高く、また、アジア・グループについては、中国人と朝鮮人を例外として、関心度ないし認知度はきわめて低いといわなければならない（栗原彬『歴史とアイデンティティ――近代日本の心理＝歴史研究』新曜社、第六章「日本人のアジア像」、二二三－二二五頁）。

この論文における栗原氏の主要な関心事は、日本人の対アジア態度のなかに〈保存〉と〈対象化〉のメカニズムがどのように作用しているかを明らかにすることである。この問題に関しては栗原氏の論文を読んでいただくことにして、われわれはここではこの調査結果に表れている日本人の外国人に対する歴史的心理的構造が、ほぼ四〇年を経てどの程度変化しえたかを問うことだけに問題を限りたい。

日本人の人種距離が地理上の距離とは正反対に、欧米に近くアジアに遠いということは、自分自身の体験や日本の近代化の歴史からもある程度は予想されたことではあるが、それがこれほど明確な表れ方をするのはやはり驚きである。そこに一九五一年という時点の、それも東京という場所の、戦後デモクラシーと欧米志向の特色を読みとることもできるだろう。このような傾向は現在も維持されているだろうか。栗原氏によって指摘されている三点について見てゆこう。

第一、日本人の欧米志向性にかんしては、全体としては依然として存続しているが、かなり根本的な変質のきざしが現れていると考えてよいだろう。例えばオーストラリアの急上昇は、英米と同じく英語圏であり、人種的には欧米志向とみなすことができる。だがオーストラリアやカナダが若者たちに人気があるのは、これまで欧米に求められていた高度の文明や文化がそこにあるからではなく、逆に広大な自然と素朴な人情に心をひかれているからであろう。この点に注目すれば古いタイプの欧米志向性はゆらぎつつある。

最大の問題点は中国の登場だろう。中国が好きな国の上位を占め、時にはアメリカよりも優位を占めることは、たしかに日本人の欧米志向性を見直す材料になる。また確かに人種的な距離の接近といってよいだろう。これは歴史的な変化である。中国が好きな理由の大半は雄大な自然の魅力にあるのだが、中国人のおおらかさを記す者も多い。だが楽観するのは少し早すぎるかもしれない。彼らの多くが、かつて日本人の多くが欧米の文化や人間に対して抱いた尊敬や畏怖に近い感情を、中国文化や中国人に対して抱いているとは思われない。中国は安く気楽に旅行できる隣国であり、若者たちはそこで解放感を味わう。その点では中国もオーストラリアもたいして変わらない。好意の裏に、自己中心的な思考や他者に対する蔑視が入りこむ余地のあることを、忘れてはならないと思う。

好きな国のリストのなかでアメリカの地位にかげりが見えていることは、最近の経済摩擦や世界におけるアメリカの指導力の低下に結びついているだろう。だがここでも逆の面に注目する必要がある。アメリカ嫌いの理由の多くは、アメリカ人の独断と気まぐれ、大国エゴ、といったものであるが、同時にアメリカの自由や広大な自然に対する共感を記す者も多いのである。アメリカ嫌いの増加は、ソ連嫌いや朝鮮嫌いの場合とはいくらか異なっていて、アメリカに対する関心の深さ、あるいはアメリカという国がわれわれ日本人の内部に深くかかわっていることに対する認識と反応を表す場合が多い。その意味ではアメリカは日本にいっそう近くなっている。

第二点は、最遠距離のグループ（ニグロ人・朝鮮人・ロシア人・濠州人・フィリッピン人）の問題である。「ニグロ人」という語がなぜここにまぎれこんだのか、私には理解できない。ニグロ人とは、いったい何を指しているのだろうか。在日米軍の多数を占めた黒人兵の存在がここでは問題になっていたのであろうか。オーストラリアが、最近では最遠グループから最近グループに移っていることは先述のとおりである。ただしオーストラリア人という認識については問題は別かもしれない。フィリッピンの名称は学生たちの「嫌いな国」のリストに少数ながら常に存在していて、私はいつも気になるのだが、ここでは議論するだけの材料がない。

最大の問題は朝鮮人とロシア人に対する態度であろう。「嫌いな国」のトップをソ連・朝鮮が占める構造は戦前・戦後を通じて変わらないという印象をうける。この印象はおそらく一面では真実であり、他面では間違っている。両国と日本との関係は歴史的な紆余曲折があり、また変化の激しい日本の社会はつねに新しい世代を生みだしているからである。

ロシア＝ソ連に対しては黒船以来のさまざまな歴史があった。日露戦争の勝利は、日清戦争の場合とは異なり、ロシア人に対する蔑視を生みだしていない。ロシアがソ連の名称で呼ばれるようになったとき、日本人のロシア観に大きな変化があったことは想像できる。だがソ連に対する日本人の悪いイメージを決定的にしたのは、何といっても第二次大戦末期のソ連参戦、シベリア抑留、北方領土、さらには冷戦の継続だろう。日本人はシベリア出兵のことなどは忘れて、ソ連に対しては専ら被害者意識を抱いている。だがここで忘れてならないのは、わが国ではロシア文学がつねに愛好されてきたということである。日本人のロシア人に対する感情と国家としてのロシア＝ソ連に対する感情のあいだには大きなひらきがある（一般に国家と住民のイメージは必ずしも一致しないのであるが、ロシア＝ソ連の場合にはその差が大きい）。

ソ連を嫌う学生の理由の多くは「陰険」「秘密主義」であり、この二、三年嫌いな理由として「社会主義」をあげる学生が増えてきている（同じことは朝鮮民主主義人民共和国についてもいえる）。「社会主義」はプラスのイメージからマイナスのイメージに転じたようだ。

韓国と北朝鮮は、われわれのアンケートでは別の国として表れている。だが北朝鮮はつねに「嫌いな国」の上位を占め、韓国も北朝鮮よりは順位は下るがやはり上位に表れるので、両方を合計すると、ソ連、アメリカ、南アフリカ共和国に匹敵するもっとも嫌われている国々の仲間入りをすることになる。よく指摘されるように、日本人は日本人による朝鮮侵略の歴史をよく知らないし、思いだそうともしない。日本の政府の教育政策がそうした傾向をいっそう強めてきたことは否定できないだろう。われわれ日本人は歴史的事実を学ばねばならない。だが問題はおそらくその先にあるだろう。歴史的事実を知っただけで人種的偏見は無くなりはしない。朝鮮人に対して強い偏見を抱いているのは、何も知らない若い世代であるよりは、むしろ歴史的事実をある程度知っており、また加害者として朝鮮人に接した世代の人びとに多いと思われるからである。アメリカのベトナム映画などをみてもよく思うことであるが、加害者であるという意識が相手に対する反感や蔑視をいっそう強化するという現実がある。

日本人と朝鮮人のあいだの心理的葛藤は構造的なものである。天皇や大臣が日本人の過去の犯罪的な行為をたとえ心から謝罪したとしても、日本人に対する朝鮮人の反感を生みだしている構造的なものを改めないかぎり、日本は朝鮮人にとって嫌いな国のトップに位置し続けるであろうし、日本人は疚しさを感じながらも心の奥では差別の感情をぬぐいきれないだろう。

ではその構造的なものとは何か。私は国内的には現在の日本社会自体に内在している差別の構造であり、対外的には国境の存在だと思う。社会は差別を必要とし、国家は仮想敵を必要とする。私はあるとき教室で「隣の国どうしはどこでも韓国と日本のように互いに仲が悪いものでしょうか」という質問をうけて、よいヒントをもらったと思った。概して隣の国どうしは仲が悪い。国家と国境が存在するかぎり、隣国問題が存在するのだ。国境の問題でトラブルを起こしていない国家があるだろうか。重要なのは国益や国家エゴの衝突の場で、どれだけの人間的な知恵や倫理が発揮されるかであろう。民族や国民のイメージは結局は国家のイデオロギーが作りだした幻影であって、およそ実体とはかけ離れたものである。「これからはホントに個人レベルでいい関係を作っていけたらいいと思うの」という朴慶南氏の言葉を私はこのような文脈に置きなおして理解したいと思う。

第三点は、朝鮮人を別として、アジアの諸民族は、そんなに好きでもなければ嫌いでもない中間距離群を形成しているという指摘。中国人がこの集団から脱け出したことはすでに述べた。中間距離群の存在は、好悪の中間的な存在というよりは、無関心、あるいは関係をもとうとしない態度を表していると考えてよいだろう。この傾向は現在でも一般的には存在すると考えてよいだろう。だが新しい傾向として、ここで一つつけ加えておきたいのは、若者たちの関心がアメリカ、中国、オーストラリアといった特定国に集中する一方では、あまり知られていない国々への関心がひろがりはじめているという事実である。例えば一九九〇年のアンケートの好きな国の一五位以下を列挙すると、日本を除く場合ではニュージーランド(9)、オーストリア(7)、オランダ(5)、韓国(5)、トルコ(4)、モンゴル(4)、ペルー(4)、フィンランド(4)、デンマーク(3)、ブラジル(3)、タイ(2)、メキシコ(2)、台湾(2)、ネパール(2)、インドネシア(2)、その他一票ずつの国、あるいは厳密には国名でないものをも含めて、アイスランド、アイルランド、イスラエル、コスタリカ、カンボジア、タヒチ、チェコ、チベット、ドミニカ、ニューカレドニア、パナマ、バリ、ハンガリア、ブータン、ポーランド、などがある。外国旅行が容易になったこともあって、若者たちの関心の地図はひろがりはじめている。

なおここでもう一つ指摘しておきたいのは、「アジア」という概念のあいまいさである。われわれはすでに前川貞次郎氏の、西洋‐東洋という区分自体がヨーロッパ中心主義を表しているという指摘(「メルカトル的世界史像」『歴史を考える』所収、本書二二‐二三頁)を引用したが、「アジア」にかんしても「東洋」と同じことがいえるのではないだろうか。われわれは久しく、脱亜論に対する反省から、アジアの一員であることを一つの倫理的な要請のように考えてきたが、脱亜論の裏返しの入亜論は結局は同じ問題意識のなかにある。「アジア」は存在するのか。またもし存在するとしてもわれわれはなぜアジア人でなければならないのか、またアジア人であることは何を意味するかを根本的に問わなければならない時代に来ていると思う。そしてこの点では世界を気軽に旅して歩く若者たちの感性のほうが、正しい方向を示しているのではないだろうか。

日本人の自己同一性

毎年四月に行なう「好きな国・嫌いな国」のアンケートで、この数年「好きな国」のトップを占めるのはつねに日本である。それもたんなる一位というよりは圧倒的な一位であり、時には半数に近い人が「日本」と書く。それは戦争直後の戦後デモクラシーの教育をうけた私の世代には、ほとんど思いつきもしないことなので、私は毎年学年早々にこの衝撃に耐えねばならず、私にとって憂鬱な春となる。一方、学生たちは私の憂鬱が理解できないだろう。自分の属する国が好きなことほど、自然なことはないのだから。

学生たちはなぜ日本が好きなのか。理由として書かれていることの多くは、生れた国でなじみがあること、住みやすい、衛生的である、安全である、豊かであること、等々、――なんという幸せな国のイメージが描きだされていることだろう。そして幾人かの学生が忘れずにつけ加える。《僕は日本人だから文句なしに日本が好きだ》。《母国を愛するのは当然です》。――自民党と文部省の愛国教育は完全な成功を収めていると私は思う。もっともいくらかトーンの異なる回答もある。「私は他の国を知らないので……」。これはこのアンケート自体に対する批判の言葉であるが、この学生も好きな国の一位に日本の名をあげているのである（ここで誤解をまねかぬようにつけ加えると、前に示した表で明らかなように「嫌いな国」でも日本は上位を占めており、「好きな国」の一位が日本であるというアンケートの結果を知って驚きの声を発する学生もけっして少なくない。だがそのことは後に触れることにしてここではしばらく、好きな国の一位に日本があることの意味にこだわってみよう）。

若者たちのあいだに、日本を豊かな良い国と認め、日本人を優れた人種だとみなす感情がひろがっていることは、善悪は別として、一つの事実として認めなければならないだろう。それが一種の気分であって、深い根拠のある、考えぬかれた判断にもとづくものでないことは、例えば日本人は本当に豊かなのか、豊かさとはいったい何なのかという反問に出会ったり、日本文化とは何か、日本人の条件は何なのかという問いに出会ったときの当惑によって推測できる。だが私がここで特に問題にしたいのは、日本人だから文句なしに日本が好きで、生れた国だから愛するのは当然だ、という発想である。この命題は一見、論理的に見え、また有無を言わせぬ正しさをもっているように思える。

はたしてそうだろうか。この「だから」は論理的な必然性をまったく示していない。われわれは同じようにして、日本人だから日本が嫌いで、母国だから日本を嫌うのだ、といってもよいはずである。「文句なしに」とか「当然だ」といった強調の言葉がはからずも示しているように、この二つの文章は非合理的な感情を自分と他人に強制している。まさにイデオロギー的な文章である。これは他者の介入を拒む自己愛の言葉ではないだろうか。学生のリポートに、日本人や日本文化の批判に対する苛立ちや感情的な反発が目立ちはじめているのは、おそらくこのこととかかわっていると思う（私がそうした事態に直面したとき、いつも反射的に思いだすのは埴谷雄高の「自同律の不快」という言葉である。埴谷が例外的に早い時期にスターリン批判に到達できたのは、おそらくこの「自同律の不快」ゆえであった）*。ルーツ探しやアイデンティティ論が盛んである。そこに民族的な自己愛が入りこまないように注意しなければならない。比較文化論がクリエイティヴなものとして成立するか否かは、そこにかかっているだろう。

＊——この問題にかんしては『批評へ』『君と世界の戦いでは、世界に支援せよ』『ホーロー質』などに収められた加藤典洋氏のいくつかのすぐれた埴谷雄高論を参照されたい。

だが、おそらく私は一つの限られた側面を強調しすぎていると思う。全体的な構図を見るためには、日本は「嫌いな国」のリストの中でも上位を占めていることを同時に指摘すべきであろう。しかも「好きな国」の一位に日本をあげた学生のなかのかなりの数（一二八人中二〇人）が、「嫌いな国」の一位に同じく日本をあげている。その理由のいくつかを以下に記しておこう。

(a)行ったことのない国について記すわけにゆかない（二位以下を記さずに——二名）。

(b)私は亡命したいと思わない／国旗・国歌に誇りをもてない国なんて他にない。

(c)伝統的な文化と独特な生活が好き／それに誇りを持たない所と経済的なことに関する態度が嫌い。

(d)日本独特の文化伝統がある一方、世界に誇る先端技術もあり、すばらしいと思う、治安もいいし住みやすい国だから／嫌いなのは日本の政治です。国は発展し栄えても、労働者の生活はあまりよくならない。そして受験戦争も人間的に悪い影響を与えるほうが大きいと思う。

(e)世界最高の政治的安定と生活レベル／すべてに経済を優先させ旧弊を多く残しているから。

(f)日本は治安がよく、暮らしやすい／すべてが管理されているみたい。まるでなんにでも流されるような頭デッカチの自主性、創造性、独自性に欠けている受験生のよう。

(g)安全・平和がある／政治、教育が嫌い。

(h)生れ育った国だから／自分の意見をもたない利己的な国。

(i)私にとって慣れた国だから／排他的。

(j)故郷に勝るものなし／悪いこともよく目立つ。

(k)自分の生れた国だから一生つきあうので好きでないとやりきれない／二〇年もいるといやでも欠点がよく見えてくる。

――ほぼ、半数の回答をそのまま記したが、意見のタイプとしては、以上でつきていると思う。このグループに共通した特色は、自分は日本人であることを止めることはできないのだから、その中で良いものと悪いものとを見分けてゆこうとする、きわめて現実的な思考と一種の平衡感覚ではないかと思う。このグループの存在は、全体の六四一名中の二〇名

（三・一%）、日本を「好きな国」の一位にあげた一二八名中の二〇名（一五・六%）にすぎないが、国粋主義やナショナリズムに走らない醒めた愛国者という、前世代には少ない新しいタイプの誕生と生長を示すという点で、私にはきわめて興味深い。特筆すべき傾向であろう。

ところで「好きな国」の一位に日本を選んだ最大のグループの人びとは、日本の次にどの国に親近感をもっているのであろうか。一九九〇年（一二八名）の内訳は、アメリカ（27）、中国（20）、オーストラリア（16）、イギリス（14）、スイス（11）、ドイツ（11）、フランス（9）、カナダ（5）……となる。一九八九年（九〇名）の内訳は、オーストラリア（22）、アメリカ（18）、中国（16）、ドイツ（6）、スイス（5）、イギリス（4）、ニュージーランド（4）、カナダ（3）、フランス（2）……、一九八八年（九九名）では、オーストラリア（22）、アメリカ（18）、中国（16）、スイス（5）、イギリス（4）、カナダ（3）……となる。全体として「好きな国」の順位に重なっているが、アメリカ、中国、オーストラリアに集中する傾向が強い。これに対して日本を「嫌いな国」の一位にあげたグループの、次に嫌いな国は圧倒的にアメリカで、次に南アが来るのは毎年同じで、一九九〇年（六二名）には、アメリカ（20）、南ア（12）、ソ連（3）、中国（3）、北朝鮮（1）……、一九八九年（四五名）では、アメリカ（15）、南ア（7）、ソ連（6）、韓国（5）……、一九八八年（二六名）ではアメリカ（9）、南ア（6）、ソ連（2）……であるが、以下に来るソ連、韓国との間にはかなりひらきがある。南アを一時的なものとみれば、ここで問題となるのは何よりもアメリカである。

右のような傾向と「好きな国・嫌いな国」調査結果の全体的な傾向とを重ねあわせて、日本人が外国人に対する態度を決定する場合に大きく分けて五つのグループ、あるいは五つの軸が（仮にそれを同化軸と呼ぶことにする）想定できるのではないだろうか。

第一に、戦後を通して際立っているのはアメリカの存在である。アメリカは長いあいだ、日本人のドリームであり日本社会が到達すべき一つのモデルであった。日本人は、アメリカを参照基準として自分の位置をたしかめ、日‐米の軸を基準にして世界のイメージを描いてきたと思う。最近の数年間、この日米関係にはかなり大きな変化が起きている。「好きな国・嫌いな国」のアンケート結果は、少なくとも三つの要因があることを示している。一つは「好きな国」のトップの座が中国によって脅かされていること。これは日本人がもはや日‐米の軸だけで世界を考えないようになっていることを示すだろう。第二に、日本が「好きな国」の一位を占めていること。これは日本人がようやく自信を回復し、アメリカをこれまでとは異なった見方で眺めはじめたことを意味する。第三に、アメリカがソ連・韓国・中国を抜いて「嫌いな国」の上位を占めつつあること。アメリカの大国主義や国家エゴ、身勝手さに対する学生たちの反発は強い。日本における反米感情はいま頂点に近いところにあるのかもしれない。だがすでに述べたようにもう一つの面にも注目すべきであろう。日本が「嫌いな国」の上位にあることが一つの例を示しているように、このアメリカ嫌いはソ連・韓国が「嫌いな国」の上位を占めるのとはちがった意味あいをもっている。アメリカが嫌われているのは、アメリカが、それだけ深く日本人の現実に入りこんできたことの例証にもなるからである。

第二に目立つ現象は中国の存在であろう。中国は「嫌いな国」のリストの上位から姿を消し、「好きな国」の上位に移動した。天安門事件以後、中国は再び「嫌いな国」の上位に姿を現しているが、「好きな国」の上位にもとどまりえている。日本人の関心のなかに中国が大きな場所を占めるようになったことはたしかであり、この傾向は不可逆的な変化とみなしてよいだろう。日本人はようやく日-中という、日-米とは異なる軸を見出したのである。だが日-米、日-中の二つの軸の意味はきわめて異なっている。この二つの軸はおそらく対抗的な意味を含んでいる。同文同種の国に対する共感は、日本人のアメリカに対する反発を間接的に示しており、また日本人の日本への関心の高まりとも重なるものであろう。日本人はようやくアジアに心を開きはじめたのであろうか。中国は、明治維新以前に中国が得ていた地位を回復したのであろうか。日-中の軸が含むナショナリズム、自己愛と自己同一性への執着が、いつか他者との交通を妨げかねない要素を含んでいることを知っておく必要があるだろう。

第三に注目されるのは、オーストラリアとカナダの存在である。この二つの国がとりわけ若者たちの人気を集めはじめたのは最近十数年来の傾向である。両国には、(1)いまだに未開拓の部分を多く残した広い国土、(2)歴史の浅い多民族国家、(3)英語圏、といった共通点がある。カナダにかんしては、フランス語を公用語としているケベック州のような例外はあるが、一般の認識ではカナダは英語圏とみてよいだろう。この共通の特色のうち、はじめの二つはかつてアメリカの特色であったが、今では色あせはじめた特色だ。オーストラリアとカナダへの関心が高まり、若者たちが、かつてのアメリカのように自由で開放的なもう一つのアメリカを求めていることを意味している。両国の人気が、一時的な気分やたんなるツーリズムの段階を越えて、両国の新しい国家原理——すなわち現在のアメリカのように、強力な国民統合によって、多民族をアメリカ人という一つの鋳型にはめこむのではなく、それぞれの民族の特色を十分に生かしながら独自の統合を試みている両国のあり方——への共感にもとづくものであれば、日本‐オーストラリア・カナダの軸は、日本の将来に新たな可能性に満ちたオルタナティヴを指し示すことになる。

第四に注目されるのは日‐欧の軸である。日本人の世界に対する意識のなかで、ヨーロッパの占める大きさは、相対的には減少しつつあるだろう。だがヨーロッパ諸国は、アメリカ、オーストラリア、中国など「好きな国」のリストのなかで突出した国々に続いて、第二の重要なグループをなしている。もしこれらの諸国をヨーロッパ共同体の枠でくくるなら、このグループは最上位に浮上する。ヨーロッパ諸国のなかでイギリスが多数を占めるのは、明治以来の日英関係や、とりわけわが国の教育のなかで英語の占める役割の大きさから理解できるだろう。いわゆる国際化の波が、英会話の勉強を意味するような状況は、この傾向に拍車をかけている。しかしながら、あるいはそれ故に、われわれにとってヨーロッパの重要な意味は、それがイギリスを除いては非英語圏であるというところに求められるのではないだろうか。非英語圏における、英語圏とは異質な文化についての認識を深めることは、無反省なアメリカ化に対する歯どめとしても役立つだろう。

ヨーロッパ諸国のなかでは、イギリス、ドイツ、フランスなどと並んでスイスが関心を集めていることは興味深い。平和とアルプスとチョコレートの国スイスというステレオタイプが今も存在することは否定できないが、スイスに対する好感のなかに大国主義に対する反発を読みとることは可能であろう。ヨーロッパにおけるスイスの意味は、英語圏におけるオーストラリアやカナダに対応する。

第五に、私が特に強調したいのは、日本‐日本の同化軸の問題である。これは数字としては自国・日本に対する圧倒的な肯定的評価として表されている。だが同じ傾向は日本に対する批判的な記述のなかにも示されている。つまり、すでに引用したような、日本には独自で、伝統的な素晴しい文化が存在するにもかかわらず、現在の日本は経済主義に走ってその文化を実現しえていない、といったタイプの批判である。日本‐日本、自己同一化の対象としての日本。日本への回帰。この自己への同化軸は、他者への通路を開くものであろうか、閉ざすものであろうか。私は後者の傾向が強いと思うが、また別の判断もありうるだろう。いずれにせよ、われわれはそこを見極めなければならないと思う。

以上、「好きな国・嫌いな国」の調査結果からいくつかの同化軸をとりだしてみた。それらは日本人が他の国の人びととと結ぶ関係のいくつかの類型を示している。いくつかの可能性、あるいは選択肢といってもよいだろう。これらの同化軸は、そのうちどれか一つを選ばねばならないといった性質のものではないが、国際関係の網の目のなかで、日本人が意識的無意識的にとってきた態度を客観的に対象化して考えるのには役立つだろう。日本‐朝鮮、日本‐ソ連といった軸が、いまだに反感や違和感を示す軸であって同化軸として成立していないことについてはすでに述べた。

最後に「好きな国・嫌いな国」といったアンケート調査の問題点について記しておきたい。このアンケート自体に対する批判の言葉を記す学生の数は年々増加している。この点でも朴慶南氏のエッセーは若者たちの声を実に見事にとらえていて感心した。ほとんど同じ反問が私の授業でも述べられているからである。こうした批判はおそらく若者たちの国際的な意識の深まりを示していると思う。若者たちの反発と批判の根本には「好きな国・嫌いな国」という言葉の問題があると思う。――それでは世界の国々をまるで敵と味方のように二つに分けようとするのか。それは何と無神経で非人間的な言葉であり発想ではなかろうか。「好きな国」はまだ許せるとしても、「嫌いな国」とは何を意味するのだろう。「嫌いな国」を作りだせとでもいうつもりなのか……（そしてじっさい「嫌いな国」の記入を拒否した学生が今年は六四一人中一四名に達した）。だが、これは私自身がこのようなアンケートをとりはじめた時に抱いた感想であり、その後もくりかえした自問自答でもある。このようなアンケートをとること自体が人種差別を生みだすことになりはしないだろうか。そうした自問をくりかえしながらも、毎年教室で「好きな国・嫌いな国」のアンケートをとる理由の一つは、同じタイトルでなされた他のより一般的な調査との比較をしたいという気持があったからであるが、より本質的な理由は、われわれの属する社会と国家にはじっさいに「好きな国」と「嫌いな国」を生みだす構造が存在しており、われわれの意識のなかには現実に「好きな国」と「嫌いな国」が存在しているということを、このアンケートの結果の分析からほとんど確信するに至ったからである。人種差別は現実に存在しているのであり、われわれはそれを曖昧な言葉や人道主義的な言葉でおおいかくしてはならないと思う。

このアンケートに対するもう一つの批判は、《われわれは日本の国しか知らないのに、どうして外国を対象にした「好きな国・嫌いな国」という問いに答えることができるだろうか》という反問である。この質問に対しては私はいつも《日本を知っているというけど、君は本当に日本を知っているのか》といういささか的をはずしたずるい反問で答えることにしている。《それに外国を旅行したり外国に何年住んでみたって、外国を理解できるものではない》。——こうなるともう「比較文化論」の存立条件の否定になりかねないが、私が言いたいのは国民性や人種のイメージなどというものは大部分が思いこみや偏見の産物であって、じっさいの国民や人種には対応していないということである。例えば、人種イメージにかんする我妻洋、米山俊直両氏の調査結果をかりれば、日本人は、フランス人を「(1)芸術的、(2)陽気だ、(3)個人主義的、(4)愛想が良い、(5)感情的」とみなしており、朝鮮民族には「(1)不潔だ、(2)ずるい、(3)卑屈だ、(4)行儀が悪い、(5)群衆心理に支配されやすい」(我妻洋、米山俊直『偏見の構造——日本人の人種観』NHKブックス、一三八頁)という、およそ日本人には最悪のイメージがおしつけられているが、そうした人種イメージが現実のフランス人や朝鮮人に対応していないことはいうまでもないだろう。外国や外国人のイメージは(自国についても同様であるが)現実を映したものではなく、さまざまな回路を通して作りあげられたものである。だがそのイメージは現実に存在し、われわれの思考や判断に大きな影響を与えている。「好きな国・嫌いな国」の調査は、その作りあげられたイメージに関する調査であり、そのようなイメージがどのようにして形成されたかを考える(先に引用した著者の言葉をかりるならば、まさに「偏見の構造」の解明の)手がかりを与えてくれるものではないだろうか。私はそれがほんの手がかりにすぎないことを強調しておきたい。もともと気軽な「遊び」という前提ではじめたものであった。だが「遊び」が深刻な世界をかいま見させることもあるだろう。私のリポートにいささか過剰解釈の気味があるのは、その気がかりなものに引きまわされた結果であると諒解していただきたい。以下の章では、そのような偏見が生みだされる回路と構造についてのいくつかの考察をいくらか異なった角度から進めてみたいと思う。

〔後記〕

「好きな国、嫌いな国」のその後の調査結果（一九九二、九三年）は六六頁の表5の通りである。この調査結果のくわしい分析が以下の論考に記されているので参照されたい。──羽太園「日本人の対外イメージ形成──〈好きな国、嫌いな国〉アンケートの調査の結果から」、長谷川秀樹「〈好きな国〉〈嫌いな国〉の性向──立命館大学文学部講義「比較文化論」におけるアンケート結果」（いずれも『立命館言語文化研究』一九九三年一一月、五巻二号所収）。なお最近（二〇〇〇年）立命館大学国際関係学部の「比較文化論」の講義における調査結果を担当の中本真生子氏からいただいたので（六四－六五頁の表4）、これも参考として記させていただく。母数が少なく限られているので、そこから一般的な結論を引きだすことはさしひかえたいが、一〇年前とくらべてあまり大きな変化は見出せないのではないかと思う。私にとっては少し意外な結果であった。

の結果（国際関係学部 比較文化論〔2～4回生〕，回答数83）

好きな国

一位につけた人が多かった国

1 日本 (22)
2 アメリカ (16)
3 スイス (5)
4 フランス (4)
5 中国，カナダ (3)

全体で好きな人が多かった国（1～3位のどれかに入った国）

1 日本 (37)
2 アメリカ (34)
3 フランス (19)
4 中国 (13)
5 スイス，イギリス (12)
6 イタリア (11)
7 オーストラリア (10)
8 カナダ，スペイン (9)
9 タイ，韓国 (8)

その他――ドイツ，ペルー，エジプト，ブラジル，ネパール，モルジブ，ノルウェー，パラオ，トルコ，ジャマイカ，チベット，シンガポール，アイルランド，インドネシア，メキシコ，ニュージーランド，インド，スウェーデン，フィリピン，ロシア，内モンゴル，オーストリア，台湾，香港

地 域――ラテン・アメリカ，ハワイ，アラスカ，内モンゴル

答えられない（全部好き）

好きな理由――・行ったことがある（楽しかった）――体験
・景色がよい，食べ物がおいしい，歴史，遺跡に興味がある
ファッション，映画，かっこいい，行ってみたい――文化面
・住みやすい，安全，安心できる――特に日本

表4　2000年度「好きな国，嫌いな国」アンケート

嫌いな国

一位につけた人が多かった国

1　北朝鮮（19）
2　アメリカ（10）
3　日本（7）
4　中国（6）
5　ロシア（3）

全体として嫌いという人の多かった国（1～3位のどれかに入った国）

1　北朝鮮（32）
2　アメリカ（26）
3　日本（14）
4　中国（12）
5　インド（7）
6　ロシア，イラク（6）
7　韓国（4）
8　インドネシア，カンボジア，イギリス（3）

その他――ポルトガル，モザンビーク，リビア，パキスタン，ユーゴ，コロンビア，
オーストリア，ニカラグア，メキシコ，ソマリア，マレーシア，
オーストラリア，フランス，イスラエル，南ア，イタリア

地　域――スコットランド，東南アジア，中東（アラブ）諸国，東欧，北極
戦争をする国，差別の多いところ

特になし――23

国に対する感覚と，民族（人々）に対する感覚の間で混乱する――1
「国境を越える」とかいいながら，こんなアンケートをするのか？　という意見――1
「嫌いな国」を3つあげるのは大変（そんなにない）――1

表5　学生へのアンケート結果 (2)

好きな国

順位	1992年(514人)		1993年(584人)	
1	日本	118(22.9%)	日本	165(28.3%)
2	アメリカ	46(9.0)	中国	59(10.1)
3	オーストラリア	36(7.0)	イギリス	52(8.9)
4	中国	34(6.6)	アメリカ	46(7.9)
5	イギリス	32(6.2)	オーストラリア	43(7.4)
6	スイス	28(5.4)	スイス	26(4.5)
7	カナダ	24(4.7)	カナダ	22(3.8)
8	フランス	22(4.3)	イタリア	21(3.6)
9	ドイツ	17(3.7)	ドイツ	15(2.6)
10	イタリア	19(3.3)	エジプト	13(2.2)
11	モンゴル	10(1.9)	インド	12(2.1)
12	インド	8(1.5)	フランス	10(1.7)
13	ニュージーランド	8	モンゴル	9(1.5)
14	(以下省略)		スペイン	6(1.0)
15			ニュージーランド	6 (以下省略)

嫌いな国

順位	1992年(514人)		1993年(584人)	
1	アメリカ	111(21.5%)	アメリカ	113(19.7%)
2	日本	42(8.1)	ロシア	92(15.8)
3	イラク	39(7.6)	日本	51(8.7)
4	北朝鮮	31(6.0)	イラク	48(8.2)
5	旧ソ連	25(4.9)	北朝鮮	43(7.4)
6	イラン	24(4.7)	南アフリカ	31(5.3)
7	南アフリカ	24	旧ソ連	27(4.6)
8	中国	20(3.9)	カンボジア	13(2.2)
9	韓国	16(3.1)	中国	9(1.5)
10	イギリス	10(1.9)	イラン	9
11	フランス	9(1.7)	フランス	8(1.4)
12	フィリッピン	9	韓国	8
13	ロシア	9	インド	7(1.2)
14	(以下省略)		フィリッピン	7
15			イギリス	6(1.0) (以下省略)

II　ヨーロッパのオリエント観

3――サイード『オリエンタリズム』再読

湾岸戦争とオリエンタリズム

湾岸戦争は、エドワード・W・サイードが『オリエンタリズム』と題する書物によって訴えようとしていたことが、根本的に正しいばかりでなく、今なお現実的な問題であることを、この上なく明快なやり方で証明した。サイードが引用するバルフォアやクローマーのエジプトにかんする演説にくらべて、ブッシュ大統領のクウェートやイラクにかんする演説は、短く単純であるが、本質的にどれほどの違いがあるだろうか。しかも両者のあいだには一世紀に近い時間のへだたりがある。ブッシュ大統領の「正義」を体現する「人道主義的な」演説をきくたびに、私はサイードが『オリエンタリズム』の冒頭にエピグラフとして引いたマルクスの言葉を思いだした。

――「彼らは、自分で自分を代表することができず、だれかに代表してもらわなければならない」。これは『ルイ・ボナパルトのブリュメール十八日』のなかでマルクスがフランスの農民にかんして述べた言葉であるが、今や中東の無力な人びとを代表して正義を行なうのはアメリカの軍隊とブッシュ大統領というわけである。

「オリエンタリズムとは、オリエントを支配し再構成し威圧するための西洋の様式《スタイル》なのである」（訳書四頁――以下、引用は板垣雄三、杉田英明監修、今沢紀子訳、平凡社、による）、というのがサイードのオリエンタリズムの定義の一つであるが、これほど見事に湾岸戦争におけるアメリカ、イギリス、フランス等々、西洋列強の言動にあてはまる言葉も少ないだろう。いうまでもなく、日本は西洋の一員としてコソクなやり方で戦争に参加したのであった。

湾岸戦争のあいだじゅう、テレビや新聞雑誌、等々の出演で忙しい中東専門家や軍事評論家たちの誰かが、あらためてオリエンタリズムの問題を提起しないだろうかと耳をそばだてていたが、かつてあれほど騒がれたサイードの『オリエンタリズム』の存在を思い出した人は少なかった。『オリエンタリズム』を再読して、あらためて心を打たれた文章は多い。例えば現代のオリエントがみずからのオリエント化に一役買っているという、オリエントの自己疎外の問題。サイードによれば現在、オリエンタリズムの勝利をますます確実なものにしている二つのファクターがある。第一のファクターは、現在のオリエント研究は非東洋人にほとんど独占されていて、オリエントの人間がオリエントを知ろうと思えば、アメリカや西欧に出かけて、そこでオリエンタリズムの訓練を受けなければならないという事態（三二七‐三二八頁）。第二のファクターは、オリエントにおける「消費イデオロギー」の浸透という事実。サイードは次のように記している。

「アラブ・イスラム世界は全体として、西洋の市場体系にしっかりとつなぎとめられている。……それは単に、大石油会社が合衆国の経済システムによって制御されているという意味ばかりではない。マーケッティング、市場調査、産業マネージメントはおろか、アラブの石油収入そのものが、合衆国に基礎をおいているという意味なのである。その結果石油で富んだアラブは、たちまちのうちに合衆国の輸出品の巨大な消費者に変容した」（三二八頁）。

アラブ・イスラム世界がアメリカの巨大な消費者に変容した結果、この地域にはトランジスタやブルージーンズやコカ・コーラ、等々とともに、オリエントにかんする数々の文化的イメージが氾濫する。そこで、「アラブが自分の姿を、ハリウッドがつくり出すような『アラブ』として認識するといった逆説」が現れる。さらに、こうした市場の需要を満たすべく教育された知識人階級が「近代化」の名のもとに生みだされる。「彼らの教育が、工学、ビジネス、経済学に重点を置いたものであることは明白である。だが知識人層そのものは、彼らがこれこそ西洋の主潮流だと判断するものに従属している。……言いかえるなら、ほとんどが合衆国からの受け売りである近代化、進歩、文化に関する諸観念に、正統性と権威を賦与するのが知識人なのである」。

こうした傾向は保守的な知識人に限らない。サイードは、同じ傾向が社会科学の分野や、とりわけ急進的知識人のあいだに見出されることを指摘している。「彼らの奉ずるマルクス主義は、私がすでに本書で議論してきたような、第三世界を均質化してとらえるマルクス自身の考え方をそのまま受けついだものとなっている。つまり、オリエンタリズムのもろもろのイメージや教義に知的に黙従しようとする傾向が全体的に存在するとすれば、この傾向を強化しようとする非常に強力な力も、経済的・政治的・社会的交流のなかに存在しているのである」(三二九頁)。

マルクス主義が「オリエントに対するヨーロッパの思考(したがって支配)の様式」としてのオリエンタリズムの一つの領域を占めている、というサイードの指摘にかんしては後に一節をもうけてくわしく論じることにしたい。またサイードのこのような文章が、日本とアラブ・イスラム世界の置かれた状況のちがいにもかかわらず、あるいはそのちがいゆえにいっそう鋭く日本の知識人や知的状況を写しだす結果となっていることについても、くわしい考察が必要だろう。ここでとりあえず、私が強調しておきたいのは、アラブ・イスラム世界のこのような状況に身を置いて世界を見れば、世界は、したがって湾岸戦争もまた、別様に見えて来るであろうということである。西側から見れば暴挙にすぎないサダム・フセイン大統領の行動が、イスラム世界の民衆から圧倒的な支持を受けた理由は、一〇年以上も前に出たサイードの『オリエンタリズム』にもはっきり記されている。要はそれを読みとるか、見落とすかのちがいだろう。

だが、以下に私が試みようとしているのは、相対立する陣営のどちらかに立って、一方を支持し他方を批判することではない。私はこの機会に、『オリエンタリズム』を本書のテーマである異文化の交渉という観点から読みなおしてみたいのである。そうすることによってこの書物を書いたサイードの意図を以前よりは身近なものとして理解できるであろうし、またサイードが西洋と東洋、われわれと彼ら、強者と弱者、支配と被支配といった二項対立を強調することによって自ら閉ざしてしまった隘路を開く可能性をできればさぐってみたい。少なくともこの書物は、いわゆる国際化や異文化交流が、つねに友好と平和のなかで人道主義的に行なわれているものではなく、しばしば流血を伴う暴力的な行為であることについての、われわれの認識を深めてくれるだろう。

『地獄篇』のムハンマド

サイードの『オリエンタリズム』は読者泣かせの本である。サイードの独得の英語やおそらくは苦心の訳文についてはここでは問わないことにしても、日本の一般の読者になじみのうすい人名や地名や歴史的事件が無数に出てくる。われわれがそうした名称や事件をほとんど知らないということ自体が、われわれの知識がいかに片寄ったものであるかを示しているのであるが、それにしてもサイードの引用は、イギリスとフランスのオリエンタリズムを中心にという限定はあるにしても、狭義のオリエンタリズム、すなわちいわゆる東洋学から、政治、思想、社会科学、経済、文学、芸術、等々、人間の知的営みと表現活動にかかわるほとんどあらゆる領域にわたっているから、そのすべてをたどり消化することは不可能に近いだろう。

だが読者を悩ますのはそうした著者の博識だけではない。著者がこの書物で採用したさまざまの現代的な概念や用語、例えばフーコーの「言説」(ディスクール)、グラムシの「ヘゲモニー」、アルチュセールの「問題設定」(プロブレマティック)、あるいは「表象」(レプリゼンテイション)といった概念が頻出して、そうした用語の不慣れな読者の歩みをさまたげる。

もちろんサイードはこれらの概念を用いることによって、巨大な「虚構の体系」としてのオリエンタリズムの全容を浮かびあがらせることに成功したのであるが、迷路に入りこんだ読者には、語られている対象が虚構であるのか現実であるのか、あるいは虚構が現実であるならば、どのレベルの現実が問題となっているのかといった疑問にとりつかれてしまう。この強烈な問題提起の書は、ほとんど過剰ともいえる充実した内容と、そしておそらくはその方法論のゆえに、重たく混濁した印象を残しかねない。

そうした性格の書物であってみれば、ここでその全体の要約を記すことはあまり得策ではないだろう。私はむしろここでは思いきった単純化を試みることによって、この書物のメッセージを際立たせる方法を選びたい。私はまずこの書物のなかから、サイードのいうオリエンタリズムがきわめて鮮明に表れている、それぞれに典型的な相異なる三つの場面をとりだして考察することから始めたいと思う。

第一はダンテの『神曲』に描かれたムハンマド——ここでは宗教（キリスト教とイスラム教）が中心的な問題になっている。

第二は、フローベールの旅行記に描かれたエジプトのクチュク・ハネム——ここではロマン主義におけるオリエントが中心的な問題になっている。

第三はマルクスが『ニューヨーク・デイリー・トリビューン』に送った一八五三年六月二五日付の論説「イギリスのインド支配」――ここではマルクス主義が脱却しえないでいるオリエンタリズムが問われている。

ダンテの『地獄篇』をとりあげる前段階として、サイードは一七世紀フランスの東洋学者バルテルミー・デルブロの『東洋全書』に記されたムハンマド像をとりあげている。サイードによれば一九世紀の初期にいたるまで標準的な参考文献の地位を保ちつづけていたこの書物のムハンマドにかんする項目には、次のような記述がある。

これぞ名うてのぺてん師のマホメット。宗教の名を騙るに至った異端、いわゆるマホメット教の始祖にして創立者。イスラムの項を参照。

コーラン解釈者、およびその他のムスリムの、つまりマホメット教の法学者たちは、アリウス派、パウロ派その他もろもろの異端派がイエス・キリストに捧げた尊称のことごとくを、このにせ預言者に当てはめたが、しかしその神性は否定している。

イスラムの預言者ムハンマドは、こうして『東洋全書』によって、「名うてのペテン師、宗教の名を騙る異端」として位置づけられ、性格づけられる。サイードによれば、このような異文化の変形（歪曲）、西洋による東洋の図式化は、ギリシアにおけるオリエントの表象にすでに明確に現れているが、その西洋の心象地理における位置づけが、もっとも細心に強烈な劇的効果をもって行なわれているのがダンテの『神曲』であった。サイードは『地獄篇』第二八歌を次のように分析している。

「マホメット」すなわちムハンマドは『地獄篇』第二十八歌に登場する。彼がいるのは、地獄の九つの圏谷の第八番目、悪魔大王のいる地獄の底をとりまく陰鬱なマレボルジュという十箇の悪の濠《ボルジア》のうちの第九の濠である。ダンテはムハンマドのもとに至るまでに、もっと罪の軽い人々が閉じ込められているさまざまの圏谷を通り抜けていく。それは肉欲の罪を犯した者、金を溜め込んだ者、大食いの罪を犯したもの、洗礼を受けていない者、怒り狂った者、自殺した者、瀆神の罪を犯した者らのいる圏谷である。ムハンマドのあとには、悪魔大王自身のいる地獄の底に至るまで、嘘言者と裏切者（ユダ、ブルトゥス、カシウスなど）が残るばかりである。こうしてムハンマドは、ダンテが「中傷をこととし分裂禍根の種を播いた」（平川祐弘訳『神曲』河出書房）者たちと呼ぶカテゴリーのなかにおかれて、そこで厳格な悪徳のヒエラルキーに属しているのである。ムハンマドが永遠のさだめとして受けている罰は、ことのほかおぞましいものである。彼は、ダンテの表現によれば、たがのはずれた酒樽のように、頤《おとがい》から肛門まで真二つに引き裂かれつづけている。ここでダンテの筆は、かくも生々しい刑罰に伴う終末論的詳細を余すところなく読者に彷彿させ、ムハンマドの内臓や排泄物を断固たる精密さをもって描写する。ムハンマドはダンテに向かって自分の受けている罰を説明し、刑吏の鬼によって真二つに引き裂かれつつある罪人の列の、その前の方にいるアリーを指し示す。また彼はダンテに向かい、ドルチーノ師という人物を待ちうけている運命はどんなものか、彼に警告してやってほしいと懇願する。このドルチーノ師は、女性および財産の共有を主張する一派を率いていた異端の僧侶で、情人をもったかどで告発されていた。ダンテが、いまわしい肉欲においても、また自己の神学的卓越性の主張においても、ドルチーノとムハンマドのあいだに平行関係を見出していたことを、読者はいやでも認めざるをえないだろう（六八頁）。

サイードの分析はここで止まらず、さらに地獄の第一圏にとじこめられている、アヴィケンナ、アヴェロエス、サラディン等のイスラム教徒の取り扱われ方の問題に及んでいる。『地獄篇』第二八歌を再読した読者は、原文はサイードの分析が想像させるよりも、はるかに簡潔に記されていることに気がつくだろう。だがサイードの側に誇張があるわけではない。むしろこの数ページは本書のなかでも著者の分析が特別に冴えている部分だろう。サイードはここで、ダンテの宇宙、すなわちダンテの世界観のなかでムハンマドがどのように描かれ位置づけられているかを説明することによって、キリスト教世界におけるイスラムの意味を示すことに成功している。特に興味深いのは、サイードが『神曲』のテクストのなかに、異文化が「他者」として形成されてゆく過程をはっきり読みとっていることである。サイードはさらにアイザア・バーリンの宇宙論にかんする記述を引用し、アンリ・ピレンヌ（『ヨーロッパ世界の誕生――マホメットとシャルルマーニュ』）を援用しながら、「ヨーロッパとオリエント、とくにイスラムとの遭遇の結果、こうしたオリエントの表象システムは強化され、……イスラムは局外者《アウトサイダー》の典型となった。中世以降、全ヨーロッパ文明はこれに対抗する形で築かれていったのである」と記している。二つの世界が遭遇することによって、両者の文化的、知的、精神的な距離がいっそう広がるという文化交渉史のパラドクスは十分に注意されるべきだろう（サイードは「ヨーロッパは自らの殻に閉じこもってしまった」と書いているが同じことはイスラム世界にかんしてもいえる）。

キリスト教世界は中世以来、ムハンマドを冒瀆しつづけてきたのであった。サルマン・ラシュディの小説『悪魔の詩』に対するホメイニとイスラム教徒の怒りは、こうした長い歴史的コンテクストの中に置いてみなければ理解できないだろう。著者の生命は護られなければならないが、そこに「言論の自由」をもちだすことは強者の身勝手を支持することになるだろう。

アブデル＝マレク（サイードはオリエンタリズム批判の先駆的な業績――例えば『民族と革命』所収の「東洋学の危機」など――に敬意を表して度たびアブデル＝マレクを引用している）は、湾岸戦争の直後に書いた文章の中で、アラブ世界は今日にいたるまで、事実上、西洋世界との戦争状態にあったことに、日本の読者の注意をうながしている。

アラブ世界は、事実上、九世紀の第一回十字軍から今日にいたるまで、ヨーロッパ、のちには北米と西ヨーロッパを含む西洋世界との戦争の状態にあった。一一世紀間という長期にわたってくり返されてきたのは、暴力的な軍事的侵攻、直接の占領もしくは間接統治による政治的支配、経済的な略奪、そして容赦のない搾取であった。それ以上に大きなことは、宗教、哲学理論、倫理規範、イデオロギーという知的な正面対決の波がおし寄せたことである。事実、アラブ世界を形成した七世紀以来のイスラーム圏の歴史は、火器と文化をともなうヨーロッパと西洋の勢力の増大に対する、社会文化的なまき返しの歴史以外のなにものでもなかった(「日本とアラブ世界における文明・文化・近代化」臼井久和、内田孟男編『多元的共生と国際ネットワーク』有信堂、所収、八〇-八一頁)。

アブデル＝マレクによれば、こうして強いられたものとしてアラブの闘争的性質が形成され、アラブの歴史に名を連ねる偉大な人物の名は、西欧の攻勢に対決した偉大な軍人と思想家で占められている。いうまでもなく、湾岸戦争は「西欧によって人為的にけしかけられた」最近の戦争であった。

われわれは中東の問題を考えるときに、こうしたアラブ世界の発言に十分注意深くあらねばならないと思う。だがサイードやアブデル＝マレクが述べているキリスト教世界とイスラム世界の文化的関係は、異文化交流、あるいは西洋と東洋の関係として必ずしも一般化することはできないだろう。西洋は東洋にとってまた別の現れ方をすることがありうるからである。例えば『神曲』の宇宙から完全に排除されているもう一つのオリエンタル（東洋人）である日本人の目から見れば、『地獄篇』のムハンマドの描き方や「異端」という言葉自体がまさしく示しているように、キリスト教とイスラム教は同じ源泉をもち、いわば同一世界に内在する二つの宗教であって、両者の対立よりはむしろ同一性が際立ってくる。そこに展開されているのは近親憎悪の世界ではないか、という印象はぬぐえない。

オリエント巡礼と巡礼者たち

『オリエンタリズム』の第二章「オリエンタリズムの構成と再構成」の最終節（第四節）には「巡礼者と巡礼行——イギリス人とフランス人」というタイトルが与えられている。オリエントへの巡礼はすべてエルサレムをめざして、聖書に記された諸地方を通るものであるが、一八世紀末のロマン主義以来——あるいはナポレオンのエジプト遠征以来——この巡礼にはまた特別の色彩が加わっている。オリエントはキリスト教に限らず、ロマン主義的な理念と夢想の対象であり源泉ともなったからである。ロマン主義者の大部分は、実際に巡礼の旅に出なくとも、多少ともオリエントへの巡礼者であった（例えばフリードリヒ・シュレーゲル『インド人の言語と英知について』がパリの図書館で書かれたように——ついでながらオリエンタリズムという語は、こうしたオリエントに対する全ヨーロッパ的な関心のたかまりを背景に一八三〇年代に用いられるようになった新語である――)。だがサイードがここで分析しているのは、現実にオリエントを訪れた文人や研究者の内面で何が起こっていたかということである。オリエントの強烈な自然と歴史と社会、そのなかにそれぞれの企図をもって入りこんだ巡礼者たちの自我の葛藤、そしてその葛藤のあいだに忍びこむオリエンタリズムとその支配的な力を描きだすことがこの章のサイードの意図であったと考えてよいだろう。

その場合、サイードはイギリス人とフランス人のちがいに注目している。オリエントに対する西洋人の二つのタイプといってよいだろう。インドの植民地化を早々に実現していたイギリス人にとって、オリエントとは何よりもインドを意味していた。「したがって、近東を通過するということは、主要な植民地インドに至る道すがらそこを通るということにほかならなかった。そこで想像力を働かせうる余地は、行政や領土保有の合法性や統治権力といった現実によってすでに制約を加えられていた」(一七三頁)。

サイードはレインやジョーンズに続くイギリス人として、スコット、キングレイク、ディズレイリ、ウォーバートン、バートンといった作家の名前をあげているが、一続きのイギリス帝国領を歩くイギリス人の想像力は支配者の「政治経営術」から遠く離れることはできない。

他方、政治的支配者としてオリエントに君臨できないフランス人の場合は、非常に異なった反応を示すことになる。

　これと対照的に、フランス人の巡礼者はオリエントで深刻な喪失感に見舞われた。彼らはフランスがイギリスのような統治者としては存在していない場所にやって来るのだった。地中海は十字軍からナポレオンに至るまでの、フランスの敗北の音を響かせていた。後に「教化の使命」として知られることになるものが、イギリスの存在に対抗するための次善の策として十九世紀に始まった。その結果、ヴォルネー以後のフランス人巡礼者たちは、主として彼らの心のなかにあるさまざまな場所をめざして計画し、企画《プロジェクト》し、それらについて想像をめぐらし、黙想に耽ることになった。……彼らのオリエントとは、追憶、連想をかきたてる廃墟、忘却の淵に沈んださまざまな秘密、知られざるもろもろの音信などからなるオリエントであり、それはほとんど巨匠《ヴィルトウォーゾ》的とでもいうべき存在様式であった（一七四頁）。

サイードによれば、そのようなオリエントの最高度の文学的表現は、ネルヴァルとフローベールのうちに見出されるのであるが、サイードは彼らの先駆者であった人びと、シャトーブリアンやラマルチーヌについても見事な分析を行なっている。この章におけるサイードの関心は、明らかにイギリス人巡礼者よりもフランス人巡礼者に向けられている。

シャトーブリアンは、一八〇五年から六年にかけて企てた東方旅行の詳細な記述を残している（『パリからイェルサレムへ、イェルサレムからパリへの旅』一八一〇-一一）。この数百ページにわたる旅行記は、「私は永遠に私自身について語る」と述べたシャトーブリアンの信条を裏づけるものとなっている。だがそのシャトーブリアンは、サイードによれば真実の自己自身ではなく、構築されたひとつの人格として、すなわち「昔の巡礼者がもっていた理念と目的と感情とをもって聖地を旅すべく、祖国をあとにした最後のフランス人」として、オリエントにやって来たのであった。シャトーブリアンの意図はきわめて雄大なものである。サイードはシャトーブリアンをオリエントに赴かせた四つの動機を見出している。第一は、均斉を保つということ。——すでに新世界に出かけていたシャトーブリアンは、アメリカの「自然」の記念碑とともにオリエントの「知」の記念碑を訪れる必要があった。第二に、自己完成。——すなわち新しいイメージの補充。第三に、宗教的精神の重要性の確認。第四に、——これがサイードのもっとも重視するところであるが——事物をあるがままにでなく、シャトーブリアンがかくあるべしと仮定した通りに見ることの必要性。——当然の結果として、シャトーブリアンはオリエントの地に、自由について知らず、礼儀をわきまえない、「再び野蛮状態に陥った文明人」を見出すことになるだろう。サイードは書いている。

こうして、すでに一八一〇年の時点で、我々は、一九一〇年のクローマーと同様、東洋人《オリエンタルズ》は征服されることを必要としていると主張し、西洋人によるオリエント征服が征服でなく解放なのだとする論理に何の矛盾も感じないひとりのヨーロッパ人に出会うのである。シャトーブリアンは、そうした考え方全体をロマン主義的な贖罪観念によって表現する。その観念に従えば、死んだ世界を甦らせ、生命力なき退化せる表層の下に隠された潜在能力を刺激して自覚させてやることこそ、キリスト教徒の使命だというのである（一七七頁）。

シャトーブリアンがイギリス人と異なるのは、地上にシャトーブリアンをつなぎ止めておくべきものが何もないという点だろう。もしあるとすれば、それはサイードが皮肉な筆致で指摘しているような、ナイルのほとりに打ち棄てられた祖国フランスの文明の記念碑くらいであろう。オリエントの荒野のなかで一度は解体されたかに見える自我が再構成されるとき、シャトーブリアンは自ら「神と同時代を生きる幻視者」として、オリエントを表象し、オリエントに代わって語る、詩人＝預言者として現れる。それが現実のオリエントから遠く離れた想像のオリエントであることはいうまでもない。

シャトーブリアンはきわめて大きな存在であったから、それ以後のフランスの巡礼者たちがシャトーブリアンのオリエントの影から逃れるのはほとんど不可能な業だった。一八三三年、内なる生のうながしに誘われて年来の夢を実現すべくオリエントに旅立ったラマルチーヌ(『東方紀行』)の場合も、結局はシャトーブリアンと同じ道程をたどったことになる。「信仰と奇跡の土地」にたいする詩的情熱を十分に発散させた後にラマルチーヌが発見するに至ったのは、ヨーロッパの宗主権のもとに解体され保護されるべき「領土も祖国も、権利も法律も持たぬ国民」であったのだから。サイードの表現を借りるならば、「オリエントによって選ばれた西洋の詩人」となることを願ったラマルチーヌは、いまや「力と意識とにおいて自己を全ヨーロッパと同一視する超‐個人的な自我《エゴ》」――サイードはそれを「超越的な擬似国家主義エゴイズム」とも呼んでいる――となったのである。

ネルヴァルとフローベールもまた、ラマルチーヌと同様、古典から近代にいたるあらゆる文学と専門的なオリエント研究の著作を読み、いわばオリエンタリズムの知識とイデオロギーで武装して、オリエント巡礼の旅に出たのであった。だがサイードのネルヴァル、フローベール評価の仕方は、彼のシャトーブリアン、ラマルチーヌ評価とは非常に異なっている。おそらくその評価のちがいには、サイードの文学的な好みが微妙に影響しており、また文学研究者サイードの長所と弱点が表れているように思われる。もちろんサイードの冷静な分析がそこで甘くなっているというわけではない。だが設問の仕方が逆になっている。シャトーブリアンとラマルチーヌに対しては、オリエントに対する彼らの個人的な思い入れにもかかわらず、彼らはなぜ帝国主義的なオリエンタリズムに回帰したかが問われるのに対して、ネルヴァルとフローベールに対しては、彼らのオリエントがどうしてオリエンタリズム的オリエント概念から逸脱しているかが問われているからである。その結果ネルヴァルとフローベールにかんするページは、この書物のなかではめずらしく、西洋に開かれたものとなっている。

オリエントを訪れた十九世紀の旅行者のうちで、この両作家（ネルヴァルは一八四二年から四三年、フローベールは一八四九年から五〇年にかけてオリエントを訪れた）以上に、みずからのオリエント訪問を個人的・審美的な目的のために利用しえた者はいなかった……。何よりもまず、二人が天才であったこと、そしてその二人がともにヨーロッパ文化の諸相にどっぷりとつかり、そこからオリエントに対する倒錯的ではあるが共感にみちたヴィジョンを形成する原動力を得ていたこと、これらのことがここでは少なからず重要な意味あいをもつのである（一八四頁）。

引用者としては、こういう所に「天才」という文字が現れることに驚きを禁じえないし、意地の悪い読者は、「ではシャトーブリアンやラマルチーヌは天才ではなかったのか、彼らはヨーロッパ文化の諸相にどっぷりつかってはいなかったのか？」と問い返すことだろう。だがここで重要なのは、サイードがヨーロッパ文化のなかにオリエントに対する共感にみちたヴィジョンを形成する原動力の存在を認めていることであり、またオリエントはネルヴァルとフローベールの作品においては、ラマルチーヌの作品におけるよりも、はるかに本質的で重要な役割をはたしていることを強調する文脈のなかで右のような文章が現れていることだろう。

サイードはネルヴァルにかんして、改めて次のように問いかける。「ネルヴァルの作品がある程度までオリエンタリズムに依存しているにもかかわらず、どうして彼のオリエントは、オリエンタリズム的なオリエント概念の一種になることを免れているのか」。

サイードによれば、この疑問を解くのにうってつけの二つのテクストが『旅』の覚書きのなかに収められている。「第一のテクストでは、彼の貪欲さが経験と記憶とをみさかいもなくわがものにしようとする。すなわち彼は〈すべての自然（異国の女たち）と、一体化しなければならないと感じている。そしてまた、そこで生きたという思い出とも〉。第二のテクストは、第一のそれをわずかばかり敷衍したものである。すなわち〈夢と狂気……オリエントに対する欲求。エウローペーが立ちあがる。夢が実現する。ぼくは彼女を避けた、ぼくは彼女を失ってしまった。……オリエントの船〉（稲生永訳「東方紀行覚書（抄）」『ネルヴァル全集』3）」（二八八頁）。

右の文章の「オリエント」と「オリエントの船」が何を意味するかについてのくわしい分析は省略しよう。ここで重要だと思われるのは、オリエントに対する強烈な個人的欲求（夢と狂気）が、オリエンタリズムの力（たとえばレインの書物）を利用しながらも、それに屈しなかったという事実であろう。個人的欲求の強さが国家的、あるいはヨーロッパ的文明のイデオロギーに勝利を収めた、とでもいうべきであろうか。だがその結果としてネルヴァルの

『東方の旅』はきれぎれの断片となり、「ネルヴァルの自我は以前にもまして麻痺し、疲れはてしまっていた」ということになる。

フローベールはいかにしてオリエンタリズムから免れえたか。サイードはネルヴァルとフローベールのちがいについて次のように書いている。

> ネルヴァルが実体のないオリエントという負のヴィジョンをもっていたのに比べると、フローベールのそれはきわめて実質に富んでいる。彼の旅行ノートや書簡類からは、さまざまの事件や人物や舞台背景を几帳面に報告しながら、その奇抜さを楽しみ、眼前の不可解さを解決しようともせずにいる一人の人物の姿が彷彿と浮かんでくる（一八九頁）。

サイードがこれに続く部分でいおうとしているのは、フローベールは彼の嗜好（特殊な種類の倒錯）に従って切り取った対象をくわしく観察し研究しつくして、自分の小説における本質的な要素を表象するまでに練りあげる方法をもっていたということである。右の引用文における「眼前の不可解さを解決しようともせずにいる」という一句はその方法を示すものとして注目に値する。シャトーブリアンやラマルチーヌであれば、「眼前の不可解」はたちどころに解決されたであろう。「不可解」を解決するのは既成のイデオロギーである。フローベールは「不可解」を解決せずに、その前に立ち止まる。だが「実質に富んでいる」ことは、それだけオリエンタリズムのイデオロギーにさらされる機会が多いということだ。

サイードが指摘するフローベールのオリエンタリズムの一つは、他の作家と同様、彼のオリエントに対する思い入れに由来する。つまりフローベールはフランスの灰色がかった風景や退屈な日常生活とは対照的な、華やかな色彩や刺激的な見世物、永遠の神秘といった「空想上の代替物」をオリエントに求めたのである。だが現実のオリエントは老いさらばえて見えた。「そこで、フローベールにおけるオリエンタリズムは、他のすべてのオリエンタリズムと同様、オリエントの復活を目的としたものとなる。すなわち、彼こそがオリエントをよみがえらせ、そのオリエントを彼自身と彼の読者のもとに引き渡す義務を負わされる」（一九〇頁）。

サイードはフローベールの旅行記（『エジプト紀行』）から二つのおそらくもっとも強烈な印象を与える部分を引用している。その一つはカスル・エル・アイニー病院における梅毒患者たちの描写。ここでは『オリエンタリズム』の訳書のほうから引用しよう。

……カスル・エル・アイニー病院。――よく整備されていた。――クロ・ベイの仕事だ。彼の事跡は今でもまだうかがうことができる。――梅毒患者の結構な事例。アッバースの親衛兵士の部屋では、沢山の者が臀《しり》に梅毒のかさをもっている。医者の合図ひとつで、全員がベッドの上に立ち上り、パンツのひもを解いた。(まるで軍隊の教練のようだった)。それから下疳《げかん》の具合を見せるために、指で肛門をひらいた。――ものすごく大きな漏斗状をしていた。一つには、肛門に毛の房があった。ある老人のまったく皮膚のなくなったいちもつ。そこから洩れる臭いに、ぼくは一歩退いた。――佝僂病患者。そりかえった手。鉤爪のような長い爪。骸骨のような身体の形がうかがえた。それにまた、身体のその他の部分も、途方もなく痩せていた。頭には白っぽい癩のようなものがぐるっととりまいていた。

解剖の部屋。……解剖机の上には、アラビア人の屍体がのり、黒い見事な髪の毛をもっていた。かれはもうすっかり内臓をひらかれていた……(平井照敏訳『エジプト紀行』〈フローベール全集 8〉平井訳の伏せ字部分を含め、一部改訳、一九〇-一九一頁)。

ここにはフローベール特有の、嫌悪や共感の次元をこえた、正確さだけをめざすいわば解剖学的な細部描写のお手本がある。だがこの部分を引用したサイードにはもう一つ、フローベールの経験の大部分が「演劇的形式」によって伝達されることを示す意図があった。「彼はただ自分が眺める対象の中身に興味をもつだけでなく、——ルナンと同様——いかにそれを眺めるか、つまりどのようにしてオリエントが、時には恐ろしげに、しかしつねに魅力的な形で、彼の前に姿をあらわすかにも興味を抱くのである」。

第二の引用はフローベールの経験した「至福の瞬間」、すなわちエジプトの有名な踊り子で娼婦でもあるクチュク・ハネムとすごしたひとときにかんするものである。サイードはこのエピソードにかんする文章を『エジプト紀行』ではなく、フローベールの友人ルイ・ブイエにあてた手紙から引用しているが、ここではサイード自身の要約の文章を次に引こう。サイードは女性の踊り子であるアールメについてくわしい説明を加えた後に、次のように書いている。

クチュク・ハネムもこうした女たちの一人であり、フローベールは彼女の「蜜蜂の踊り」を鑑賞してから、彼女とベッドをともにしたのである。官能の手練手管に通じ、気むずかしく（フローベールによれば）愚かしいばかりに野卑であったという点で、クチュク・ハネムが、フローベールの小説に登場する女性たちのうちのいく人かの原型《プロトタイプ》であったことはまず間違いない。クチュク・ハネムについて、フローベールが特に気に入っていたのは、南京虫の「胸の悪くなるような臭い」が「白檀油のしたたる彼女の肌の匂い」となまめかしく混じりあうとき、彼女が彼に対して何一つ要求しないように思われた点であった。……クチュクが無言のうちに発散する抗い難い性的魅力に触発され、フローベールの心は思い出のなかをぐるぐるとさまよい続ける(一九二頁)。

オリエントの女性の性的な魅力と無限の豊饒性がフローベールをとらえて離さない。クチュクはフローベールの小説のいく人かのヒロインのモデルとなると同時に、性的な魅力そのものの原型となってフローベールの文学に決定的な痕跡を残すことになる。その影響の大きさと深さは、フローベールが一般的なオリエンタリズムから逸脱する一点を示している。だがそれは同時にフローベールがオリエンタリズムに回帰する一点をも示している。なぜならサイードが指摘しているように、「オリエントは、我々がヨーロッパにおいてはもちえない性的体験を探し求めることができる場所」なのであるから。ネルヴァルやフローベールに限らず、東方への巡礼者のほとんどすべてがオリエントの性的魅力にとらえられ、オリエントは性的解放の場となる（二〇世紀においてはジッド、コンラッド、モーム等々）。だが一個人の内的な問題も、それが大勢の人びとによってくりかえされれば一つのクリッシェとなり、大衆文化のなかで商品化されることになるだろう。

こうしてサイードは、ネルヴァルとフローベールという二人の巡礼者の場合を描くことによって、一度は開くかに見えた東洋と西洋の境界を結局は閉ざしてしまう。サイードがフローベール的探究の結果として記しているのは、次のような悲観的結論である。

> こうして人は活力と文体とをもって世界を構成するか、または「私」を殺した学術的な手続きに従って世界を倦むことなく模写するかの、いずれかの道を選ぶことになる。いずれの場合もオリエントに関するかぎり、それがどこか別の場所にある別の世界であり、西洋の我々の世界のもつ日常的な帰属感、感情、価値とはかけ離れた世界であるということが、公然と認められていたのだった（一九五頁）。

サイードは「巡礼者と巡礼行」にかんする記述の最後のページをリチャード・バートンにあてている。だが、オリエントに共感し、東洋人になりすますことができるほどに東洋に習熟したイギリスの個性的東洋学者の、「異文化の情報・行動体系を巧みに吸収することによって、異文化のあいだをくぐりぬけてゆこうとする」一箇の意識の遍歴のあとをたどった後に、サイードの下した結論は次のようなものであった。

オリエントでヨーロッパ人であるためには、しかも知識によってそうなるためには、人はオリエントを、ヨーロッパによって支配されたひとつの領域であると認めなくてはならないのである。オリエントに関するヨーロッパ的、西洋的な知の体系であるオリエンタリズムは、こうしてヨーロッパによるオリエント支配と同義語になり、この支配力がバートンの個性的な文体のもつ奇矯性をさえもしっかりとおさえつけてしまうのである（二〇二頁）。

こうしたオリエントへの巡礼者の物語がわれわれ日本の読者にとって興味深いのは、近代の日本人たちもまた数多くのオリエントへの巡礼者を迎えいれたからである。もちろん西欧にとって中近東と極東では意味がことなる。日本はキリスト教や文明の発生の地ではなかったし、直接的な文化交渉もない世界の果ての国であった。だがサイードがオリエンタリズムと呼ぶ西洋人の意識構造は、日本を訪れる西洋人の場合も根本においてはそれほど変わっていなかったであろう。サイードの指摘するオリエンタリズムの諸特徴に思い当る点が多いのはそのためである。しかしながら、一九四五年までは西洋の直接的な支配を受けることなく、また古代から外国の文物を受け入れることに慣れてきた国の住民から眺めれば、事態はいささか異なって見えてくる場合がある。この問題は後にもう少しくわしく論じることにして、ここではとりあえず二つの問いを出しておこう。第一に、これらのオリエントへの巡礼者たちはそれほど非難すべき存在であろうか。もしそれが厳しく非難すべき存在であったとすれば、他にどんな巡礼の方法がありえたのだろうか。第二に、サイードがオリエンタリズムと呼ぶものは、多くの場合、もっぱらオリエントのみに向けられているのではなく、より広く西洋的な文明概念に包含されているのではないだろうか。

マルクスのインド論――文明論の陥穽

サイードのマルクス批判はいささか唐突に現れる。もっともマルクスのオリエンタリズムに対する批判が行なわれることは、この書物の冒頭に予告されているのであるが、マルクスの「イギリスのインド支配」が組上に載せられるのは、第二章の第三節「オリエント在住とオリエントに関する学識」と題された節において、サシやルナン、ミュアーやドーズイー、あるいはコッサンといった東洋学者の著作やカーライルの英雄論に表れた人種差別的見解がたどられてゆく部分においてなのである。『オリエンタリズム』のなかでマルクスは常に否定的・批判的に扱われているわけではない。この場合にもサイードは一種の例外的な事例として慎重に扱おうとしている様が読みとれる。

折にふれて、人は東洋と西洋とのあいだのこの不平等な連結の関係の例外に、いや例外とまではいわないまでもその興味深い複雑な事例に出会うことになる。カール・マルクスは、イギリスのインド支配を分析した一八五三年の諸論文のなかで、アジア的経済システムという概念を確認し、さらにすぐそのかたわらで、植民地に対するイギリスの干渉、略奪、むき出しの残虐行為がこのシステムのなかの人間に加えた惨害に言及した。マルクスは叙述を重ねるごとにますます確信を深めながら、「イギリスはアジアを破壊するというまさにそのことによって、アジアにおける真の社会革命を可能にしつつある」という見解に立ち返っていった。マルクスの文体《スタイル》をみるとき、我々は、東洋社会が力ずくで変化させられていく過程で東洋人《オリエンタルズ》がこうむるさまざまの苦難に対し、我々が同じ人間として当然感じるいとわしさと、この変化が歴史的必然であるという認識とを、いかにして両立させるかという困難な問題にいやでも直面せざるをえなくなるのである（二五七頁）。

一八五三年のインド問題にかんするマルクスの諸論説のなかで、特にサイードが引用しているのは六月二五日付『ニューヨーク・デイリー・トリビューン』に掲載された「イギリスのインド支配」と題する論説の結論の部分である。サイードが引用したのと同じ形でここにも引用しよう。

ところで、これらの無数の勤勉で家父長制的な、また当たりさわりのない社会組織が解体され、各構成単位に分解されて、苦難の海になげおとされ、その個々の成員が古代そのままの形態の文明と伝来の生活手段とを同時に失うのをみることは、人間感情にとって胸いたむものであるにはちがいないけれども、われわれは、これらの牧歌的な村落共同体がたとい当たりさわりなくみえようとも、それがつねに東洋的専制政治の強固な基礎となってきたこと、またそれが、人間精神をありうるかぎりのもっとも狭い範囲にとじこめて、これを迷信に対し無抵抗な道具とし、伝統的な規範の奴隷とし、人間精神からすべての尊厳と歴史発展のエネルギーを奪ったことを忘れてはならない。(中略)なるほどイギリスがヒンドゥスタンに社会革命をひきおこした動機は、もっともいやしい利害関心だけであり、それを達成する仕方も愚かしいものであった。しかし、それが問題なのではない。問題は、人類がその使命を果たすのに、アジアの社会状態の根本的な変革なしにそれができるのかということである。もし、それなしにできないとするならば、イギリスがおかした罪がどんなものであろうとも、イギリスはこの革命をもたらすことによって、無意識に歴史の道具の役割を果たしたのである。

だから、古代世界がくずれおちる情景が、われわれの個人的感情にとってどんなに悲痛であるとしても、歴史の立場からすれば、われわれはゲーテとともに、次のように叫ぶ権利を持っている。

この苦しみがわれらの快楽をますからには、
どうしてそれがわれらの心を苦しめよう。
ティームールの支配も、

無数の命を滅ぼしたのではなかったか？
（大月書店版『マルクス・エンゲルス全集』第九巻、鈴木正四訳、参照）

サイードは、イギリスのインド支配の肯定ともなりかねないマルクスのこの文章の最後に引用されているのがゲーテの『西東詩集』の詩句であることを手掛りに、マルクスのオリエント概念がきわめてロマン主義的（オリエントの再生）であることをつきとめ、マルクスの人間的心情や社会経済的分析が結局は、標準的なオリエンタリズムに埋没していることを鋭く指摘している。この指摘は正しいと思う。じっさいマルクスが当時のロマン主義的オリエント観、あるいは当時のオリエント学者の偏見にとらわれている様は、『ニューヨーク・デイリー・トリビューン』における一連のインド論の最後の文章では、いっそう露に目立っている。

インドの社会はまったく歴史をもたない。すくなくとも人に知られた歴史はない。われわれがインドの歴史とよんでいるものは、この抵抗しない、変化しない社会という受動的な基礎のうえに、あいつぐ侵略者が帝国をつくりあげた歴史にすぎない。したがって問題は、イギリス人がインドを征服する権利があったかどうかにあるのではなく、インドがイギリス人に征服されるよりも、トルコ人、ペルシア人、ロシア人に征服されたほうがましかどうかにある。

イギリスは、インドで二重の使命を果たさなければならない。一つは破壊の使命であり、一つは再生の使命である。——古いアジア社会を滅ぼすことと、西欧的社会の物質的基礎をアジアにすえることである（マルクス「イギリスのインド支配の将来の結果」一八五三年八月八日付）。

もし右の文章にマルクスの署名がなければ、われわれ読者は、西欧のもっとも露骨で恥知らずな植民地主義者の文章だと思うだろう。〈インドの社会は歴史をもたない〉——これは西欧のオリエンタリストが中近東やアジアの停滞的な社会にかんして抱く通念であった。〈インドはトルコ人やペルシア人やロシア人に征服されるよりもイギリス人に支配される方がましである——したがってイギリスにはインドを支配する権利がある……〉——これは列強の植民地主義者に共通した論理であった。日本が朝鮮や中国を侵略する時に同じ論理を使わなかっただろうか。湾岸戦争で、あるいはイラン・イラク戦争やそれ以前の中東問題で、アメリカやイギリスは同じ論理を使わなかっただろうか。〈イギリスは、インドで二重の使命を果たさなければならない。一つは破壊の使命であり、一つは再生の使命である。──古いアジア社会を滅ぼすこと、西欧的社会の物質的基礎をアジアにすえることである〉──よほど厚顔な近代化論者でも、これほど露骨な言葉はひかえたであろう。

もちろんマルクスは植民地支配を擁護しているのではなく、歴史的事実と歴史的必然について述べているのである。それに、このようにテクストの一部を抜き出してそれが全体の論調であるかのような論じ方をしてはならないだろう。マルクスはこの後で「ブルジョア文明のもつ深い偽善と固有の野蛮性」について厳しい批判を展開している。だがマルクスが同じ文章で何の疑いもなく、「イギリス人は、ヒンドゥー文明よりもすぐれた文明をもち、したがってヒンドゥー文明にうごかされない最初の征服者であった」と書いているのも事実である。

サイードはこうしたマルクスの文章に対して、二つの問いを出している。

まず第一に、アジアの敗北と喪失としてのイギリスの植民地支配を非難してきたマルクスの倫理的観点は、どのようにして、我々がこれまで述べてきた昔ながらの東西不平等論の方向にずれこんでしまったのか。そして第二に、彼の人間としての同情心はどこへ行ってしまったのか。すなわち、オリエンタリズム的ヴィジョンにとって代わられる過程で、それはいかなる思考領域のなかに姿を消してしまったのか（一五八頁）。

この二つの問いに対する回答としてサイードが想起する第一の要因は、一九世紀初期の思想家たち、特にオリエンタリストに共通する人間観、すなわち人間の個としての多様性を無視して大まかな集合的見地から一般化し類型化してとらえる人間観（サイードはヘルダー流の民衆帰属説やルナンの類型化という学問的手続きを例に出している）である。その結果、個人が消えて、東洋人、アジア人、セム族、イスラム教徒、アラブ人、ユダヤ人、メンタリティー、民族、等々――そして最終的には「ヨーロッパ」と「アジア」、「西洋」と「東洋」といった区分が残る。

第二は、マルクスが使用せざるをえなかったオリエントにかんする語彙そのもののなかに潜むイデオロギー的な力（サイードはそれをフロイト的に「検閲官」という用語で説明している）。マルクスがオリエントにかんする膨大な量の文献の集合体に依存すればするほど、マルクスの個人的な心情は抑圧される。「マルクスのインド論においては、結局、ある力が彼を強制してゲーテのもとに急ぎ帰らせ、そこで彼は自分を擁護してくれるオリエント化されたオリエントのなかに身をおくことになったのである」（二五九頁）。

サイードが指摘しているマルクスのインド論のこのような弱点は、マルクスの置かれた当時の状況からも説明できる。一八四九年八月マルクスは二月革命以後の反動が強化されたフランスからイギリスに亡命する。ロンドンに移ったマルクスは、全ヨーロッパ的な反動のなかで、政治的な活躍の領域を限られ、また自己の革命理論を修正せざるをえない。極度の経済的困窮のなかで大英博物館の図書室に通って経済学の研究をはじめるが、これもなかなか進展しない。そうした状況のなかでクリミア戦争のはじまった年である一八五三年は、後に『経済学批判』や『資本論』のなかで確立する歴史＝経済理論にいたる過渡的な摸索の時代であり、とりわけ経済的な理由もあった『ニューヨーク・デイリー・トリビューン』他への多数の寄稿論文は、マルクスがいまだ十分に精通していない領域（中国、インド、中近東など）にかんして新たな知識を習得しつつ手持ちの理論を適用せざるをえない苦しい状況のなかで書かれている。「イギリスのインド支配」が「アジア的生産様式」の最初の概念を与えた論文であるといわれていることからもわかるように、こうした寄稿論文はマルクスの理論的な発展に大いに役立つことになるのだが、裏をかえせばマルクスの弱点をもっともあらわに示す論考であったということがいえるだろう。時代的なイデオロギーや偏見が入りこみやすい状況に当時のマルクスは置かれていたのであった。

だがそうした不利な状況や、例えばアルチュセール学派の人びとが主張しているように、当時のマルクスはいまだ真のマルクスではない、といった理由によってマルクスのこれらの文章が批判を免れうるとは私は思わない。私はまた、マルクスの植民地の人民にたいする心情的共感がいかにしてオリエンタリズムのイデオロギーによって歪められたかという設問も、マルクスのインド論の真の問題点をついてはいないと思う。われわれはむしろ、マルクス自身の思考や理論には、本質的にオリエンタリズムに共通するものがあったのではないか、と問うべきではなかろうか。そしてこの観点からマルクスのテクストを読みなおすとき、あらためて重要な言葉として浮かびあがってくるのは、「歴史の立場からすれば」という表現であり、これらのテクストに幾度となくくりかえされる「文明」という言葉であろう。

「歴史の立場からすれば」とマルクスが書くとき、彼の脳裡には、一つの歴史的発展段階があったことは確かである。やがて「資本主義的生産に先行する諸形態」として精密化される以前の発展段階説的思考がここに顔をのぞかせている。しかもこの発展段階説は、やがてマルクス＝エンゲルスがモルガンの『古代社会』をよりどころに展開させる人類学的分類

――野蛮‐未開‐文明――（『家族・私有財産及び国家の起源』を見よ）[*]に、十分の理論的検討を経ないままで、支えられている。

＊――エンゲルスはマルクスの古代社会にかんするノートを手元において、「一つの遺言の執行とも言うべきもの」としてこの書物を書きあげた。「まことにモルガンは、マルクスによって四十年前に発見された唯物史観をアメリカにおいて独自の仕方で新たに発見し、そして未開と文明とを比較しつつ、主要な諸点でマルクスと同一の結果に到達したのである」（エンゲルス『家族・私有財産及び国家の起源』一八八四、の「序言」）。

唯物史観の例証として歓迎したモルガンの『古代社会』から、マルクス＝エンゲルスは私的所有から国家形成に至る過程を明らかにするさまざまな事実と例証をとりだすと同時に、「未開と文明」という概念を全面的に受け入れる。こうして『起源』の最終章は「未開と文明」と題されることになる。いうまでもなくエンゲルスは文明批判の観点からこれを書いている。「文明とは……商品生産がそこで完全な展開を遂げ、そしてそれ以前の全社会を変革するところの、社会の発展段階である」（岩波文庫、二二九頁）。「文明社会の総括は国家であり……」（同、二三二頁）、「文明の基礎は一階級の他階級による搾取であるから、その全発展は不断の矛盾のうちに進行する……」（同、二三四頁）、等々。……エンゲルスはさらに文明を「貧者に対する富者の闘争」と名づけたフーリエに言及しており、また「瀕死の文明に悩める世界を若返らせ得るものは、実際未開人のみである」（同、二〇七頁）といった弁証法的思考を示す文章もある。だが唯物史観に未開と文明という西洋中心的な概念をもちこんだことは、マルクス主義理論のその後の展開に不幸な影響をもたらした。

マルクスが理論化をはかろうとしていた、資本制への移行やプロレタリア革命の必然性という論理の構造が、不幸にしてここでは西欧中心の文明概念と合体して、植民地主義者と同じ言説を呼びだしている。サイードがオリエンタリズムと見たものは、より本質的には西欧的文明概念ではなかったか。じっさいこうした言説は、オリエントに限らずヨーロッパやロシアの遅れた地域や民族に対しても向けられることになるからである。文明の名における、西洋の東洋に対する抑圧、西洋の西洋に対する抑圧、東洋の東洋に対する抑圧。私はⅣ章で、福沢諭吉の「脱亜論」が『文明論之概略』における文明概念の論理的に必然的な帰結であることを指摘するつもりであるが、ここでは福沢の「脱亜論」がマルクスのインド論と共通の論理をとりこんでしまっていることを強調しておきたい。マルクスは西欧の文明国がアジアの旧制度を破壊して、「西欧的社会の物質的基礎をアジアにすえること」を歴史の必然性として主張したが、福沢はアジアの先進国であるわが日本国は、「西洋の文明国と進退を共にし、其支那朝鮮に接するの法も、隣国なるが故にとて特別の解釈に及ばず、正に西洋人が之に接するの風に従って処分す可き」ことを同じ歴史的必然性に従って主張したのであった。

サイードがオリエンタリズムの用語で提起している問題は、西洋‐対‐東洋の問題にとどまらず、現在、地球上の各地で発生しているさまざまな民族問題に広く通底する問題のありかを示している。*

＊――サイードは触れていないが、アジア的生産様式にかんしては、マルクス主義者のあいだでも長い論争の歴史がある。ここではその問題についての言及は省略したいが、サイードのこのような議論が出される以前に、マルクス主義におけるオリエンタリズムについてももう少しつっこんだ反省や論議が行なわれていたことは指摘しておきたい。

例えばブライアン・S・ターナーは、アルチュセール学派の影響の下に主として中近東の社会構成体にかんする研究の理論的な整理と展開を試み、「マルクスの新聞記事は、アジア的社会構成体を科学的に分析するに十分な基礎を提供していない」（『イスラム社会学とマルキシズム』一八〇頁）ことを強調している。サイードは「『オリエンタリズム』再考」のなかでターナーのこの書物の重要性について述べている（三四九頁）。ターナーの「オリエンタリズム」の定義はサイードのそれとほぼ合致している。

「オリエンタリズム」という表現を使ってわたしが示唆しているものは、信念、学問的態度、理論などにおける一連の症候群である。これは、イスラム研究の古典的諸著作ばかりか、地理学、経済学、社会学などのより広範な学問領域にも感染している。

この症候群は次の多くの基本的論拠から成りたっている。すなわち、(i)社会的発展は、社会に内在する諸特性によって引き起こされること。(ii)社会の歴史的発展は、進化論的に前進するか、漸進的に衰退するか、このいずれかであること。(iii)ある社会の制度全体は根源的な本質の現われであるという意味で、社会は「表出的全体」であること。こうした論拠に基づいて、オリエンタリストたちは、西欧社会とイスラム社会という、二分法による理念型を定立した。そこでは、西欧社会は、その内的本質により、民主主義的な工業化へとダイナミックな発展がなされたのに対し、イスラム社会の方は、永遠に停滞するか、あるいはその初発から衰退し続けているか、そのいずれかであると考えられた。(中略)

ところで、オリエンタリストの描いた中東像に対するわたしの接近方法は、……彼らの前提から引き出される問題の扱い方が矛盾していることを論証することであった。いったん資本主義の巨大な中心部が形成されると、周辺地域での発展の諸条件は根底から変えられてしまうという認識に基づいて、わたしは反撃を試みたのであった。……周辺地域における発展の主要な特徴は、不平等と不均等とが結びついたものである。資本主義が前資本主義的生産様式を強化し、これを温存するものである以上、「伝統的社会」から「近代社会」へ単線的、進化論的に発展するという保証は、どこにもない。周辺地域での資本主義に関する以上の論拠からして、西欧的モデル（「市民革命」、世俗化、近代化など）が普遍的妥当性と重要性を有するという仮説は、崩されることになる（ブライアン・S・ターナー著、樋口辰雄訳『イスラム社会学とマルキシズム――オリエンタリズムの終焉』第三書館）。

なお、西欧的モデルをアジアに押しつけるアジア研究が、いかにアジア像を歪めてきたかについての厳しい自己反省が、アメリカの幾人かのアジア研究者によって書かれているが、最近翻訳の出たP・A・コーエン『知の帝国主義――オリエンタリズムと中国像』（平凡社）は、ベトナム戦争以後のそうした動きの根底にあるものを教えてくれる点でも興味深い。コーエンはこの書物で、「西欧の衝撃――中国の反応」、あるいは「伝統と近代」といった問題のたて方が、西欧との関連で浮かびあがってくる領域だけを問題にして、中国の歴史と社会のより本質的な部分への関心を脱落させていることを具体的な例をあげて論証しつつ、「近代化論」のパラダイムの廃棄と新しいパラダイムの設定をめざしている。コーエンは、アメリカ流の「近代化論」にかぎらず、マルクス主義的「帝国主義論」もまた経済発展や近代化を望ましいものとして無前提に受け入れていることを厳しく批判している。だがコーエンの主張する「近代化論の全用語体系を一括して廃棄」したあとに、どのような用語体系が想定されるのか、「中国自身に即した」アプローチが具体的にどのような方法論をもちうるのか、さらには歴史の方法論がそのように地域ごとに「……自身に即した」アプローチによって個別に細かく分離していったときに、世界はどのような姿をとって現れ、またそうした世界の全体をとらえる普遍的な理論が成立しうるのかどうかについての十分な説明は行なわれていない。

二項対立の限界とそれを越える可能性

以上、サイードの著作に記されたオリエンタリズムの三つの局面をえらんで読んでみた。オリエンタリズムは金太郎飴のように、どの断面をとってみてもほとんど同じ図柄を示すから、以上の三つの局面だけに限っても、サイードの主張はほぼ理解できたと思う。ここであらためてサイードが、いくらか形を変えながら執拗ともいえるほどにくりかえし行なっているオリエンタリズムの定義をふりかえってみよう。

「オリエントとは、むしろヨーロッパ人の頭のなかでつくり出されたものであり、古来、ロマンスやエキゾチックな生きもの、纏綿《てんめん》たる心象や風景、珍しい体験談などの舞台であった」。

「オリエンタリズムは『東洋《オリエント》』と（しばしば）『西洋《オクシデント》』とされるものとのあいだに設けられた存在論的・認識論的区別にもとづく思考様式なのである」。

「オリエンタリズムとは、オリエントを支配し再構成するための西洋の様式《スタイル》なのである」。

「オリエンタリズムとは、『オリエント』なる独特の存在が問題となる場合にはいつでも、不可避的にそこに照準が合わせられる（したがってまた常にそれに組み込まれることになる）関心の網の目《ネットワーク》の総体なのである」。

「オリエンタリズムとは、（世界を東洋《オリエント》と西洋《オクシデント》という不均分の二つから成るものに仕立てあげる）地理的な基本区分であるだけでなく、一連の『関心』、すなわち学問的発見、文献学的再構成、心理学的分析、地誌や社会誌の記述などを媒介としてつくり出され、また維持されているような『関心』を精緻なものにすることである。さらにまた、オリエンタリズムとは、我々の世界と異なっていることが一目瞭然であるような（あるいは我々の世界にかわりうる新しい）世界を理解し、場合によっては支配し、操縦し、統合しようとさえする一定の意志または目的意識――を表現するものというよりむしろ――そのものである。なによりも、オリエンタリズムは言説《ディスクール》である」。

「オリエンタリズムとは結局、著作と著者を引用するシステムなのである」。

「オリエンタリズムとは、オリエント的事物を、詮索、研究、判決、統治の対象として、教室、法廷、監獄、図鑑のなかに配置するようなオリエントの知識のことである」。

「オリエンタリズムとは結局、現実についての政治的ヴィジョンなのであり、身うち《ザ・ファミリー》（ヨーロッパ、西方、「我々」）と他人《ザ・ストレンジ》（オリエント、東方、「彼ら」）とのあいだの差異を拡張する構造をもつものだった。このヴィジョンは、右のような二分法によって対置される二つの世界をいわば創造し、ついでそれに奉仕するものであった」。

「オリエンタリズムとは、西洋が東洋《オリエント》の上に投げかけた一種の投影図であり、東洋《オリエント》を支配しようとする西洋の意志表明であるということを、ひとたび考えれば……」。

こうしてオリエンタリズムにかんするサイードの定義を引用し続けてみると、オリエンタリズムを一つの言説として定義をするサイードの言説の特色がおのずと浮かびあがってくる。まずサイードのこのような定義の仕方が、既成のオリエント概念と根本的に異なっていることは一目瞭然であろう。

ヨーロッパにおいてオリエンタリズムという語自体は一八三〇年代から使い始められ（オリエンタリストは一八世紀末から）、一九世紀後半に一般化するのであって、いわゆる東洋学の他に、オリエントにかんする特別の関心や趣味を表す言葉であった。* サイードは、西洋の東洋に対する支配の意志、様式、あるいは観念の体系であることを強調することによって、オリエンタリズムの語義を一変させる。それは西洋の側から見たオリエンタリズムの概念を東洋の側から見た概念に置き換える作業といってよいだろう。サイードが一貫して主張しているのは、オリエンタリズムがその対象であるオリエンタルズにとってどういう意味をもっていたかである。

＊――わが国の一般的な辞書のなかでおそらくもっともくわしい定義を左に記しておこう。「オリエンタリズム（英 orientalism）一、東洋の精神文化を高揚する立場。二、東洋の文化や習俗、特に言語、文学、宗教などの知識を得、研究を行なうこと。東洋学。三、一九世紀のフランス画壇の一派の風潮。古典派の画題の因習性を破り、近東諸国やアフリカの強烈な自然と多彩な風俗に新しい主題を求めた。この派の画家にはドラクロアやフロマンタンなどがある」（『日本国語大辞典』小学館）。

だがこうしてサイードのオリエンタリズムの定義を書き出してゆくと、あたかも籠の中で輪をまわすリスを見ているような印象を与えはしないだろうか。二つの理由が考えられる。第一は、議論の方向性が明確でつねに一つの結論に導かれること。第二は議論に出口が用意されていないこと。

第一点。定義のヴァリエイションがくりかえされるあいだに、一つの方向性をもって、着実に明確に描きだされてゆく図柄がある。それを西洋と東洋の二項対立によって導きだされた、差別と抑圧の体系と呼ぶことができるだろう。いうまでもなく、サイードによればそれを生みだしているのは、西洋人の東洋に対する関心と支配の意志である。ここでサイードの記述のなかで用いられた言葉をとりだして、その二項対立の簡単な表を作ってみよう。

このような二項対立によって描きだされる差別と抑圧の体系は、例えば南アフリカ共和国の人種差別法にそのもっとも露骨な表現が認められるような性質のものだろう。『オリエンタリズム』におけるサイードの第一の意図は、このような二項対立の可能なかぎり詳細で完全な表をつきつけて、オリエンタリズムにひめられた差別と支配の構造を暴露し告発することであったように思われる。『オリエンタリズム』の衝撃力の第一の要因はおそらくそこにあるだろう。

しかしながら、その意図があまりにも見事に実現した結果として、サイードのオリエンタリズム論は出口を失ってしまう。サイードが記しているように、オリエントをヨーロッパの対話者ではなく、「もの言わぬ他者」に仕立てたのはヨーロッパである。だがもしオリエン

表6

西洋《オクシデント》・西洋人《オクシデンタル》	東洋《オリエント》・東洋人《オリエンタル》
われわれ	彼ら
正常 優性 強者 成人（人間） 成熟 有徳・誠実 真実・正確 合理的	異常（異質） 劣性 弱者 幼児／老衰 未発達／堕落 不徳・不誠実 虚偽・不正確 非合理的
規範・指導者 支配 文明	無能力 被支配・矯正 未開・野蛮／衰退・末期
不安・恐怖	やさしさ 献身・服従 性的魅力 神秘 再生
白人	黒人・有色人種

タリズムがそのような差別と支配の閉じられた体系であるとすれば、西洋と東洋のあいだの関係は救いようがない。サイードが支配‐被支配の関係の逆転を望んでいないことは確かだろう。「わけても、私が読者に理解していただけたことを願っているのは、オリエンタリズムに対する解答がオクシデンタリズムではない、ということである」、とサイードはこの書物の最後のページに書いている。ではオリエンタリズムを論じることに何の意味があるのか。サイードは記している。「もしオリエンタリズムを知ることに何らかの意味があるとすれば、それは知識が誘惑にのって堕落した姿を思いお

こさせてくれる点にある」――だがこの言葉は、衝撃的な分厚い書物の結論としては、なんとも弱々しく力を欠いている。

サイードのオリエンタリズムの描き方がこの問題の出口を閉ざしてしまっているという事態は、著者自身がかなりの程度意識してそのことにこだわる様が見受けられる。私がこの書物のなかで特に興味深く思うのは、オリエンタリズムを批判し告発する文体とは非常に異なった、むしろ非常に気弱な反省の文章がこの書物の所どころに散在して際立ったコントラストをなしていることである。例えば「序説」における――おそらく最終章よりも後に書かれたであろう――次の文章。

おそらくもっと重要な仕事は、今日オリエンタリズムに代わりうるものが何であるかという研究に取り組み、どのようにしたら他者を抑圧したり操作したりするのではない、自由擁護の立場に立って、異種の文化や異種の民族を研究することが可能であるかを問いかけることであろう。しかしそのためには、知識と権力という複雑な問題を全面的に考え直してみる必要がある。残念なことだが、これらはすべて本書で十分に果たしえなかった仕事なのである（二四頁）。

知識と権力という複雑な問題が解けたら、オリエンタリズムに代わるものが考えだされるだろうか？——私はあやしいと思う。サイードの右の言葉はむしろ、オリエンタリズム論におけるアポリアを著者自身がさぐりあてている言葉として貴重だと思う。同じ反省はこの書物の最終章にも現れる。

だが結論として言えば、オリエンタリズムに代わる別の選択肢とは何なのだろうか。本書はただ何かに反対するばかりで、積極的に何かを主張する建設的な議論ではないのだろうか。……私のプロジェクトはひとつの特殊な観念体系を叙述することであって、その体系を新しい体系におきかえることではなかったからである。さらに私が試みたことは、人間経験の諸問題を論ずるうえでふさわしい、一連の疑問を提示することであった。我々は異文化をいかにして表象することができるのか。異文化とは何なのか。ひとつのはっきりした文化（人種、宗教、文明）という概念は有益なものであるのかどうか。あるいは、それは常に（自己の文化を論ずるさいには）自己讃美か、（「異」文化を論ずるさいには）敵意と攻撃とにまきこまれるものではないだろうか。文化的・宗教的・人種的差異は、社会＝経済的・政治＝歴史的カテゴリーより重要なものといえるだろうか。観念とはいかにして権威、「正常性」、あるいは「自明の」真理という地位を獲得するものだろうか。知識人の役割とは何であるのか。知識人とは、彼が属している文化や国家を正当化するために存在するものだろうか。知識人は、独立した批判意識、つまり対立的批判意識にどれだけの重要性を付与するべきなのだろうか（三二九頁）。

三三〇頁をついやしてオリエンタリズムを論じた後に、「異文化とは何なのか」「知識人の役割とは何であるのか」、といった初歩的、基本的な問いを出されて、驚く読者も多いのではないかと思う。そうした問題はオリエンタリズムを論じる前に解決しておくべきではなかったのか。だがサイードの誠実さとこの書物の魅力は、最終章の最後のページになってこうした基本的な問いが改めて出されるところにある。サイードはオリエンタリズムの分析の過程でこうした問題にさまざまな形で答えてきたのである。だがオリエンタリズムを論じ終えた時点で、改めてこうした問いが出されなければならないのは、それまでサイードのオリエンタリズムの論述を支えてきた諸概念が、以前のままの形では保持できなくなってきたからであろう。オリエンタリズムは、もはや「異文化理解」や「異文化交流」といった概念の枠組みで処理することはできないのではないか、そうした反省と予感が、あらためて「異文化とは何か」という問いを発することになったのではないか。とりわけ「ひとつのはっきりした文化（人種、宗教、文明）という概念は有益なものであるのかどうか」という「文化」という概念自体にかんする疑問、さらには「文化」のもつ攻撃性に対する問いかけは重要だろう。この書物を通してサイードは、「文化」や「文明」といった概念や用語を、それ自体が強烈な西欧中心的イデオロギーの表明であるという自覚なしに、一般的な用法に従って使っている。だがそうした概念に対する疑問はオリエンタリズムの真相が明らかになるにつれて、いっそう深まってくる性質のものであった。

サイードはすでにデルブロの『東洋全書』におけるムハンマド（マホメット）の取り扱い方を論じた頁で、「文化」について次のような興味深い考察を記している。

> 文化とはすべて、生《なま》のままの現実に矯正を加えこれを捉えどころのない対象から一定の知識へと変化させるものである。……問題は、こうした変換が生じること自体にあるのではない。これまで扱ったことのない未知の物体の攻撃を受けたとき、人間精神がそれに抵抗するのは至極当然のことである。だからこそ、文化はつねに異文化に対して完

全な変形を加え、それをあるがままの姿としてではなく、受け手にとってあるべき姿に変えてから受けとろうとしてきたのである（六七頁）。

ここではとりわけ次の二点が重要だろう。第一は、知あるいは文化には本来的に他者に対する支配の意志が内在しているのではないかという疑問。文化とは現実の矯正、あるいは歪曲である。サイードはここできわめて敏感に、文化という現象に内在する一種の攻撃性に注目しているが、しかし文化や文明という概念自体が、オリエンタリズムと同根であって、同じ性質の攻撃性を内在しているということにかんしてはまだ明確な自覚がなく、それらの用語を一般的な用法に従って使っている。

第二は、文化間の接触や交渉が生じた場合に起こる文化の攻撃＝防御的な変形の問題である。異文化を取り入れ同化吸収するためにはつねに受け手の側に適した変形が行なわれる。こうした文化間の交渉は当然、相互的なものであるはずだ。同じ「変形」、同じ「変換のプロセス」は西欧の側だけでなく、オリエントの側にも起こりえたはずである。だがサイードはオリエンタリズムを、相互性を欠く一方的な支配の観念体系として描きだすことに専念した結果、そうした変形や変換の相互性——文化間の交渉は一方的でありえず、他者の理解は他者を変形して受けいれると同時に自己を変形せざるをえない——についての考察を深めることができない。こうしてサイードの描きだした西洋像は、サイードの意図に反して、サイードが厳しく批判するオリエンタリズム、すなわち西洋による東洋像と同じく、個別性を失ったのっぺらぼうの平面になっている。

ここで、「サイードの意図に反して」と書いたのは、西洋がオリエントの多様性や個別性を無視して、西洋の自己投影としての一面的なオリエント像を描きだすことを批判するサイードの側には、当然、西洋の多様性の認識があったはずであるし、またマルクスのインド論批判にみられるように、サイードには一般的な文化のレベルからさらに深く降りて個々人の実存の問題を問う視点がかいま見られるからである。だがオリエンタリズムによって描きだされる西洋と東洋の境界を注意深くたどる著者の手元を見続けている読者は、やがて西洋と東洋の境界線を引いているのは西洋（オリエンタリズム）ではなくサイード自身ではないかという疑問にとらわれる。そのような錯覚を読者に与えるのは、サイードの論述の技術的な問題である以前に、サイード自身が既成の文化概念——例えば西洋文化と東洋文化といった——を意識的無意識的に受けいれてしまっていることにかかわっているだろう。そしてそのこともまたサイード自身は、彼の著作の批判として聞く以前に、自ら多少とも意識していたことであっただろう。サイードは後に、「『オリエンタリズム』再考」のなかで、「私は今や『東洋《オリエント》』と『西洋《オクシデント》』といった呼称を完全に否定する、極端な立場をとるまでに立ち至っている」と書く。

サイードの『オリエンタリズム』は、われわれ西洋の側に身を置くことに慣れてしまった読者が無自覚に見過ごしてきた「オリエンタリズム」という差別と支配の巨大な観念体系の存在をあばいてみせるとともに、そうしたサイードの力業を支えている既成の諸概念の危うさや諸矛盾を意識的無意識的にさらけだすことによって、文化理論の新しいパラダイムの必要性とそのあるべき方向を示唆するという二重の役割によって、われわれにはきわめて重要で魅力的な書物である。

III　日本における文化受容のパターン

4——欧化と回帰

欧化と回帰のサイクル

第二の開国という言葉があらためて使われるようになってから、すでに数年がたっている。最近の外国人労働者の問題をめぐる論争をきいていると、まるで開国派と鎖国派との論争のようだ。第二の開国という言葉はかつて第二次大戦後の戦後社会にかんしても使われた。現在、第三の開国でなく第二の開国であることが強調されているのは、第二の開国と思われていた戦後が、意外に鎖国的な要素や構造を残していたこと、あるいは結果として鎖国的な社会を作りだしていたことにたいする反省と批判があってのことだろう。こうした反省や批判には耳をかたむけなければならないし、またそれを深めてゆく必要があると思う。だがここではそうした議論に加わる前に、そうした議論を生みだす前提自体についてまず考えてみたい。

わが国の近代化の過程のなかで、欧化主義的な傾向と国粋主義的な傾向の対立葛藤があり、それが現在に至るまで続いていることは、第一の開国以来だれの目にも明らかだろう。欧化主義と国粋主義的な傾向が交互に強化され、時代的な潮流をなしているという認識も、すでに大正の初年には現れている。例えば伊藤銀月の『明治青年思想変遷史』（東京文栄堂、一九一二）は、欧化と国粋の対立と交代を基軸にして書かれた思想史である。また欧化主義者の日本（あるいは東洋）回帰という現象も、高村光太郎や萩原朔太郎といった詩人たちの「日本への回帰」をひきあいに出すまでもなく、時には哲学的な形をかり、時には宗教的、政治的な形（棄教、転向）をかりて現れる。ほとんど無数の例をとりだすことができるだろう。たんに時代的な潮流だけでなく、個人の生涯において若い頃は欧化主義、晩年には伝統回帰という型がくりかえされ、例外を見出すことは容易ではない。晩年の欧化主義者はめずらしい貴重な存在だ。

欧化と回帰は日本の近代社会や思想史を特色づける重要な現象であるが、それを考察の対象として本格的に論じた文章はけっして多くはない。われわれは、多少とも欧化主義者か国粋主義者であり、あるいはその両方に揺れ動いているので、客観的にとらえにくいというのがおそらくその一つの理由だろう。欧化と回帰の規則的なサイクルが注目され、その意味が本格的に問われはじめたのは、一九六〇年代に入って、欧化と回帰のサイクルがほぼ形をなしたあたりからである。問題のありかを明確にしておくために、はじめに三つの代表的な論説を紹介しておきたい。

上山春平は、日本の外国の文化に対する二つの反応として「(1)みずからを外に開いて、外来文化をそのままナイーヴに受け入れる時期と、(2)外と遮断して、それまで受け入れたものを内部的に消化してゆく時期」のかなり明確な二つの時期の交互発現が歴史的に見られるとして、「六〇〇年周期と二〇年周期」の説を出している（「日本文化の波動――その大波と小波」梅棹忠夫、多田道太郎編『日本文化の構造』講談社現代新書、初出は『エナジー』一九六七年一〇月、第七号）。六〇〇年周期の第一のサイクルは中国文化の受容にかかわるもので、西暦三〇〇年ころから始まり九〇〇年ころ頂点に達し（受け入れの時代）、やがて一二〇〇年ころから日本独自のものを生みだす時代（内面化の時代）に移行すると考えられている。第二のサイクルはヨーロッパ文化との接触が始まる一五〇〇年ころから明治維新を経てその頂点は二一〇〇年ころに想定されている。スケールの大きな長期波動の仮説である（図4参照）。

二〇年周期とは、その第二の六〇〇年周期の受容の時期に属する明治維新以後の受け入れと内面化の小サイクルである。その時代区分は後に述べる加藤周一、山本新両氏の場合とほ

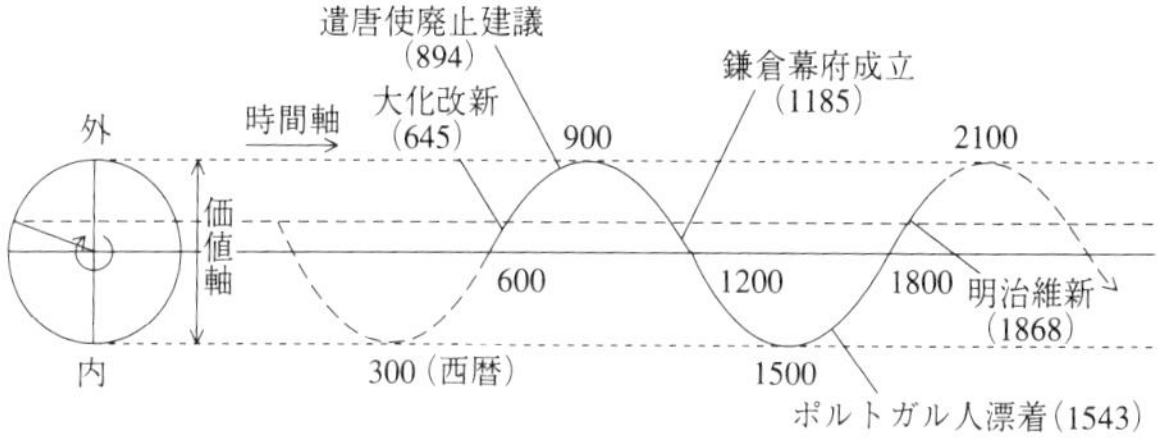

図4

ぼ一致しているが、明治維新以後のいくたびかの転期のうちで、日露戦争が「日本思想史における最大の峠」として強調されている。またこれら大小のサイクルは歴史的な事実として述べられていて、その根拠にかんする著者の仮説はこのテクストでは記されていない。

加藤周一の「日本人の世界像」（『加藤周一著作集 7――近代日本の文明史的位置』平凡社、所収）が発表されたのは上記の上山氏の文章より早く、初出は一九六一年（『近代日本思想史講座 8――世界の中の日本』筑摩書房）であった。この論文は、日本人があの無謀な一五年戦争を始めるまでに世界に対する客観的な認識を失い、きわめて歪んだ世界像をいだくに至ったのは何故か、という設問に答えるために書かれており、欧化と回帰のサイクルの問題を主眼としているのではないが、「近代日本の外部の世界との関係は、外部に対抗するために外部から学ぶというこの《対して》と《から》の逆説的で二重の関心の構造からはじまった」（三六五頁）という前提から出発して、「から」と「対して」の二重構造の変化をたどることによって、結果的には欧化と回帰の三つのサイクルを描きだし、その点でも先駆的な文章となっている。「《対して》と《から》の二重構造こそは、日本の近代社会の本質に根ざすものであり、その一方を断ちきったときに日本の最大の不幸がやってきた」(四三〇頁)と加藤は記している。その最初の危機は、国権論と民権論の分裂が、民権論者の目を外部世界からそらせると同時に、国権論者の外部世界に対する目を鈍くした時に訪れており、最終的な危機は一五年戦争の末期に「もはや外部から学ぶべきものは何もなく、日本におけるものがすべて最良である」という思想が支配的になった時に訪れたのであった。

山本新の「欧化と国粋」(『周辺文明論——欧化と土着』刀水書房、所収、初出は神奈川大学人文学会『人文研究』第七二集、一九七三)は、右の加藤論文をふまえて書かれており、「維新以来一〇〇年を超える近代史において《欧化》的風潮と《国粋》的風潮とがほぼ二〇年おきに交代しているという事実」を再確認している。山本氏によれば「第一次欧化期」は明治二〇年までの文明開化の時代、そのあと明治四〇年までが国粋の時代となる。この第一のサイクルの主題は近代国家の創設であり、その国家目標が一応達せられて、目標の喪失と精神的弛緩が始まる明治四〇年ころからふたたび「欧化」へと逆流し、大正リベラリズムの「第二次欧化期」を招来する。「第三次欧化期」はいうまでもなく第二次大戦後であるが、残念ながら戦後における欧化と国粋の分析はこの論文では行なわれていない。

欧化と国粋のサイクルにかんする山本氏の独自な解釈の一つに、このサイクルがくりかえされるたびに欧化の力が圧倒的に強くなり「国粋」は弱体化してますます苦境においつめられる、という興味深い指摘がある。例えば満州事変以後の「国粋」が異常に排他的となり独善的となったのは、第二次の「欧化」が第一次の「欧化」に比べてより全面的となり、ほとんど無制限の「欧化」となったことに対するヒステリックな反動であったからだという説明がなされている。こうした解釈の背景には、日本の知識人たちの安易な西洋崇拝に対する批判、さらにはその西洋崇拝が土着文明蔑視の風潮を強め土着文明の消滅をもたらしかねないという氏自身の危機感があるようだ。私自身はむしろ逆に、わが国における主流は国粋であって欧化は苦しいたたかいを強いられているという印象をもっていたので、これは意表をつく指摘であった。日本の近代は欧化の時代と国粋の時代とではきわめて異なった様相を示しているし、またそれを観察するわれわれが欧化と国粋のどちらの側により近く身を置くかによって、見えてくる世界がちがうということもあるだろう。以下、山本氏の指摘に触発された私見を二、三記させていただきたい。

第一は、ここで「圧倒的な欧化」とみなされているもののなかには、「欧化」ではなく「普遍化」あるいは「世界化」とでも呼ぶべき部分が含まれているのではないかという疑問である。これは文化に対する文明、あるいは人類に共通の部分といってもよいだろう。欧化と国粋という問題設定はたしかに歴史事実に照応していると思うが、もしこの二項対立だけで歴史が進行してゆくとすれば、どちらかの項の一方的な勝利がうまくいっても欧化の土着化といった解決しかありえない。これは欧化と国粋という問題設定自体がしかけた罠ではないだろうか。そうではなくて、この二項対立の歴史は欧化にも国粋にも属さない、「世界化」という第三項を生みだしてきたし、現にわれわれはそのことに人類の未来をかけて試行錯誤を続けているのではないだろうか（この問題は後に〈V　文化の国境を越えるために〉別の角度からもう少しくわしく考えてみたい）。

第二は、欧化と国粋のサイクルは近代国民国家の枠のなかで、したがって国民統合のイデオロギーの磁場のなかで、成立しているということ。いささか単純化していえば、ヨーロッパではフランス革命以後、わが国では明治維新以後の主要関心事は近代的な国民国家の形成であった。この近代的な国家は、政府や軍隊といった国家装置の形成強化を急ぐとともに、国民統合のためのイデオロギー形成に非常な力をそそぐ。明治二〇年代に使われはじめた

「国粋」という言葉が nationality の翻訳語であったことがいみじくも示しているように、国民国家のイデオロギーの本質は「国粋」であった。私が明治以後の主流は「国粋」にあると考える理由の一端はそこにある。

だが「国粋」が翻訳語であるという事実そのものが示しているように、「国民国家」の形成自体は「欧化」であった。さらに事情を複雑にしているのは、国民国家の形成とはたんに一つの国家の形成だけではなく、同時に世界の国民国家のシステムへの加入を意味する。つまり近代の国民国家は世界の国家システムへの参入と国内における国民統合という、時に相矛盾する二面をもっており、前者の要素が強く働くときは国際主義（したがって欧化）が表面に現れ、例えば一国家の国際社会における孤立や危機的情況によって後者（国民統合＝結束）の力が強く働くときはナショナリズム（したがって国粋）が表面に出てくる、と考えてよいだろう。欧化と国粋の問題は、たんに異文明の流入に対する「土着の二つの反応」といった側面からだけでなく、国民国家の原理の側からの考察を必要としている。「欧化」と「国粋」のどちらが表面に現れるかはその国家の事情によるが、国民国家が存在するかぎり「国粋」は存在し続けるのである。

欧化と国粋、あるいは欧化と回帰の現象にかんする山本新氏のなによりの貢献は、この問題を日本に限られた特殊事例ではなく、西洋文明を受けいれた諸国に共通の問題として、あるいはさらに広く、近代以前にも存在した異文化交流にかかわる普遍的な現象（例えばイスラム化やヘレニズム化）として、世界の文明交流史のなかに位置づけたことであろう。シュペングラー、トインビー、ダニレーフスキーなどの文明学を批判的に展開させた雄大な比較文明学の基本的な枠組み（これについては『周辺文明論』の「まえがき」に神川正彦氏のくわしい解説がある）を受け入れるか、受け入れないかは別として、山本氏が他のいくつかの論文で分析した、ロシア、トルコ、インドなどの事例は、われわれが日本の問題を考える場合に、ぜひとも参照すべき必読文献である。

以上が欧化と回帰の問題について一九六〇年代とそれ以後に記された代表的な三つの論考の概要である。もちろんこれ以外にも、例えば近藤渉氏の『〈日本回帰〉論序説』（JCA出版、一九八三）といった力作があり、また個々の作家や思想家の日本回帰にかんする考察は、萩原朔太郎の「日本への回帰」にかんする評論やエッセーの類をとってみてもけっして少なくはない。私自身も、森有正、江藤淳、三島由紀夫などの日本回帰にかんする試論をいくつか発表している。だがここではこの現象にかんする理論的包括的な考察の概観が目的であったから以上の紹介でさしあたりの目的はほぼ達せられたと考えてよいだろう。すでにいくつかの重要なテーゼが提出されている。だが重要な問題でもまだ明確に提起されていないものもあり、細部にかんしては埋めなければならぬ欠落や未解決の問題も多い。その点では、欧化と回帰の問題にかんする考察はようやく端緒についたばかりであるといってもよいだろう。以下、二、三の補論を加えておきたい。

受容における二重構造

はじめに一三七頁の図5「支配的イデオロギーとしての欧化主義と日本回帰」を見ていただきたい。これはほぼ一〇年前（一九八二年夏）にレニングラードで行なわれた日ソ学術シンポジウムで「日本回帰とネオ・ナショナリズム――支配のイデオロギー」と題する報告をしたときに使ったものである。この報告では六〇年代以後の日本のイデオロギー状況を説明するために、「高度に発達した資本主義によって生みだされた大衆社会状況（大量消費、大量情報、孤立させられた個人、等々）のイデオロギー（個人生活の快適と安全）とわが国の近代化の過程に現れる特殊で矛盾的な現象である日本回帰との結合」に焦点をあて、それを仮に「ネオ・ナショナリズム」と呼んでいる。したがって欧化と回帰のサイクルそれ自体を考察することが第一の目的ではなかったのであるが、はからずも加藤、上山、山本の三氏が述べている維新以後の二〇年周期説を上山氏のグラフをまねて（実はこのときはまだ上山氏のこの文章は読んでいなかった）描いたようなグラフになっている。これはあまり科学的なグラフとはいえないが、しかしこうして図にしてみるとこれまでは曖昧にしか意識していなかったいくつかの事柄を明確なイメージとしてつきつけられるという効用がある。例えばサイクルの明快なイメージと同時にそれが二度の断絶を伴っているという明らかな事実。あるいは一九六〇年以後が描ききれないということ。

(1)はじめにサイクルのことから考えてみよう。欧化と回帰の存在自体は歴史的事実として認められるとしても、それが規則的なサイクルをなしていることはたんなる偶然であろうか、それともある法則的な必然性をそこに見出しうるのであろうか。この問いに対する明確な回答はまだ出されていない。専門的な歴史研究者たちが、それ自体はきわめて顕著で重要な現象であるはずの欧化と回帰の問題をなんとなく避けて通っているかのような印象を与えるのは、六〇〇年周期は別としても二〇年周期があまりにも見事なサイクルをなしているので、かえってそこにある種のまやかしと非科学性を感じとっているからではないかと思う。欧化と回帰の循環という問題は、歴史研究の既成のプログラムのなかには記されていない。

二〇年周期が見事にくりかえされたのは、私は多分に偶然的な要素が作用していると思う。

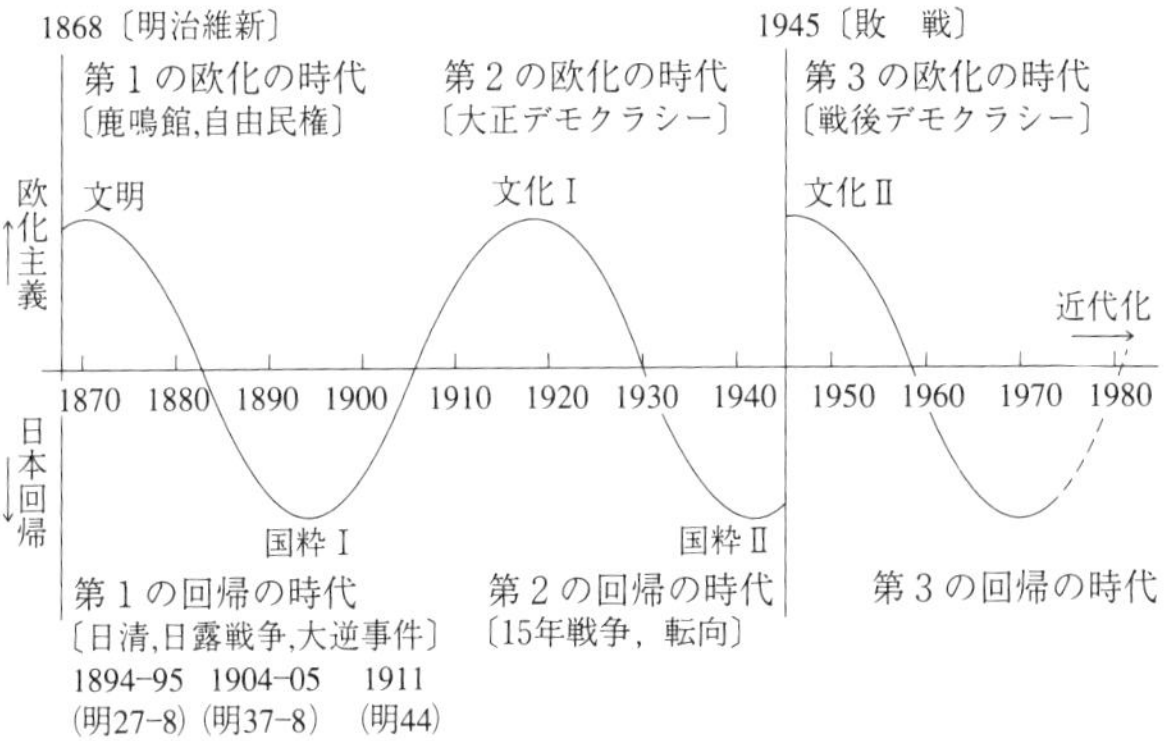

図5　支配的イデオロギーとしての欧化主義と日本回帰
第2回日ソ学術シンポジウム報告集「現代日本の支配構造」
立命館大学人文科学研究所（1983年3月），173頁．

先にも述べたように、行き過ぎた欧化が反動としての国粋を誘うという内的な要因の他に、国際関係という外的な要因が強く作用しているからである。そもそもの発端である開国は黒船の来航という外圧によるものであったし、第一次の回帰と第二次の回帰（国粋）がいずれも戦争と結びついていることも、内的必然性だけでは説明できないだろう。欧化と国粋の対抗だけで歴史は進行しない。だが加藤氏の論文にもあるように、強いられた近代化が日本の近代に対抗的な二重構造を組み込み、その構造が現在にまで作用していること、そしてそれが欧化と回帰のサイクル化という現象を生みだしているという可能性は十分にありうるだろう。さらには、歴史の進行が一定のリズムをもっており、その歴史のリズムの形成に欧化と回帰が深くかかわっているということも認めてよいのではなかろうか。

(2)次に二つの断絶と三つのサイクルのそれぞれの特色と意味について。欧化と回帰のグラフ（図5）は、明治維新と戦後の類似性をあらためて強く印象づける。両者はともに外圧によって強いられた欧化であり、いずれも国内における急激な大変革を伴った。戦後を第二の開国と呼ぶのはさまざまな点で説得的だ。そして二つの開国がいずれもアメリカの軍事力を直接の契機にしていることは、やはり注目すべきだろう。この点で、一九四五年のミズリー号における降伏調印の場に、一八五三年の来航に際してペリー提督がかかげた星条旗が飾られていたというエピソードは忘れがたい。その象徴的な意味は、日本人によっても強烈な印象を伴ってはっきりと受けとめられたのであった。例えば宮本百合子は戦争直後に記された『播州平野』のなかで次のように書きとめている。

東京港に碇泊中のミゾーリ号の甲板で、無条件降伏の調印がなされた。ラジオできいていると、その日ミゾーリ号の甲板に、ペルリ提督がもって来た星条旗が飾られていたという情景も目に見えるようだった。秋らしい陽の光のとける田舎の風景に、ラジオの声は遠くまで響いた。

宮本百合子はこのエピソードについての感想や解釈を記していない。だがラジオや新聞が報じ宮本百合子やその他大勢のひとが書きとめたこの情景はくりかえし反芻され、その後の歴史過程のさまざまな場面や情況のなかでさまざまの解釈や意味づけがなされたはずである。江戸末期の開国を第二次大戦の敗戦と重ねあわせて、強姦といった性的イメージでとらえた日本人はけっして少なくないだろう（例えば高群逸枝『女性の歴史』第四章「〈強姦的開国〉と日本」の項）。私は精神分析を安易に歴史に持ちこむことには反対だが、岸田秀氏の「黒船幻想」は十分に説得的だと思う。強いられた欧化は外傷をもたらす。その外傷がどのような形をとって現れるかは、その後の歴史的な条件次第であろう。

(3)断絶、したがって強いられた欧化の契機がそのサイクルの特色を規定する第一の要因であることはいうまでもない。明治期における欧化と回帰の最初のサイクルが、国民国家の創出によって特色づけられることは、上記三氏の論考によっても共通に指摘されている。最初の回帰の頂点を示す日清、日露の戦いは国民国家形成の一応の完了の合図でもあった。私はこの第一のサイクルの特色として、もう一つそれが「文明」の時代であったということをつけ加えたい。それはたんに第一の欧化が「文明開化」のかけ声によってはじまったということだけでなく、「文明」(civilisation)の概念がこの時代の支配的イデオロギーになりえたという意味においてである。

「文明」とは理念的には人類の進歩と普遍的な価値の確立をめざすものであるが、現実的には早期に国民国家形成を実現した西欧先進諸国(英・仏)の支配と拡張をめざす国民意識であった。「文明」のイデオロギーによって、世界は文明と野蛮(あるいは文明と半開と未開)に二分され、植民地支配は文明による野蛮の文明化として正当化される。明治国家は「文明」(開化)の名のもとに先進国民国家である列強の仲間入りを果たしたのであるが、それはまさしく「文明」概念の(表裏一体の)実現であった。鹿鳴館は政府の側からのいささか戯画的な開化のシンボルとなったが、しかし政府の側の近代化に批判的であった福沢諭吉が、例えば『文明論之概略』で説いたのは真の国民国家にふさわしい国民(ネイション)の形成であって、国民国家(Etat-Nation)の国民(Nation)を強調するか国家(Etat)を強調するかのちがいはあれ、文明＝国民国家の形成という共通の問題意識のなかでのちがいであった。自由民権運動が結局は国粋に至り、天皇制にからめとられてゆくのも、それが文明＝国民国家という枠内でのできごとであるかぎりは(諭吉のリベラリズムが脱亜に向かうと同様)、論理的必然（Nation→Nationality）であったといえよう。

いわゆる大正デモクラシーから一五年戦争に至る第二の欧化と回帰の特色の一つは、そこには断絶がなく、より内発的な展開であったことである。そこには資本主義と近代国民国家のある程度の成熟が認められる。私は、この国民国家形成の第二段階ともいうべきものを特色づける言葉は「文化」だと思う。第一次欧化期の明治初期には「文明」という言葉の使用が圧倒的であって「文化」という語はほとんど使われなかった（使われても文明開化の略語としての文化か、同じcivilisationの訳語としての文化）のと対照的に、第二次欧化期の大正時代は、「文明」という言葉が放逐されて「文化」が流行語となる。

この時期の「文化」は、ドイツ語のKulturの翻訳語であった。文化と文明がヨーロッパの近代化の歴史を荷なった対抗概念であることは、別の章でくわしく述べるつもりであるが、このことの意味は大きい。つまり第二次の欧化は英仏流の欧化（文明化）ではなく、ドイツ流の、ヨーロッパにおける後発の近代国家をモデルにした欧化であった。そして第一次の欧化（「文明」）と第二次の欧化（「文化」）を結びつけたのは「国粋」概念であった。そのことは明治期に最初に「文化」という用語を意識的に用いたのが、『日本』『日本人』によってnationalityの訳語としての「国粋」主義をとなえた陸羯南や三宅雪嶺であったこと、また

『日本文化史研究』(大正一三)の著者内藤湖南は三宅雪嶺の『真・善・美・日本人』(明治二四)の口述筆記者の一人であったという事実によって、見事に示されている。英仏、とりわけフランス的な価値としての「文明」に対抗してドイツで形成された「文化」概念は次第に、文明の物質性に対する精神性、文明の普遍性に対する個別性を強調するようになっていったが、明治末年から大正時代にかけての欧化主義が取り入れたのは、そのような形での「文化」であった。これは明治政府が憲法制定や軍事政策を契機として近代化のモデルを英米仏から独に切りかえていったことの一つの結果でもあった。われわれは例えば大正教養主義と呼ばれているもののなかに、そのような形でのドイツ文化の似姿を認めることができるが、同時にこの「文化」概念が後進的国民国家の国民意識の表現であったことを忘れてはならないだろう。そうした「文化」概念がファシズムに結びつく可能性をひめていたことは、ここでくりかえすまでもないと思う。ヒトラーの『わが闘争』を読めば明らかなように(皮肉なことにそこには日本人の人種的文化的劣性についての注釈が記されている)、ナチズムはドイツ的文化概念発展の一つの極限形態である。

(4)第二の断絶、したがって第三次の欧化の時代の第一の特色は、連合軍、実質的にはアメリカ軍の占領下におけるアメリカ化であろう。同時にこの時代には、明治以後の日本の近代化の歩みについての深い反省があったはずである。主権在民と平和主義を強調した新憲法はそのような時代の象徴的な産物であった。ところでこの第三の欧化を特色づける言葉もやはり「文化」であった。「民主主義」とならんで「文化」の文字は戦後のあらゆる出版物、あらゆる言論の最大の流行語であった。このことをどう考えればよいのであろうか。

「文化」の意味が変わったことは認められる。「文化」が流行語になりえたのは戦争と軍国主義に対する反省があってのことである。大正の「文化」がドイツ語の Kultur の訳語であったとすれば、戦後の「文化」は英語の culture の訳語であった。その限りでは戦後の「文化」はアメリカ的デモクラシーの概念に結びついている。だが戦後の「文化」にはまた別の側面があった。例えば戦後政治のモットーであった「文化国家」の建設とは何を意味したのであろう。「文化国家」は英語やフランス語の「文化」概念から出ているのではなくドイツ語の Kulturstaat から出ていることは明らかだろう。「文化国家」は日本でドイツ語の Kultur が「文化」と訳されて流行した大正時代の文化哲学や文化科学に結びついた用語であった。ここで私がいいたいのは、第一に戦後の欧化主義は「文化」という言葉とともに大正の欧化主義（必然的に国粋に至る）をほとんど無反省に持ちこんでしまってはいなかったか、という反省である。別の言い方をすれば、戦後のさまざまな思想の大部分は（マルクス主義も含めて）第二次の欧化－国粋期にセットされていた問題設定のなかでの展開ではなかったか、ということになるだろう。第二に、戦後の欧化主義を一九五〇年代の後半から六〇年代にかけての日本回帰に結びつけたのはこの「文化」概念ではなかったかということである。現在われわれは、例えば木下恵介監督・高峰秀子主演の「カルメン故郷に帰る」（一九五一年）を見て、戦後の「文化」に対する熱狂がいかに度はずれのものであったかをあらためて思いだすことができる。この名作が印象づけるのは、「文化」という言葉の虚偽と空しさ、その言葉にふりまわされた庶民の生きるたくましさとエネルギーの対照などであるが、この一見空虚な言葉が実は強烈な国家意志を秘めていたのである。もう一つの例。占領軍の検閲によって全面削除を命じられた太宰治の戯曲『冬の花火』のヒロインは、流行語の「文化」に対して次のような批判を述べている。

あたしは今の日本の、政治家にも思想家にも芸術家にも誰にもたよる気が致しません。いまは誰でも自分たちの一日一日の暮しの事で一ぱいなのでせう？　そんならさうと正直に言へばよいのに、まあ厚かましく国民を指導するのなんのと言つて、明るく生きよだの、希望を持てだの、なんの意味も無いからまはりのお説教ばかり並べて、さうしてそれが文化だつてさ。呆れるぢやないの。文化つてどんな事なの？　文《ぶん》のお化《ば》けと書いてあるわね。どうして日本のひとたちは、こんなに誰もかれも指導者になりたがるのが好きなのでせう。大戦中もへんな指導者ばかり多くて閉口だつたけれど、こんどは日本再建とやらの指導者のインフレーションのやうですね。おそろしいことだわ。

こうして彼女は指導者の口にする「文化」に対立する概念として「アナーキー」にゆきつく。戦後の「文化」をアナキズムに対置させることによって太宰は「文化」という言葉の背後にある「国家」を見ぬいていた。文化のかげに隠されていたこの「国家」は、やがて時とともに露呈する。第三次の欧化‐回帰のサイクルは、国民国家形成の第三段階であった。

(5)わが国における欧化と回帰の現象を、異文化（あるいは異文明）交流の一つの事例として世界史的に位置づけるとしても、日本的な独自性の問題はいぜんとして残るだろう。なぜ日本では欧化と回帰のサイクルが、他国に比して、これほど明確な形をとって現れるのであろうか。あるいはこの現象の日本的特色とは何か。この問題にかんしてもこれまで明確な回答は与えられていない。以下いくつかの要因と思われるものを列挙しておこう。

(a)まずはじめに明治以前の対中国、あるいは対大陸の諸国との関係と明治以後の対欧米との関係の本質的なちがいに注目しておきたい。六世紀以後の中国との関係は、同じアジアの隣接した地域における、いわば同系列の文明のなかにおける異文化接触であったのに対し、近代における異文化交流は、地球の反対側といってもよい遠方に根拠地をもつきわめて異質の文化・文明との接触であり、そのちがいは大きい。また、近代以前における異文化交流と近代以後、すなわち国民国家成立以後の異文化交流のあり方は、根本的に異なっているということも念頭におく必要があるだろう。わが国における欧化は近代的な国民国家の時代の欧化であった。

(b)国民国家の時代の遅れた出発、したがって強制された外発的な近代化を実現するためには、早いリズムの急激な変革（欧化）と同時に、強力な国民統合（国粋 - ナショナリズム）が必要とされる。その結果、欧化と国粋の二重構造が強化される。

(c)急速な変化の結果として、新しいものがめまぐるしく出現する一方では古いものもそのまま残存する。ある思想や観念が成熟し定着するのに必要な時間がなく、古い思想は打倒し克服されるのではなく、たんに時代遅れとなり忘れられるだけであり、新旧の二重構造が欧化と国粋の二重構造に重ねられる。

(d)こうした急激な変化が始まる以前には、鎖国の時代の長期にわたる安定と停滞の時代があって、その時代に形成された鎖国的な国民性を日本の近代化はひきずることになるだろう。ただしこの国民性なるものは必ずしも保守や国粋を意味しない。むしろこの時代に形成された権威主義や集団主義は、欧化の時代には急激に欧化に流れ、回帰の時代にはまたその傾向をいっそう助長するように作用するだろう。そうした権威主義や集団主義は変り身の早さ（転向）としても現れる。

(e)人民の犠牲による近代化の強行――その結果、農民や都市の大衆は西欧と近代的なものに対する強い憧れを抱くと同時に、政府によって行なわれる近代化や近代化そのものに深い不信を抱くことになり、近代的西欧的なものに対するアンビバレントな感情が形成される。

(f)社会の急激な変化は、急激な都市化と農村の破壊を伴い、農村や地方から大都市への大量流出が続く。都市の住民の大半は地方出身者であり、そのことは日本人の晩年における日本回帰をうながす要因となるだろう。

(6)日本的特殊性のもっとも顕著な現れである天皇制は、欧化と回帰の対抗のなかでどのような役割をはたしているのであろうか。天皇制は必ずしも国粋とばかり結びつくものではない。国民統合の強力なイデオロギー装置であった天皇制は、欧化と回帰の矛盾・対立を吸収する装置としても見事に機能している。多木浩二の『天皇の肖像』（岩波新書）は、御真影が作りあげられる過程をたどることによって、日本の国民国家としての政治空間がいかに形成されていったかを巧みに描きだしている。

ところで明治天皇の最初の肖像を描いたのは、日本人ではなく、イタリア人画家のキョッソーネであった。西欧のブルジョア的な視線とブルジョア的な肖像画の概念が天皇像を定着させたのである。飛鳥井雅道の『明治大帝』(筑摩書房)は、ワインに酔いしれていた天皇像を描きだしている。文化概念としての天皇制を説く三島由紀夫は、あのきわめて西欧的な楯の会の制服を着て、軍服姿の明治天皇に思いをはせていたのであった。

軍服(洋服)を着てワインを愛飲する天皇——女子の洋服を率先して着用し奨励したのは皇太后であった——は、世界の国民国家のシステムに参入する文明化(したがって欧化)した日本のシンボルであった。だが明治天皇は他方では、第一二二代の天皇として古代風の衣装をまとい、神話的な日本(やがて流行する言葉を用いれば「国体」)のシンボルでもあった。こうして相克する欧化と国粋は、天皇というまさしく統合のシンボルにおいて見事に統一されている。御真影にはそのような欧化と国粋の天皇像が二重写しにされているのである。そしてそのような国民統合のシンボルとしての天皇の役割が現在もなお有効に機能していることは、あえて説明するまでもないだろう。

(7)最後に、一九六〇年代以後、そしてとりわけ一九九〇年代以降の現在は欧化の時代であろうか、回帰の時代であろうか。それとも欧化と回帰のサイクルの図式は、もはや成立しなくなっているのであろうか。欧化が一定の目標に達したか（「もはや欧米に学ぶことはない」というあの第二の回帰の時代に聞いたのと同じ言葉を耳にする）、あるいは山本新氏のいうように国粋が弱体化して、二項対立の一方が消滅したというのが事実であれば、欧化と回帰の対立やサイクルは成立しえない道理である。だが現実には横文字やカタカナが巷に氾濫し、欧化あるいはアメリカ化とみなされる傾向はますます顕著である。また他方では国粋主義的な傾向や発言はあとをたたず、日本回帰、あるいは東洋回帰とでも呼ぶべき傾向もきわめて顕著である。この現状をどう考えればよいのだろうか。

とりあえず二つの観点からの考察が可能であろう。第一は、世界秩序の再編成のなかで日本の国民国家の枠組みはどのていど揺らいでいるか、ということ。企業の多国籍化や外国人労働者の問題だけをみても、国民国家の枠組みが大きな変化を余儀なくされていることは明らかだろう。長期的にみれば、国家の枠組みもそれを支えているイデオロギーにも根本的な変化が予測される。国籍の概念が変わり、したがって国民的な文化の概念（日本文化、日本的なもの、等々）も変わらざるをえないだろう（いまＥＣ諸国では経済統合を前にして国民的なアイデンティティと文化の問題が議論されはじめている）。いわゆる国際化と欧化を区別すべきことは先にも述べたが、しかしこの両者は時には混同され（例えば国際化とは英語を喋ることであるとみなされているように）、またじっさいに区別がしにくい場合が多い。他方、国民国家が改変されざるをえないという現実と予測は、支配層と国民一般に不安と恐怖心をよびおこし、国民統合のイデオロギーをいっそう強化させるように作用している（「非国民」呼ばわりの復活）。こうして今後しばらく国粋的な傾向、日本回帰の動きは、回帰すべき日本がもはや現実には存在しないだけに、いっそう強化されるだろう。

第二に、日本の近代化が一定の段階に達したことはたしかであるとしても、それは近代化の初期にセットされた〈対して〉と〈から〉の二重構造が解消する段階にまで達しているのであろうか。生活や文化の領域にかんするかぎり、私は否だと思う。文化の形成には長期にわたる蓄積が必要であり、文化変容には長い時間を必要とするのであって、経済のリズムとは別種のリズムが働いている。またひとたび構造化された文化は、かりにその経済的基盤が失われても一定期間は惰性的に作用し続けるであろう。きわめて逆説的にいえば、欧化と国粋の統一的なシンボルである天皇制が存在し続けるかぎり、〈対して〉と〈から〉の二重構造は消えないだろう。

したがって規則的なサイクルは形成しないとしても、状況に応じて欧化と国粋のどちらかの潮流が強く現れるという現象は今後も起こりうるだろう。また情報化社会の画一性がそれを拡大強化する事態が起こることも考えうる。だが一つだけ希望的な観測をつけ加えれば、欧化と回帰の波動は次第に小さくなり、これまでのように全国民的な規模で急激にどちらかに傾くことは少なくなるのではないだろうか。それは欧化と回帰をうながしていた力そのものが弱まってゆくこととの他に、国際的に日本の国家形態がより外部に開けた形をとらざるをえず、また国民の構成がより多様なものに——それはたんに外国人の占める率が高くなるということではなく、日本人の個々人の思考や好みが多様化するという意味を含めて——変化しつつあることが観察されるからである。それをデモクラシーの定着といえば楽観的にすぎるであろうか。

〔後記〕

この小論では「欧化と回帰」「欧化と国粋」という用語法の混乱がある。国粋と日本回帰は厳密に言えば異なるが、ここではほぼ同義に、方向性や運動を強調したいときには「回帰」を、観念を強調したいときは「国粋」を使うことにした。なお本章は、私がこれまでに書いたいくつかの試論の発展と結論といった性格をもっているので、かなり抽象的な記述が多くなっている。もしこの問題に特別の関心をもっておられる方は、私がすでに発表した以下の文章を参照していただければ幸である。

「日本におけるフランス――マチネ・ポエティク論」桑原武夫編『文学理論の研究』岩波書店、一九六七。

「旅の思想――森有正における日本回帰について」『展望』一九七八年八月。

「河上肇の『自叙伝』――河上肇における『没落』と『文学』」『思想』一九七九年一〇月。

「日本回帰とネオ・ナショナリズム――支配のイデオロギー」『現代日本の支配構造』立命館大学人文科学研究所、一九八三。

「江藤淳における『戦後』と『日本回帰』」西川長夫、中原章雄編『戦後価値の再検討』有斐閣、一九八五。

「三島由紀夫における日本回帰」高内俊一他編『八〇年代の危機の構造（下）』法律文化社、一九八八。

『日本の戦後小説』岩波書店、一九八八。

Ⅳ 文明と文化——その起源と変容

世界地図のイデオロギーの際立った特徴である「われわれ」と「彼ら」の二分法を支えている価値観はどのようなものであろうか。「文明」と「文化」の問題を、その一例として考えたい。

「文明」あるいは「文化」という概念は、世界に対するわれわれの評価の仕方とその基準を示している。世界の人びとや世界の国々は文明‐未開、あるいは文化的‐非文化的という基準によって測られる。われわれはほとんど無意識のうちにこの尺度をあてはめて世界を判断しているが、これは驚くべきことではないだろうか。古代中国には夷狄という、辺境の住民や外国人を卑しめる言葉があり、また古代ギリシア人も異民族をさげすんでバルバロイと呼んだ。異民族や他集団を野蛮人扱いにするのは古代の文明の誕生以来、あるいはそれ以前に人間の集団生活がはじまって以来のことであろう。だが現在われわれが使うような意味での「文明」あるいは「文化」という言葉が作られたのは、一八世紀の後半から一九世紀の初頭にかけて、近代的な国民国家の成立とほぼ時を同じくしているということを思い起こさなければならない。近代という時代がこの二つの言葉を作り、この二つの概念を完成させたのである。「文明」と「文化」は近代の指標であり、すぐれて近代的なイデオロギーである。そしてわれわれはいまだにこの言葉にとらわれている。

われわれが「文明」と「文化」の概念にいかにとらわれているかは、例えば、文化論や文明論がいまなお隆盛をきわめていることからも、うかがい知ることができるだろう。文化論、とりわけ日本文化論に対する関心はいぜんとして衰えを知らないようであるし、最近では国際化の動きを反映して比較文化論といった領域への関心も高まっている。文化の問題は、われわれを遠い過去――文化の古層やナショナル・アイデンティティの探究――に誘う一方で、現代生活のもっとも表層的な風俗へと導く。ダニエル・ベルによれば資本主義の発展は文化の領域の驚くべき拡大と文化の変質をもたらした（『資本主義の文化的矛盾』）。資本主義の問題は別としても、生産力本位の政治と経済が押し進めた地球環境の破壊が限界を越えつつある現在、地球の新しい秩序は別の原理によって探究されなければならないということが次第に明確になってきたことも事実である。最近の歴史学が政治、経済史から社会史へと中心を移しているのも、そうした世界の文化的状況と無縁ではないだろう。一九八九年のフランス革命二〇〇周年がはからずも照しだしたように、かつては政治的経済的革命として論じられたフランス革命も、いまでは政治文化や文化革命の観点から注目されている。世はまさに文化の時代であるといってよいだろう。またわが国では文化論に比して久しく劣勢であった文明論も、最近では比較文明学会が設立され、日本文化論や比較文化論に対抗して、日本文明論や比較文明論が盛んに論じられはじめている。

これらの文化論や文明論が「文化」あるいは「文明」の概念にもとづいて論じられていることはいうまでもないが、その鍵概念である「文化」や「文明」はそれぞれの視角に応じてきわめて多様であるだけでなく、つねにある種の曖昧さを残しているように私には思われる。その曖昧さとは何であり、どこから来たものだろうか。おそらくその曖昧さこそは、「文明」と「文化」が時代的なイデオロギー（サルトルのマルクス主義にかんする表現をかりれば、「のりこえ不可能なイデオロギー」）であることの証しではないだろうか。この曖昧さ（曖昧な言葉を用いて申訳ないが）は、定義の曖昧さとは異なる。定義にかんしては、人類学者も社会学者も歴史学者や哲学者たちも、それぞれの仕方において厳密であろうとする。A・L・クローバーとC・クラックホーンの共著（『文化――概念と定義の批判的検討』一九五二）や比較的最近のPh・ベネトンの書物（『言葉の歴史――文化と文明』一九七五）が示しているように、われわれはほとんど無数の定義を与えられているのであるが、それにもかかわらず「文化」と「文明」の概念の曖昧さは残っている。あるいはむしろ定義の数が多くなればなるほどわれわれの抱く概念はいっそう曖昧になる。

私はこの「曖昧さ」は、概念の土台をなすもの、あるいは概念自体が十分に対象化されていないところからくる曖昧さではないかと思う。例えば有名なタイラーの定義、――「文化あるいは文明とは、その広い民族誌的な意味において知識・信仰・芸術・法律・慣習その他、およそ人間が社会の成員として獲得した能力や習性を含む複合的全体である」――においては「文化」と「文明」は同じものとされている。この文章にはおそらく、ドイツでは「文化」と呼ばれフランスやイギリスでは「文明」と呼ばれるものは、といった含意があると思われるが、「文化」と「文明」のそうした意識的あるいは無意識的混同はそれらの概念の曖昧さを生みだす一つの要因になっているだろう。もちろん最近の多くの議論は「文化」と「文明」の区別をたてている。だが「文化」と「文明」がたんなる段階や領域の違いではなく、ヨーロッパにおける民族的な対立を背景にした対抗的な概念であることをあらためて明確にする必要があるのではないだろうか。

「文化」と「文明」の概念の曖昧さは、わが国の場合には、それが翻訳語であることをわれわれが忘れていること、あるいは忘れようとしていることにもかかわっている。明治前半期の人びとはもっぱら「文明」という語を用いていた。「文化」が一般的に用いられるようになったのは大正に入ってからである。この「文明」から「文化」への変化にはわが国における思想史上のドラマが秘められている。中国の古典から借りた「文明」と「文化」と、

civilisation（civilization）や culture - Kultur の翻訳語としての「文明」と「文化」とのあいだには明らかにひらきがあるが、そのことが意識されるのはきわめてまれである。「文明」と「文化」がもともとヨーロッパ的な価値観、世界観を表すものであれば――そのこと自体もわれわれのあいだではあまり明確に意識されていない――例えばわが国の国粋主義者が「文化」という言葉によりかかって日本文化の純粋性や優越を説いているのはいささか皮肉な図ではないだろうか。もっとも「国粋」や「愛国心」という用語自体も明治期の翻訳語であった（それぞれ nationality と patriotism から）。一時期ナチズムに心酔した日本人は、ヒトラーのあの日本文化に対する嘲笑をなんと理解したのであろうか。われわれはヒトラーの嘲笑に今でも耳をかたむける必要があるだろう。この言葉はまぎれもなくドイツ文化の伝統の中で発せられている。

もし、人類を文化創造者、文化支持者、文化破壊者の三種類に分けるとすれば、第一のものの代表者として、おそらくアーリア人種だけが問題となるに違いなかろう。すべての人間の創造物の基礎や周壁はかれらによって作られており、ただ外面的な形や色だけが、個々の民族のその時々にもつ特徴によって、決定されているにすぎない。かれらはあらゆる人類の進歩に対して、すばらしい構成素材、および設計図を提供したので、ただ完成だけが、その時々の人種の存在様式に適合して遂行されたのだ。たとえば、数十年もへぬ中に、東部アジアの全部の国が、その基礎は結局、われわれの場合と同様なヘレニズム精神とゲルマンの技術であるような文化を自分たちの国に固有のものだと呼ぶようになるだろう。ただ、外面的形式——少なくとも部分的には——だけがアジア的存在様式の特徴を身につけるだろう。日本は多くの人々がそう思っているように、自分の文化にヨーロッパの技術をつけ加えたのではなく、ヨーロッパの科学と技術が日本の特性によって装飾されたのだ。実際生活の基礎は、たとえ、日本文化が——内面的な区別なのだから外観ではよけいにヨーロッパ人の目にはいってくるから——生活の色彩を限定しているにしても、もはや特に日本的な文化ではないのであって、それはヨーロッパやアメリカの、したがってアーリア民族の強力な科学・技術的労作なのである。これらの業績に基づいてのみ、東洋も一般的な人類の進歩についてゆくことができるのだ。これらは日々のパンのための闘争の基礎を作り出し、そのための武器と道具を生み出したのであって、ただ表面的な包装だけが、徐々に日本人の存在様式に調和させられたに過ぎない（平野一郎、将積茂訳『わが闘争』角川文庫、四一三 - 四一四頁）。

他方、第二次大戦のドイツや日本の戦争犯罪人は「文明」の名において裁かれたことをわれわれはすでに忘れかけている。

以下、私が試みたいと思っているのは、戦争裁判の文明論的意味を問うことでも、ヒトラーの人種差別的文化論にこたえて、それに代わる何らかの文化論や文明論を提示することでもない。さしあたっての私の関心は、「文化」と「文明」の概念を可能なかぎり——というのは時代的イデオロギーの定義からして、それが完全には成功しえないことが前もって予想されるのであるが——、客観化し、対象化することによって、あらゆる文化論や文明論に共通した基盤についての考えを深めることである。私は本稿でも、思考するわれわれの足元を見つめなおすことから始める、という本書の原則に従いたいと思う。

5——起源——ヨーロッパ的価値としての文明と文化

文明

ノルベルト・エリアスは「文明」という概念の本質を、次のように見事に喝破している。

「文明化」という概念の一般的機能とは一体何か、また、どういう共通性の故に、人間のこれらすべてのさまざまな態度と業績がまさに「文明化されている」と言われるのかを吟味してみると、まず実に単純なことが見出される。すなわち、この概念はヨーロッパの自意識を表わしているのである。それはまた国民意識とも言えるかもしれない。要するにこの概念は、最近の二、三百年のヨーロッパ社会が、それ以前の社会あるいは同時代の「もっと未開の」社会よりも進化して持っていると信じているものすべてをまとめている。この概念によってヨーロッパ社会は、その独自性を形成するもの、自分が誇りにしているもの、すなわちその技術の水準、その礼儀作法の種類、その学問上の認識もしくはその世界観の発展などを特徴づけようとする（赤井慧爾、中村元保、吉田正勝訳『文明化の過程』上、六八－六九頁）。

エリアスがいうように「文明」が西欧の自己意識であるとすれば、「文明」の対立概念として形成された「文化」の概念もまた西欧の自己意識の一側面であるといえるだろう。「文化」と「文明」がヨーロッパ的な価値を表す言葉であることは、その語と概念の形成の歴史からみても明らかである。この二つの言葉と概念は、一八世紀の後半、ヨーロッパの中心的な国々で市民社会の形成という一連の共通した動きのなかで、作りだされたのである。「文明」と「文化」の関係は、後にくわしくのべるようにきわめて複雑である。ここでは両者は、まるで双生児のように同じ時期に相次いで生みだされたことだけを指摘しておこう。先に生れたのは「文明」であるが、よく知られているように両者はともにラテン語を語源としている。

フランス語の「文明」（civilisation）は、一六世紀の後半（ワルトブルクによれば一五六八年）から使われていた動詞 civiliser（開化する、文明化する）の名詞形であり、それ以前に使われていた形容詞の civil（市民の、礼儀正しい――一二九〇年）、その名詞形の civilité（礼儀――一四世紀）などをも含めて、「文明」にかかわるこれら一連の語は、ラテン語の civis（市民）、civilis（市民の）、civitas（都市）に由来する。「文明」とは古代ギリシアの都市国家とローマ帝国の世界観を受け継ぐ言葉であり概念であった。とりわけここでは都市の生活が問題になっていることに注目すべきであろう。

ところで「文明」という語がフランス語のなかで最初に現れたのは、いつどのような文脈のなかにおいてであろうか。この問いに答えるのは必ずしも容易でない。リュシアン・フェーヴルが一九二九年、西欧文明の主要な概念を表す語の一つとして「文明」の歴史的な研究を提唱したとき、フェーヴルは文献調査がまったくゆきとどいていない現状を嘆きながらも、「文明」の誕生をいちおう一七六六年としている。その後フェルディナン・ブリュノーの『フランス語史』、ドイツにおけるJ・モラスやN・エリアスの研究、さらにはフランスの言語学者バンヴェニスト、等々の研究があって、現在は一七五七年に出版されたミラボーの『人間の友、あるいは人口論』が「文明」の初出文献とされている。

大革命時代の英雄ミラボー伯の父であり、重農学派の主要な一員でもあったヴィクトール・リケッチ・ミラボー侯爵は、その書物のなかで次のように書いている。「宗教は、異論の余地なく、人間性の第一の、そして最も有益な歯止めであり、文明の第一の原動力である(La Religion est, sans contredit, le premier et le plus utile frein de l'humanité ; C'est le premier ressort de la civilisation.)」(『人間の友、あるいは人口論』一七五七、一九二頁)。

ミラボーはここで「社会」あるいは「国家」における「宗教」の役割の重要性を説いているのであるが、最初の「文明」という用語が、「宗教」「人間性」という言葉とともに用いられているのはきわめて興味深い。物質文明、精神文化というように「文明」が、文化の精神性に対して、物質的な側面を強調される今日的な用法とは異なり、「文明」においてもまず精神性が強調されていたのである。ミラボーは先に引用した文章に続いて、宗教の役割を次のように要約している。「宗教は、われわれに教えを説き、われわれに絶えず友誼を思い起こさせ、われわれの心をやわらげ、われわれの精神を高め、……われわれの想像力を刺戟し、導き、さらにはわれわれの他者の運命にたいする関心を呼びおこす」。

だがここでさらに二つの留意が必要だろう。第一は、ミラボーは宗教、あるいは人間性を問題にしているとしても、それは宗教や精神性それ自体の側からではなく、視点はあくまで社会や国家の側にあったということ。それは例えば「宗教がなければ、人間の集りは社会の形をとりえなかったであろう」(一九三頁)というような言い方にも表れている。

第二に、このような形での「文明」の主張は、フランスにおける当時の支配的階層、より具体的には宮廷に対する批判を意味していたこと。エリアスは同じミラボーの書物から次の一節を引用し、それがカントの「文明」批判と軌を一にしていることに注意をうながしている。

もし私が文明とは何であるかと人に問えば、ある国民の文明とは、その習俗の穏やかさ、都会風の上品さ、礼節、そこでは礼儀作法が細かな法律の代りをするようにみんなが心得ている振舞い方の知識である、という答がかえって来るだろう。だがこうしたことはすべて美徳の仮面を示すにすぎず、美徳の顔ではない。もし文明が美徳の内容と形式を社会に与えるものでなければ、文明は社会にとって無意味である。

ミラボーはさらに一七六〇年の『租税論』に添えた王への献辞のなかで、次のように述べている。「陛下の帝国に先行し、文明の循環をへてきたあらゆる帝国の例は、私がここで主張したことを細部にわたって証明することになるでしょう」。ここで使われている「文明の循環」(le cercle de la civilisation) とは、未開から文明に至りやがて没落する文明化のサイクルのことであるが、ミラボーがそこでとりわけ問題にしているのは、その文明化の過程にあらわれる頽廃現象（金〔富〕の過剰によってもたらされる産業の不振と国民の貧困、人口の減少など）を回避しうる改革の方法であった。

エリアスも指摘しているように、ドイツでは宮廷風俗を意味する「文明」に対する批判として「文化」が対置されたのであるが、フランスにおいては「偽りの文明」に対して「真の文明」が対置されたのである。それはドイツにおいては文明を信奉する上流階級（宮廷と貴族）とやがて国民の指導的階級となる知識人や中流市民層とのあいだの隔壁が、高く越えがたいものであったのに対して、絶対王政下のフランスでは両者のあいだの交流が比較的容易であったからだ、とエリアスは説く。この指摘は説得力がある。重農主義者たちは、革命ではなく体制の内部において実現すべき改革のプログラムを提示することに専念していたからである。そして実際、一七七四年には、重農主義者やフィロゾーフたちの大きな期待をになって、チュルゴーが財務総監に任命される。

バンヴェニストは一七六〇年代の「文明」の使用例として新たにランゲの『市民法論、または社会の基本原則』（一七六七、ロンドン）から数カ所を引用している（『一般言語学の諸問題』三三九頁）が、フランスで「文明」の語が広く使われるようになるのは、一七七〇年代であった。モラスによれば、一七七〇年に出版されたレイナールの『両インドにおけるヨーロッパ人の植民地と通商に関する哲学的および政治的歴史』の初版では「文明」という語は用いられていないが、一七七四年の第二版ではこの用語が頻繁に現れる。* またドルバックの『自然の体系』（一七七〇）には「文明」の語は用いられていないが、『社会の体系』（一七七四）にはくりかえし現れる。例えば以下のような文章である。

＊――J・モラス『フランス（一七五六－一八三〇）における文明の概念の起源と発展』（J. Moras, *Ursprung und Entwicklung des Begriffs, Zivilisation in Frankreich*《*1756－1830*》, Hamburger Studien zu Volkstum und der Romanen 6, Hamburg, 1930）。

諸国民と彼らを支配する指導者たちの完全な文明化（la civilisation complète）、政府や習俗や悪弊の望ましい改革は、人間精神の絶えざる努力、社会のくりかえされる経験、といった幾世紀の産物でしかありえない（『社会の体系』第一部、第一六章「社会生活、自然状態、未開生活について」）。

じっさい無分別な君主たちがつねにひきずりこまれている絶え間のない戦争以上に、公共の福祉や人間理性の進歩、人間の完全な文明化にとって大きな障害になるものはない（第二部、第一一章「戦争について」）。

人間の理性はまだ十分に行使されていない。諸国民の文明化（la civilisation）はまだ終っていない。その歩みが唯一われわれの政府、教育、諸制度、習俗などの完成に役立ちうる、有益な知識の進歩が今日まで無数の障害によって妨げられてきたからである（第三部、第一二章「災害、あるいは精神的政治的悪徳の救済策。真理の弁明」）。

こうして「文明」は、「理性」「進歩」「幸福」などとともに啓蒙主義哲学の中軸となる一連の概念を形成し、それらの概念の究極の目標を指すことになる。

フランスと並んで「文明」概念の形成に主要な役割をはたしたイギリスでは、「文明」（civilization）の初出はフランスよりいくらか遅れているようである。英語でも「文明」（civilization）に先行して、動詞形の civilize が用いられていたが、それはフランス語の動詞 civiliser から派生したとされている。形容詞 civil は、イギリスにおける市民社会の発達に伴って一七、八世紀にはおそらくフランスにおけるよりも重要な意味内容をもつことになるが、この語が用いられ始めたのは一四世紀であってフランスよりも一世紀おくれている。

「文明」civilization の語の使用がフランスより若干（一〇年か二〇年近く）おくれた理由の一つは、フランス語の civilité に対応する civility がイギリスではフランスよりも一般性をもちえたからであろう。ボズウェルが語る有名なジョンソンのエピソードはそのことを示している。一七七二年にジョンソンを訪れたボズウェルは、civility と civilization のあいだで迷っていたジョンソンが結局は前者を選ぶ現場を目撃して次のように記している。「三月二十三日月曜日、私は彼が二折版の『英語辞典』第四版の準備に忙しくしているのを見出した。……彼は civilization（文明）という単語を認めず、その意味は civility という語で充分表わされると主張した。彼に異論を唱えることになるが、私は to civilize（教化する）という語の派生形であるこの civilization という形の方が barbarity（野蛮）に対照する意味では civility（丁寧さ）よりもよいと思っている。実際に彼の用例では civility が一語で二つの語義を兼ねる結果となるが、それよりは語義ごとに別の言葉があったほうがよいと私には信ぜられる」（中野好之訳『サミュエル・ジョンソン伝』）。

ボズウェルの証言はこれまで一般にイギリスにおける「文明」という語の誕生の遅れを示すものとして引用されてきたのであるが、それは同時に、一七七二年に「文明」という語が辞書に入れるか否かが問題にされるほどに熟し、ひろまっていたことをも示しているだろう。

じっさいバンヴェニストの研究は、この語が一七七五年アッシュの辞書に取り入れられる以前に、スコットランドの経済学者アダム・ファーガソンが『市民社会の歴史にかんする試論』(エディンバラ、一七六七)のなかで、「文明」の語をくりかえし用いていることをつきとめている。また一七七一年に出版されたジョン・ミラーの『社会における身分の区別にかんする考察』(二年後に仏訳されている)にも「文明」の語は頻繁にくりかえされている。さらに興味深いのは、アダム・スミスの有名な『国富論』(一七七六)にも「文明」の語は多く見出される。バンヴェニストはこれらのスコットランド学派とフランスの重農学派(ケネー、チュルゴー、ネッケルなど)との交流に注目しているが、おそらくこれは正しい指摘であろう。一八世紀後半期における「文明」概念の形成には、仏‐英の経済学者のグループが大きな役割をはたしていたのであった。一七七五年に「文明」がアッシュの辞書に取り入れられるについては、こういった背景があったと考えられる。以後イギリスでは、フランスと同様、「文明」は一八世紀後半から一九世紀初頭にかけて、一般化する。イギリスにおけるこの初期の「文明」概念にかんして社会人類学者のレイモンド・ウィリアムズは次のように記している。「十八世紀後期からの civilization の新しい意味は、ある点で、過程に関する概念と達成された状態に関する概念との特殊な結合である。その背後には、現世の累進的な人間の自己陶冶に力点を置く啓蒙思想全体の精神がある。civilization はこの歴史過程の意味を表現するものだったが、またそれと関連する現代性の意味、すなわち、洗練と秩序の達成された状態を賛美するものであった」（岡崎康一訳『キイワード辞典』）。イギリスにおける「文明」概念は、その後バックルの『イギリス文明史』（一八五七）やラボックの『文明の起源と人間の原始的条件』（一八七〇）などによって展開され、明治初期の日本に大きな影響を与えることになるのであるが、この語の啓蒙主義的な背景は、イギリスではむしろ語の不安定要因として作用したであろう。

文化

「文化」（Kultur - culture）の概念は、一八世紀末から一九世紀にかけて、とりわけドイツにおいて発展し深められたが、もともとラテン系の言葉であり、フランスで一定の概念形成が行なわれた後にドイツに移入された。

フランス語の「文化」（culture）はラテン語の cultura に由来する（一三世紀末）。cultura は「住む」「耕作する」「守る」「尊敬する」といった一連の意味をもつ colerer から派生したいくつかの名詞（Colonus → Colonie 植民地、cultus → culte 崇拝）の一つで、cultura に由来するcultureもはじめは《耕作された土地》と《宗教的な崇拝》の両義を備えていたが、一六世紀に入ると後者の意味はすたれ、前者の意味が発展する。cultureは「耕作された土地」といった状態を示すよりは、「耕作」や「世話をする」といった行為を表す語に変化していった。

「文化」概念の形成にとって重要な二つの契機が考えられる。第一は、土地の耕作や家畜の世話といった本来の意味から、能力の育成や精神の修養というような比喩的な意味が派生したこと、第二はその比喩的な用法のなかで、「……の」育成、あるいは「……の」修養といった、いわゆる補語（「……の」）が脱落し、cultureのみが独立した一つの概念として使われるようになったこと。この第二の時期をもって「文化」概念の誕生とみてよいであろう。

ワルトブルクはこの第一の契機に一五五〇年という日付を与えているが、ベネトンはそれより一年早いジョアシャン・デュ・ベレーの『フランス語の擁護と顕揚』（一五四九）のなかに「フランス語の育成」（la culture de leur langue）という例を見出している。だがベネトンが一七世紀にフランスで出された主要な辞書を検討した結論として述べている（二四－二五頁）ように、比喩的な用法が一般化するのはフランスでは一七世紀の後半であろう（英語の「文化」〔culture〕は、一五世紀にフランス語から入ってきたものであるが、比喩的な用法にかんしては、

「彼らの心のcultureと利益のために」〔トマス・モア、一五一〇〕、「心のcultureと施肥」〔ベーコン、一六〇五〕といった早い例がある。しかしそれが一般化するのはやはり一七世紀後半と考えてよいようだ）。

第二の契機についてベネトンは、最初の例として、ラ・ブリュイエールの『人さまざま』第六版（一六九一）に「精神の形成」の意味でcultureが独立して（補語なしで）使われた文章をあげている。だがこれはきわめて早い例外であって、ベネトンが次の例としてあげているのはヴォルテールの『アンリヤッド』（一七二八）であって、シャルル九世の若年の「いまわしい教育」（la funeste culture）が王の「本性」（la nature）を堕落させたことを述べる次の一節である。

《Des premiers ans du roi, la funeste *culture*
N'avait que trop en lui corrompu la nature》
（若いころのいまわしい教育は王の本性をはなはだしく堕落させたのみ）。

こうして「文化」は精神形成、（formation）や教育（éducation）といった知的形成の過程、を表す意味を次第に獲得していったのであるが、同時に、現代の用法にあるような、その過程の結果をも意味するようになる。その早い例として引かれているのはヴォヴナルグ『省察と箴言』（一七四六）の次のような文章である。竹田篤司氏の訳ではいずれも「教養」の訳語が与えられている。

いくらかの教養（un peu de culture）と多量の記憶、加うるに意見を述べ偏見とたたかうさいの若干の大胆さが、精神を広いものに見せかける（『世界人生論全集』9、筑摩書房、二三四頁）。

国民（la nation）の一部が礼節（politesse）と洗練された趣味（bon goût）の極限まできわめているのに、他の半分はいかにも野蛮な姿を呈している。だがわれわれはこのように奇妙な光景に接してさえ、なおかつ教養（la culture）に対する軽蔑をあらためることができずにいるのだ（二四四頁）。

われわれの虚栄心をこよなく喜ばせているものは、じつはことごとく、われわれの軽蔑する教養（la culture）に根ざしているものなのである（二四四頁）。

右の文章に見るかぎり、culture の独立用法はかなり熟していたように思われる。アカデミーの辞書の一七八九年版が「自然で教養のない精神」（un esprit naturel et sans *culture*）という例句によって独立用法を認めているところから推察して、一八世紀の後半にはこの用法は一般化していたのであろう。では意味のほうはどうであろうか。

ヴォヴナルグの culture からいわゆる「文化」まではあと一歩である。ベネトンによれば『省察と箴言』の一七九七年版には、右の二番目の文章に用いられた la culture に関する編者の注が付されており、それによればこの語の意味は「教育によって育成された精神の状態」（l'état d'un esprit *cultivé* par l'instruction）とある。このような注が付せられたこと自体、この語の意味がいまだに確定していなかったことを示すであろう。また文中でヴォヴナルグが「教養」（la culture）が十分に尊重されていないことをくりかえし嘆いているのは興味深い。それは la culture 蔑視の風潮があることと同時に、それを尊重しようという動きが出ていることをも示しているからである。この点で『百科全書』における culture の扱いが注目されよう。『百科全書』に la culture の項目はないが、教育、精神、文学、哲学、科学などの項目において、育成された精神（esprit *cultivé*）、精神を育てる（*cultiver* les esprits）といった表現は頻出する。「諸芸の culture」（チュルゴー、一七五〇）、「文芸の culture」（ダランベール、一七五一)、「諸学のculture」(ルソー、一七六四)、「精神のculture」(コンドルセ、一七九四)、等々。cultureは「文明」(civilisation)と同様、啓蒙主義の流れのなかで育てられた概念であるが、啓蒙主義時代の哲学者たちはその語を比喩的に使いながらも、その概念を独立させて深めることに特別の関心をもっていたとは思えない。フランスでは「文化」は一八世紀後半における重要な用語ではあるが、「理性」「進歩」「文明」といった啓蒙主義のキーワードのなかでは二義的な地位を占めるにすぎない。

イギリスやドイツではどうであろうか。イギリスでは比喩的な用法と同様、独立的な用法もフランスより早かったようである。レイモンド・ウィリアムズはそのもっとも早い例としてミルトンの『自由な共和国樹立への近道』(一六六〇)から次の文章を引く。「政府とcultureの自然熱を、現在無感覚で、無視されたままになっているすべての遠隔地により多く配分して伝達することによって、より多くの知識と教養(civility)、さらに宗教を国土全域に広める」。その他早い例として、プラムが『十八世紀の英国』において引用しているキラ司教からクレイトン夫人への手紙(一七三〇)――「子供を牧師に育てることは名門の人にとっても、cultureのある人にとっても通例のことではなかった」――、エイキンサイドの『想像の楽しみ』(一七四四)――「高貴なる地位もcultureも授けることはできない」

——などがあげられているが、辞書が絶対的（したがって独立的）な例としてあげるのは通例、ワーズワースの《Where grace of culture hath been utterly unknown》（culture の美点がまったく知られていない所）（一八〇五）以後であり、こうした用法が一般化するのは、やはり一八世紀後半から一九世紀にかけてと考えてよいであろう。イギリスにおける「文化」概念の形成は、この時点まではフランスとほぼ併行している。問題はドイツであるが、ウィリアムズは、ドイツにおける発展を次のように要約している。「この時点（一八世紀中葉における独立した名詞としての文明と文化のほぼ同時的発生）で、ドイツ語において重要な発展がみられた。この言葉はフランス語から借用され、最初（一八世紀後期）Cultur、そして一九世紀後期からは Kultur と綴られた。その主たる用法はいぜんとして「文明」と同義語で、まず第一は、「開化」または「洗練」される一般的過程という抽象的意味で使われ、次には、人間の成長の世俗的過程に関する表現として、歴史哲学という名で一八世紀に普及していた形で、啓蒙運動の歴史家たちがすでに文明に対して確立していた意味において使われた」（二〇七頁）。

ドイツ人は、「文明」でなく「文化」の語を選んだのであるが、ドイツにおける「文化」（Kultur）が初期において仏‐英の「文明」（civilisation‐civilization）とほとんど同義であるか、あるいは少なくとも兄弟語として近い意味をもっていたことは多くの研究者によって認められている。ベネトンは、古典主義時代のドイツの作家や哲学者、ヘルダー、カント、シラー、ゲーテなどにおける「文化」には、共通して(1)反‐野蛮、(2)偏見からの解放、(3)マナーの洗練、という三つの含意があり、そこには、いまだに民族的な優越と結びつかない状態で、物質的、精神的な進歩の観念が働いていたことを指摘している（この指摘はE・トヌラの分析「文化――言葉の歴史、意味の進化」をふまえている）。ウィリアムズは先の引用に続いて、「それからヘルダーに至って用法は決定的に変化した」と記しているが、それは後のヨーロッパ中心的な「文明」「文化」史観を念頭において、ヘルダーの歴史的発展や文化の多様性にかんする主張を後の文化‐社会人類学の発展に結びつけてヘルダーの先駆性を評価するからであって、われわれは同時にヘルダーの同時代人としての共通の特色をも視野に入れておかねばならない。少なくとも『人類の歴史哲学考』（一七八四‐九一）におけるヘルダーは、人類の完成可能性を考える進歩主義者であり、また民族主義者というよりはむしろ世界市民主義者として文化の多様性（複数の文化）を考えたことを忘れてはならないだろう。

同じことはヘルダーの方法論を批判したカントについてもいえよう。カントにとっても「文化」は人為であり、野蛮に対するものであった。「文明」に対する反措定としての「文化」の主張としてよく知られている文章は、けっして民族主義的な主張でなく、世界市民的な見地からの発言であった。一七八四年の公刊から二〇〇年以上を経た一九九一年の現在、カントの言葉はその現代性によってわれわれを驚かせる。

曾つて未開人の無目的な状態は、我々人類に内在するいっさいの自然的素質の発現を妨げたが、しかしかかる未開状態が人類に加えた諸般の害悪は、人類を強要して、けっきょくかかる状態から脱して公民的組織を結成せざるを得なくした。実際、人類の内蔵するいっさいの萌芽は、かかる合法的組織においてのみよく開展せられ得るのである。ところですでに成立している諸国家の粗野な自由もまたこれと同様の作用をするのである。すなわち国家という公共体の保育するいっさいの力は、諸国家が互に対抗し合うための軍備に消費されるし、また戦争は国力の荒廃をもたらすし、更にまたそれにも増して常に軍備を整えておかねばならない、というような諸事情は、確かに人類の自然的素質の順調な開展を妨げてきた。しかしまたこれらの事情から発生せざるを得ない諸悪は、我々人類を強要して、並存する諸国家が各自に主張する自由を原因とするところの抵抗——それ自体としては有益な結果をもたらす抵抗であるが、——に対して均衡の法則を案出させ、またこの法則を有力ならしめるような合一せる威力と、従ってまたそれぞれの国家の公的安全を保障するような世界公民的状態とを設定せしめるのである。……ところで人類がこの最終の段階（すなわち諸国家の連合）に到達する前に、──つまりこの連合の形成される過程のほぼ中途にさしかかったところで、極悪の状態を経験する、そしてその悪とは、──うわべだけの繁栄というごまかしの仮面を被った福祉にほかならない。ルソーは、文明よりもむしろ未開人の状態をよしとしたが、もし我々人類がこれから登りつめねばならぬこの最終段階を見落とすならば、ルソーの説もさほど間違っていなかったと言ってよい。我々はいま技術と科学とによって高度の文化に達している。我々はまた諸般の社会的な礼儀や都雅の風に関して、煩わしいまでに文明化している。しかし我々自身をすでに道徳的にも教化されていると見なすには、まだ甚だしく欠けているのである。文化は、更に道徳性という理念を必要とするからである。とは言えこの理念を適用するに当って、名誉心やうわべだけの礼儀などに見られるいわば道徳めいたものを旨とするならば、やはり単なる文明化に終るであろう。いずれにせよ諸国家が、強力を行使して権力の拡大を図ろうとする虚栄的な意図の実現に全力を傾け、国民が緩慢にもせよ自分達の思想を内面的に形成しようとする努力をしじゅう阻害し、そのうえ国民のかかる意図の実現を助成するための手段を国民から悉く奪い去ろうとたくらむ限り、国民の思想的成熟はまったく期待さるべくもない、およそ国民の教化を達成するには、公共体は長期に亘って自分自身に精神的訓育を施さねばならないからである（「世界公民的見地における一般史の構想」篠田英雄訳『啓蒙とは何か』岩波文庫、四〇―四一頁）。

カントは右の文章をJ＝J・ルソーの忠実な弟子として書いている。「文明」の堕落、あるいは「文明」と「自然状態」の矛盾、人間と同時に市民を育成しなければならない困難といったルソーの根本問題を、カントは「文化」の究極目標である「完成された公民的組織」によって解こうとしたのであった。* このカントの「文化」による「文明」批判は、ミラボーの真の「文明」による偽の「文明」批判ときわめて類似した内容となっていることをここであらためて指摘しておきたい。

*――カントはこのルソー問題を後に「人類の歴史の臆測的起源」（一七八六・一）の「補説」で再びとりあげてくわしく論じている。

高名なJ・J・ルソーの主張する諸説は、互に矛盾するかに見え、また実際にもしばしば誤解されているが、しかし上に述べたような説明の仕方をもってすれば、よく理性と一致させることができるのである。彼は、学問の影響や、人間の不平等を論ずる諸著のなかで、文化と人類の本性のあいだに抗争の起きる必然性を指摘しているが、これはまさに彼の説く通りである。なお彼がここで言うところの人類は、自然的な類を意味する。そして個としての人間は、このような人類のなかで、おのがじし自己の本分を剰すところなく達成するわけである。ところでルソーは、『エミール』や『社会契約論』その他の著書で、またもや困難な問題の解決を試みている。それは――道徳的な類としての人類に内具する素質を、人類の本分に即して発展させ、しかもこの道徳的人類と自然的人類とがもはや衝突しないようにするためには、文化はどのように進歩していかねばならないか、という問題である。実際このような衝突から（人間と同時に公民をも育成しようとする真正な教育原理から見れば、文化は現在のところまだ本当には始まっていないし、まして完成されているどころの沙汰ではないから）、人間の生活を圧迫する一切の紛うかたなき害悪と、この生活を汚辱する一切の悪徳とが発生するのである。ところが人間をこれらの悪徳に誘う刺戟は、なるほどこういう場合にこそ責めを負わされるが、しかしそれ自体としては善であり、また人間の自然的素質としては合目的なのである。ところでこの自然的素質は、自然的状態だけに適合するものであった。そこでこれらの素質は文化に依って阻害されるわけであるが、しかしまた逆に文化を阻害しもする、そしてこの交互作用は、人為《じんい》が完成して再び自然となるまで続くのである。しかし完成した人為が再び自然となることこそ、人類の道徳的本分の究極目的なのである（『啓蒙とは何か』岩波文庫、六五－六六頁）。

ついでながら、ルソーはすでに文明の弊害について論じているが、「文明」(civilisation)の語はいまだ用いておらず、また「文化」(culture)の独立的な用法も見出せない。二〇年という短い年月が、カントに「文化」と「文明」の語と明確な概念を与えたのであった。

6――フランスとドイツ――対抗概念としての文明と文化

歴史的条件

「文明」と「文化」ははじめ、対立的な概念というよりは、兄弟の概念としてほとんど双生児のように相次いで誕生し、同じ啓蒙思想の流れのなかで、共通した価値観と世界認識を表していた。それが対立した概念として成長するについては、ヨーロッパ、とりわけフランスとドイツのあいだの危機的な状況を考えなければならないだろう。フランス革命とロマン主義、普仏戦争、再度にわたる世界大戦、などの歴史的な諸事件が「文明」と「文化」を対抗的な概念として形成し、他方この二つの概念はそれぞれの歴史的な事件にイデオロギー的な支えを与えてきたのであった。フランス人は「文明」に執着して「文化」を顧みない――「文化」という名詞はフランスからドイツに輸入されたのであるが、「文化的」(culturel) という形容詞はフランスでは一世紀以上も存在せず、ようやく一九二九年になって、ドイツ語の形容詞kulturellから作られる、といった言葉の歴史がそのことを如実に語っている。他方、ドイツは「文化」を喧伝し、ドイツにおける「文明」の地位は低いままであった。普仏戦争はすでに「文化」と「文明」の戦いであったが、第一次大戦はその対立の様相をいっそう鮮明にする。第二次大戦の戦犯たちが「文明」の名において裁かれたことは、いまだわれわれの記憶に新しい。

こうした「文化」と「文明」をめぐる状況が独仏の社会学者や歴史学者の関心をひき、それを相対化して客観的に眺め、学問の対象として取りあげようとする動きが、一九三〇年前後に双方の側に起こってきたのは、おそらくファシズムをめぐるヨーロッパの危機意識の現れであった。フランスの歴史家リュシアン・フェーヴルが、人類学者マルセル・モースらとともに、「文明」「文化」を含めたヨーロッパ思想史上のキーワードの研究を提案したのは一九二九年であり、ドイツでE・R・クルティウスの『フランス文化論』やJ・モラスのフランスにおける「文明」概念にかんする研究が出たのは一九三〇年、ノルベルト・エリアスの大著『文明化の過程』の初版が出たのは一九三九年であるが、亡命先のイギリスで書き終えたのは三六年九月とのことであるから、ほとんど同じ時代の作業と考えてよいであろう。

ドイツの「文化」概念とフランスの「文明」概念がいかに異質のものであり、またドイツの「文化」概念が、フランス的な「文明」概念に対する対抗概念としていかに形成されていったかは、クルティウスやエリアスの著書のなかで見事に分析されている。クルティウスは『フランス文化論』の第一章を次の言葉で始めている。

ドイツ人とフランス人が相手の心理的特徴を理解しようと努めるとき、しばしば根本的な喰違いが生ずるのは、両方とも自国の文化の価値尺度を——意識的にしろ無意識的にしろ——相手国の文化に当てはめようとするからである（大野俊一訳、みすず書房、三頁）。

クルティウスは同じことをさらに「ドイツの文化概念とフランスの文化概念とはその根柢からしてちがっている」（六頁）という言い方で強調する。したがってこの書物に課せられた役割は、その異なった根底をいかに相対化して説明するかということになる。ところでこれがもしフランス人であれば「フランスの文化概念」とはけっして言わなかったであろうから、クルティウスは最初から重大な困難に直面しているのである。

この点にかんしてはエリアスのほうがもう少し自覚的である分だけペシミスティックであ

る。つまり「文化」とか「文明」といった「国民の自意識の構造」は、その中に生きる国民にとってまったく自明なことであるだけに他の国民にはほとんど伝達不可能である、とエリアスは考える。「ドイツ人は、必要とあればフランス人とイギリス人に、自分が「文化」という概念をどういう意味で用いているかを、説明しようとするかもしれない。しかしかれは、とりわけ国民的な経験伝統について、またかれにとっては、この言葉にまつわりついている自明の感情価値について、ほとんど何も相手に伝えることはできないのである」（七二頁）。

これは異文化交流とか比較文化論とかいったものの存在を、根底から否定しかねない言葉であるが、エリアスの真意がそこにないことは彼がこの『文明化の過程』を書きあげたことからも明らかだろう。エリアスは「文化」と「文明」のちがいについて次の点を強調している。

(1)「文化」と「文明」はその語を用いるドイツ人やフランス人（あるいはイギリス人）の国民意識と彼らが世界を全体として考察するやり方を示している。――したがって「文化」と「文明」は彼らの国民的な価値観であり世界観の表明であるといってよいだろう。

(2)ドイツにおいて人間の価値（本質と業績）を示す第一の言葉は「文化」であり、「文明」は有益ではあるが二流の価値を示すにすぎない（逆にフランスでは「文明」が最高の価値であり

「文化」は二義的なものである)。

(3)フランス語と英語の「文明」は、政治的、経済的、宗教的、技術的、道徳的、社会的、等々の広範な事実にかかわっているのに対し、ドイツ語の「文化」は、その核心において精神的、芸術的、宗教的な事実に関係し、政治的、経済的、社会的事実とのあいだに強固な隔壁をもうけている。——先に引用したカントの定義とともにヴィルヘルム・フォン・フンボルトの定義が想起されるであろう。

諸国民がその外的施設において、またこれに関連しての内的心意において、一層人間的になること、これが文明である。この社会的状態の改良に科学と芸術を加味したもの、これが文化である。

クルティウスは、このフンボルトの文章を引用したあとで次のような注釈を加えている。「これがドイツの新人文主義《ノイフマニスムス》の見解である。つまり文明とは、人間が社会的となり教化醇化されることであるが、これよりも高い所に、全く自主独立の創造的精神の王国が屹立している。これのみが文化の名に値する、というのである。この観念には一八〇〇年頃のドイツの情勢が反映している。国家と国民の絶望的状態に超然として、少数の高貴な精神が文芸と哲学の絆に結ばれて一団を成していたのだ」(六頁)。

(4)「文化」は個々の人間が作りだした産物、あるいは一民族の特性が表現されている芸術作品、著作、宗教的哲学的な体系にかかわっている――エリアスはここでシュペングラーの「野原の花」*という言葉を想起している――のに対して「文明」は、人類あるいは一民族の全体的な進歩の過程とその結果を強調する。ここでは絶えず動き、しかも前進していることが重要である。したがって「文化」では業績価値、「文明」では所属する集団と存在価値が問題になるだろう。

* ――どの文化も、現われ、成熟し、衰え、そして二度と戻って来ない表現の独自の可能性を持っている……最高位の生物であるこれらの文化は、野原の花のように、崇高な無用性をもって成長する。これらは、野原の花のように、ゲーテの生きた自然に属し、ニュートンの死んだ自然に属さない(『西洋の没落』)。

(5)「文化」は特性、したがって個人や集団の独自性や国民性のちがいを強調するのに対して、「文明」は普遍性を強調し、民族や国民性の相違にかんする主張をある程度まで後退させる。――したがって「文化」概念は文化的相対主義と同時に人種差別への道を準備し、

「文明」はヒューマニズムと同時に植民地主義の口実を用意している、ということになるだろう。

(6)「文化」という概念は、フランス語を話しフランスの宮廷や貴族社会の強い影響下にあったドイツの貴族と宮廷の価値観（「文明」）に対するドイツの知識人や上層市民階級の反発と強い自己主張――ドイツでは貴族と市民層のあいだには越えられない隔壁があった――を表しているのに対し、「文明」の概念は、フランスの貴族や宮廷における価値観を、フランスの知識人や市民層が受け継ぎ――フランスでは貴族と市民層との隔壁は低く、早くから交流が行なわれており、王の絶対的な権力とやがてはフランス革命がその融合をいっそう促進した――それを自己のものとして発展させた。したがって「文化」という語はドイツにおいては知識階級の言葉にとどまって一般化しえなかったのに対して、フランスにおける「文明」は広く国民的な言葉となる。

クルティウスはフランスの多くの町や村に建てられた第一次大戦戦没者記念碑に記されたÀ tous ceux qui sont morts pour la civilisation（文明のために命をささげた人びとに）という碑文について、次のような注釈を加えている。「ドイツのいかなる戦歿者記念碑にも「文化《クルトゥーア》」なる語は見つからないであろう。わが国の民衆はこの語を理解しない。またわれわれはこの語をドイツ化し得ない。これは学術語であって、胸には訴えないのだ。レ・ゼジー村（先史時代の動物画が洞窟に刻まれている村）にあるような碑銘は、フランスでなければありえない。世界に国は多いけれども、「文明」という語を以てそれが神聖な財宝を表現しうる国は、フランスのほかにはないのである」（九頁）。

クルティウスは「文明」がそのような国民的な性格と力を獲得するに至った条件として、(1)フランス人に古代からの文明の継承者であることを印象づける恵まれた歴史的条件、(2)順調な国民国家の形成、(3)それを助けた豊かな自然的条件をあげている。幸運な国家形成をなしとげたフランスにおいて「文明」は国民国家 Etat-Nation と一体のものであるが、ドイツにおいては国民国家形成の不幸な歴史によって「文化」の境界と国家の境界は一致しない、とクルティウスは主張する（「ドイツ文化は、いまだかつて国民体として現れたことがない」三二頁）。

ドイツにおける「文明」の対立概念としての「文化」概念の形成過程、およびフランスにおける「文明」概念の発生過程にかんしてはさらにくわしい説明が必要であろう。エリアスの著作の第一部（「「文明」と「文化」という概念の社会発生について」）は、その説明にあてられている。われわれはここではエリアスの分析の要約をくりかえす愚を避けて、次の二点を確認するだけでとどめておこう。「文明」と「文化」を対抗概念としてとらえる場合に、とりあえず次の二つの歴史的な観点が重要であろう。

第一は、貴族や宮廷社会などに代表される旧制度の価値観に対する、新しい社会勢力を代表する知識人や上層ブルジョアジーの価値観としての「文明」＝「文化」概念の形成という観点。新しい社会勢力の価値観とイデオロギーが、社会的歴史的条件の異なるドイツとフランスでそれぞれ異なった形態をとるに至る過程についてはエリアスのくわしい分析がある。この新しい社会勢力が国家における支配的な勢力となったとき、それは当然、国家の支配的なイデオロギーとなり、それらの国々がヨーロッパを、さらには世界を支配するとき、それは当然、ヨーロッパ的な価値観の表明として世界を支配するイデオロギーとなるであろう。

第二に、第一点と重なりはするが明確に識別すべき観点として、国民国家形成の問題をあげねばならない。「文明」と「文化」の概念は新しい国民国家の形成という事態に直面し、あるいはその過程のなかで変質し、両者のあいだの対抗的な性格をいっそう強めていったのである。これはフランス革命以前と以後における「文明」と「文化」概念の変化を見ることによって確認できる。この問題はエリアスによってもほとんど扱われていないから、ここである程度の見取図を作っておく必要があるだろう。

フランス革命の役割

フランス革命は「文化」と「文明」の概念にどのような影響を与えたのであろうか。私の知るかぎり、この問いに明確な回答を与えてくれる研究はまだ出ていない。「文化」にかんしてベネトンは「この語は革命期にはほとんど使われないだろう」（三一頁）と書いている。ブリュノーの『仏語史』やマックス・フレイの『フランス革命期におけるフランス語彙の変遷』（一九二七）と題された博士論文にも「文化」にかんする言及がないからである。最近のフランス革命研究は革命の「文化革命」的な側面を強調しているだけに、この指摘は興味深い。もっともベネトンはその前のページにコンドルセからの引用を一つしているのであるが。コンドルセは「公教育の本質と目標」（一七九一）と題する論説のなかで次のように記している。「la culture があらゆる世代を改善しうる……と考えることは一見してそう思われるほど馬鹿気てはいない」。これが唯一の例としても、それが他ならぬコンドルセによって記されていることは興味深い。「文明」にかんしてもコンドルセはその数少ない例のなかに入っているからである。

革命期における「文明」の概念の形成にかんしては、二人の対照的な人物が浮かびあがる。

コンドルセとナポレオンである。コンドルセは革命の二年前すでに次のように書いていた。「ヨーロッパを侵略から永久に保証するのは君主たちの政治ではなく、文明化された諸国民の知識である。文明が地上にひろがればひろがるほど、奴隷状態や貧困と同様、戦争や征服も姿を消すだろう」（「ヴォルテールの生涯」一七八七）。コンドルセの「文明」に対する信頼は明らかである。だがコンドルセが人間の完成可能性や進歩に対する信念をもっとも高らかにうたいあげたのは、彼の人類への遺書ともいうべき『人間精神の進歩に関する歴史的展望の素描』（一七九三－九四）においてであった。

人類の未来の状態についてのわれわれの希望は次の三つの重要な点に要約できる。すなわち諸国民《ナシオン》のあいだの不平等の打破、同一民族《プープル》における平等の前進、最後に人間《オム》の真の完成である。あらゆる国民《ナシオン》は、いつの日か、例えばフランス人や英－米人のような、もっとも開明し、もっとも自由で、もっとも偏見から解放された民族が到達しえた文明の状態（l'état de civilisation）に近づくであろうか。これらの民族と、王に服従する諸国民の奴隷状態、アフリカの土族の野蛮、未開人の無知をへだてる無限の距離は、徐々に消滅してゆくだろうか……。

コンドルセに肯定的な回答と確信を与えたのはフランス革命という歴史的現実である。コンドルセの進歩史観を何よりも特色づけているのは「文明」と「未開」の二分法である。コンドルセにおいては「文明」は人類の進歩の段階を測る基準であると同時に、人類の進歩の歴史が目指す目標であり希望であった。コルドルセは、革命の混乱の最中に、ジャコバン派の追及の手を逃れながら、一八世紀啓蒙主義における進歩哲学のもっともオプティミスティックな展望をこの論文に定着する。そしてそれは同時に、革命期において「文明」という言葉がもっとも頻繁に現れる書物となっている。

フランス革命終結の役割をになったナポレオンが、明確な「文明」概念を抱いて行動したであろうことは想像に難くない。一七九八年六月二二日、エジプト遠征に向かうオリエント号上で、ナポレオンは次の言葉で始まる布告を記したのであった。「兵士よ、諸君は世界の文明と通商に与える影響の測りしれない遠征を行なおうとしている……」。「文明」の自己拡張的な性格がナポレオンの言動に見事に表されている。だがナポレオンにはもう一つ「文明」という言葉が際立った印象を与える文書がある。それはセント・ヘレナにおいて死の十数日前（一八二一年四月一七日）に口述された「息子への助言」である。このほとんど遺言といってもよい文章のなかにナポレオンの「文明」意識が示されている。

私の息子は新しい思想の人間でなければならない。そして私が到るところに勝ち誇らせた大義を擁護する人間でなければならない。諸王によって諸国民を革新すること。封建制の跡形を消滅させ、人間の尊厳を確保し、数世紀このかた眠っている繁栄の萌芽を発達させる諸制度を、到るところに打ち立てること。今日のところは少数者の所有物にすぎない物を広く一般の人々に頒つこと。ヨーロッパを切っても切れない連邦制度のつながりの下に集めること。今日ではまだ野蛮で未開拓な、世界のあらゆる部分に、キリスト教と文明との恩恵を伝播すること。これが私の息子のあらゆる思想の目的でなければならない。これが私の大義なので、私はこのためにこそ、殉教者として死んでゆくのである。……私の敵は人類の敵である。彼らは諸国民を羊の群のようなものと見なして、諸国民を鎖につなごうとしている。彼らはフランスを圧制しようとしている。……私の息子の時代には、相対立する利害も平和に生きることができ、新しい思想が動揺もなく犠牲も出さずにひろがり、強くなってゆくことができよう。そうなれば人類は多くの大きな不幸を免れるであろう。しかし万一、諸王の盲目的な憎悪が私の死後にも私の血統に及ぶようなことがあれば、その時には私のために復讐がおこなわれるであろう。残酷な復讐がおこなわれるであろう。かくて諸国民が鎖を解かれて狂奔するならば、文明はあらゆる方法によって損害を蒙むるであろう。血の波が全ヨーロッパを蔽うであろう。文明の光は内乱と対外戦争とのただ中で消えるであろう（大塚幸男訳『ナポレオン言行録』岩波文庫、二二四−二二五頁、傍点引用者）。

自分の死が近いことを知っていたナポレオンは、自分の血統の運命をフランスと人類の運命に合体させ、それに「文明」という輝かしい大義名分を与える。息子の死によって裏切られたナポレオンの期待は、おそらくはナポレオンの予測しなかった経緯をへて、ナポレオン三世によって第二帝政として実現したといってよいだろう。だが、ナポレオンの自己弁明や後世にかけた期待がどのようなものであれ、フランス革命は、近代的な国家機構と国民統合を押し進めることによって「文明」の概念にゆるぎのない基盤を与えたのであった。

革命家たちの文章に「文明」が用いられないわけではない。例えばサン＝ジュストの『フランス革命と憲法の精神』には「未開人は時に残酷であるとしても、それは文明への一歩である」という一節がある。だが、コンドルセとナポレオンを別とすれば、革命期の文書に「文明」や「文化」の文字が使われることは、むしろまれであったことは認めなければならないだろう。革命家たちの用語集には、理性、進歩、法、正義、平等、自由、国民、等々といった啓蒙主義者の用語にあふれているが「文明」や「文化」が登場しないということは、じっくりと考えてみる必要のある問題である。革命家たちは政治状況の日々の変化に具体的に対応しなければならず、遠くを見通した歴史論や哲学を展開するだけの時間に恵まれてはいなかった。それに「文明」や「文化」はいぜんとして知識人の言葉であって、民衆に直接訴えかける言葉にはなりえていなかったということも考えられよう。だが革命家たちが「文明」を論じなかった最大の理由は、「文明」はもはや論じるまでもない彼らの共通認識であり、彼らの究極の目標であったということだろう。革命家たちは「文明」を実践したのであった。「文明」と「文化」の概念にとって大革命が重要であったのは、その期間に「文明」が論じられたからではなく「文明」や「文化」の基盤となる社会的条件が変革されたからである。

わが国の明治初期の文明概念に大きな影響を与えたフランソワ・ギゾーの『ヨーロッパ文明史——ローマ帝国の崩壊よりフランス革命にいたる』(一八二八年ソルボンヌ大学における講義)は、フランスにおける「文明」概念形成史においてもきわめて重要な位置を占めている。

この歴史学者による最初の包括的な「文明史」は、フランス革命後における「文明」概念の定着を示すと同時に、「文明」という語がいまだに強力な政治的イデオロギーとしての力と方向性をもちえた時代の鼓動を伝えている。ギゾーは一八世紀の啓蒙主義者やナポレオンの文明観に、特に新しい重要な意味をつけ加えたわけではないが、その概念の内容と機能をより明確に示すことによって概念に含まれた、自由主義と国民主義という一見、相反する二つの側面を強調することになる。

ギゾーはまず「進歩」と「発展」が「文明」に含まれている基本的な観念であることを指摘したうえで「文明」が社会的関係と個人の内面的生活の二側面からなることを強調する。社会的関係とは具体的には、諸制度、商業、産業、政治、戦争、等々であり、内面的な生活とは、宗教、文学、科学、芸術、等々、ドイツでは「文化」と呼ばれる領域を含む。ギゾーはこの二側面を他のページでは「社会的活力の発展」と「個人的活力の発展」、「社会の進歩」と「人間性の進歩」などの言葉でいいかえている。こうした指摘は二側面の区別よりは、両側面の関連と結合に力点があり、「文明」が包括的な概念であることを強調するためである。

ギゾーの「文明」論の第二の特色は、多様性と統一のダイナミズムによるヨーロッパ文明の把握であろう。ギゾーはすでに複数の文明を認めており、他文明との比較においてヨーロッパ文明の優越と独自性を考えている。だがギゾーの時代においては「ヨーロッパ文明」は新しい観念であり、その存在自体を確認することから議論をはじめなければならない。

わたくしはヨーロッパ文明と申しました。ヨーロッパ文明というものがあること、ヨーロッパの様々の国家《エタ》の文明の中に一種の統一性が顕著であること、時と処と事情の点で大いに多様でありながらどこにおいてもこの文明はほとんど相似た事実から生じ、同じ原理に連繫し、ほとんどどこにおいても類似の結果を惹起する傾向を有すること、これは明白であります。ゆえにヨーロッパ文明というものは存在するのでありまして、わたくしが諸君の心をもっぱら向けようとするのはその総体に対してであります」(安士正夫訳『ヨーロッパ文明史』みすず書房、三頁)。

ヨーロッパ文明は、ギゾーによれば何よりも「自由」によって特色づけられるのであるが、この「自由」はヨーロッパの多様性の歴史的産物であった。

他の諸文明においてはただ一つの原理の、ただ一つの形式の絶対的支配、あるいは少なくとも過度の優越が専制の一原因であったのに対し、近代ヨーロッパにおいては社会秩序の諸要素の多様性、それらの要素が互いに他を排除し得なかったことが今日優勢な自由を生んだのであります（二七頁）。

一つの原理の優越が専制を生むのに対して、ヨーロッパにおける文明の諸要素の多様性と、その諸要素のあいだに続けられてきた「闘争」から「自由」が生みだされた、というのは、この講義のなかでくりかえし説かれたギゾーの歴史観の根幹である。マルクスはこのギゾーの歴史観から階級闘争が歴史的発展の根本をなすという考え方を学んだのである。たしかにギゾーは「階級闘争」（la lutte des classes）という言葉を用いてヨーロッパにおける歴史の発展をたどっている。だがギゾーにとって重要なのは、諸要素の共存とそれによって発展すべき「自由」の保証であった。ギゾーは最終講でそのようなリベラリズムの特色をフランス革命を経た後の歴史的教訓として、次のように要約している。

あらゆる力、あらゆる勢力を各々その正当の限界内に制限し、他の者を侵すことを妨げ得るもの、一言でいえば、自由探究《リーブル・エグザマン》をして実際的にかつあらゆるもののために存在せしめうるものは、あらゆる権利、あらゆる利益、あらゆる思想の普遍的自由、これら一切の力の自由な表現、これらの力の合法的な共存、じつにこの制度以外にないのです（二七一頁）。

ヨーロッパ文明の多様性の問題にかえっていえば、ヨーロッパの一国の中だけに文明の完全な歴史を求めることはできない。文明の諸要素は、ある時はイギリスに、ある時はイタリアやスペインに分散して発達するからである。だがそれらの諸要素の統一はいかにして可能になるのであろうか。ギゾーによれば、各地の文明の優れた要素はフランスを通過することによって、よりいっそうの普遍性を獲得する。

それは、フランス精神の中には社交的な、人に共感を起させるあるもの、他の国民の精神よりもいっそう容易にかつ有効に拡がるあるものがあるからであります。それがわが国語の、我々の精神の傾向の結果であるにせよ、あるいは我々の風習の結果であるにせよ、我々の思想がいっそう普遍的であり、大衆に対していっそう明快に示され、いっそう迅速に浸透するからであります。要するに、明快、社交性、共感はフランスの、その文明の、特有の性格であって、これらの資質によりフランスはヨーロッパの先頭を歩むのに最も適当したのであります（四‐五頁）。

こうしてヨーロッパ文明の多様性の主張のなかから、フランスはヨーロッパ文明の中心であり原動力であった、というフランス中華思想が、何のためらいもなく姿を現す。おそらくそこには、フィヒテが『ドイツ国民に告ぐ』のなかでゲルマン民族の優越を説くに至ったのに類似した状況（当時のドイツがナポレオンの支配下にあったのに対し、この時期のフランスは王政復古期で、いわばヨーロッパの諸王の支配下にあった）が多少とも作用していたであろう。だがギゾーにとって、フランスがヨーロッパ文明の中心であることは、まぎれもない歴史的事実であり、フランスがフランス革命という歴史的大事業を実現させたことがその最終的な証明であった。その点ではギゾーはコンドルセを受けついでいる。中華思想は、ギゾーの偏見や当時の思想的政治的状況よりも、「文明」の概念自体のなかに仕掛けられていたことに注目すべきであろう（ギゾーは翌一八二九年の講義に「フランスにおける文明史」のテーマを選んで、ヨーロッパ文明の原動力となるべき国民性の分析にとりかかる。「ヨーロッパ文明史」よりも「フランス文明史」のなかにヨーロッパ諸国の国民性の比較論が強調されているのは興味深い）。

最後に、ギゾーの文明論の特色としてその国民的な性格を指摘しておきたい。ギゾーは「国民」や「国家」の語を無前提で文明論に導入している。ギゾーにとって「文明」とは「国民」の生活のすべてを統括するものであった。ギゾーは大河や大洋のイメージをかりて次のようにいう。「文明は大洋のようなものであって、それは国民の富をつくり、国民生活の一切の要素、その生存の一切の要素、その生存の一切の力が、その懐に集中してくるのであります」（七頁）。

ローマ帝国の崩壊からフランス革命にいたる文明史をたどることによって、ギゾーは結局は近代的な国民国家の形成をあとづけているのである。ギゾーによって歴史的必然として最終的に擁護されているのは、フランス革命であり、より正確には革命によって成立した第三身分、したがってブルジョアジーの権力の正統性であった。そのことはこの講義が行なわれた歴史的状況を考えてみればいっそう納得がゆくだろう。王政復古期の時代錯誤的な反動政治、とりわけ極右的なヴィレール内閣に対する手厳しい批判ゆえに一八二二年一〇月以来、大学の教壇から追放されていたギゾーは、一八二八年穏健なマルティニヤック内閣の成立とともにソルボンヌ大学への復帰が許される。『ヨーロッパ文明史』は復帰の第一声として、七月革命を二年後にひかえた熱狂的な聴衆を前にして行なわれた講義であった。『ヨーロッパ文明史』のキーワードを三つ選べば「進歩」「自由」「国民」となるだろう。この書物は「文明」の名によってブルジョア革命の正当化をめざしたものであった。後に福沢諭吉が自己の「文明」概念のよりどころとして、バックルの『イギリス文明史』とともにギゾーの『ヨーロッパ文明史』を選んだのは、実に適切な選択であった。なお『ヨーロッパ文明史』には、「文化」の語はまったく使われていない。

人類学者の観点

クローバーとクラックホーンは、ドイツにおける文化概念の歴史を、(1)一八世紀（一七七九－一八〇二）、(2)カントからヘーゲルへ、(3)一八五〇年以降、の三段階に分けて考察している（『文化——概念と定義の批判的検討』第一部、六－一〇章）。

第一期は、ヘルダーの『人類の歴史哲学の構想』（一七八四－九一）によって代表される時期であるが、他にアーデルング『人類文化の歴史にかんする試論』（一七八二）、マイナース『人類史概説』（一七八五）、イエーニッシュ『進化する総体としてみた人類の発展の普遍史的概説』（一八〇一）、などが引用されている。著者によれば、この時期の文化概念は一般的には、個人的な修養や習俗の改良を意味するものであるが、民族誌的な多様性に対する関心が先行して、歴史的な進歩の観念は抑制されている。そこに現れた比較に対する関心や相対主義的傾向は、後のクレムや文化の現代的な意味を予想させるものであった。

第二期（一八〇〇年前後の一〇年間）にかんしては、カントの『人間学』（一七九八）や『純粋理性批判』（一七八一）からいくつかの文化の定義が引用されている他は、ヘーゲル、フィヒテ、ゲーテ、シラー、レッシングなどについてはごく簡単な言及にとどめられる。ヘーゲルが『歴史哲学』のなかで文化という語を一度も使用しなかった（文明は一度のみ）という事実が示すように、「文化」に対する関心が次第にうすれ、「精神」に、したがって「民族」から「人類」に移った潮流であるとして、クローバーとクラックホーンのこの時期にかんする評価はきわめて低い。

第三期は一八五〇年以降と記されているが、一九三〇年代までを視野に入れているようである。著者はこの時期の特徴をはじめに次のように要約している。「一八五〇年頃から始まる第三の趨勢は、専門的なサークルだけでなく、一般の知識人の間においても文化が次第に現代的な意味を持つようになった時期である。その先導者のうちには民族誌学者のクレムや文化史家のブルクハルトがいた。そして、その発展段階で新カント派のリッケルトやシュペングラーのような特色のある人物が加わった」（三〇 - 三一頁）。

クローバーとクラックホーンは、ヘーゲル哲学の終りとドイツにおける文化概念の普及を結びつけて考えている。一八五〇年以後ドイツでは文化の優勢が決定的となり、仏英における文明概念の優位と明らかなコントラストを示すようになる。文化は人類学者よりもむしろ哲学者、歴史学者、文学者などによって熱心に論じられた。それはまたCulturからKulturへの転換の時代といってもよいであろう。そうした動向を示すものとして、クローバーとクラックホーンは次のような書物のリストを作っている。

クレム『人類文化史総説』（一八四三 - 五二）
　『一般文化科学』（一八五四 - 五五）
ブルックハルト『イタリアにおけるルネサンス文化』（一八六〇）
ヘルヴァルト『現在までの自然の発達における文化』（一八七五）
ヨードル『文化史』（一八七八）
リッペルト『人類の文化』（一八八六）
リッケルト『文化科学と自然科学』（一八九八）

フロベニウス『文化の諸問題』(一八九九)
ランプレヒト『文化史の方法』(一九〇〇)
フィーアカント『文化変遷における恒常性』(一九〇八)
ミュラー＝リュアー『文化の諸相』(一九〇八)
フロベニウス『西スーダンの文化の型』(一九一〇)
プロイス『自然民族の精神文化』(一九一四)
レーデラー『文化社会学の課題』(一九二三)
シュバルベ、フィッシャー編『現在の文化』第三部五節「人類学」(一九二三)
ジンメル『文化の哲学』(一九二三)
シュミット、コッペルス『民族と文化』第一巻(一九二四)
ボン『合衆国の文化』(一九三〇)
デューラー『中世の文化』(一九三一)
フロベニウス『アフリカ文化史』(一九三三)
トルンヴァルト『国家と文化の生成、変遷、および形成』(一九三五)

　右のリストはもちろん網羅的なものではなく、表題に「文化」の語を含む著作のなかで注目すべきものが年代順に並べられていると考えてよいであろう。一見していくつかの重要な著作の脱落が気にかかる。そのうちテンニエスの『ゲマインシャフトとゲゼルシャフト』（一八八七）やアルフレート・ヴェーバーの文化社会学にかんする著作にかんしてはすでに前章（第五章「ドイツにおける文明と文化の区別の試み」）で扱われている。またニーチェの著作が見えないのは、この著者にとってニーチェはシュペングラーに与えた影響を別とすれば、ほとんど関心の対象になりえなかったからであろう。だがこの不完全なリストだけでも、われわれは一八五〇年以後のドイツにおいては、「文化」の概念を中枢にして、人類学、文化史、文化科学、あるいは文化社会学、等々のさまざまの系統の学問が生れ展開していった様を思い描くことができる。ヨーロッパにおけるドイツの遅れとドイツ的貧困を一挙にとりもどそうとするかのような動きは壮観であり、それが「文化」への熱狂を共有している点に注目すれば、異様でもある（とりわけこのリストの最後に「文化的な高さは人種によって決定される」と主張するヒトラー『わが闘争』を置いてみれば）。

　クローバーとクラックホーンの概観は、人類学者の見方の長所と短所をはっきりと示している。彼らの目的は文化概念の現代的な人類学への道筋をたどることにあったから、タイラー以前とタイラー以後、そしてその二つの段階の中間にあって両者を結びつけたクレムの文化概念の分析（第九章）に重点が置かれている。タイラー以後の、とりわけアメリカに渡って相対主義的な観点を獲得した人類学からふりかえるとき、一八世紀の、啓蒙主義と明確な断絶を示す以前の文化概念の豊かさがあらためて注意をひくことになるのは興味深い。また一九世紀後半の文化概念は、その背後にあった民族主義や国民統合への熱狂と切り離されて上澄み液か透明な結晶の部分だけが取り入れられる。

ここで文化概念の歴史の節目になったと思われる文化の定義と、クローバーとクラックホーン自身の結論ともいうべき定義とを並べてみよう。

『文化――概念と定義の批判的検討』の著者は、ヘルダーにかんしては『人類の歴史哲学の構想』から文化についての数多くの引用文を列挙したあとで、現代の人類学における文化概念にもっとも近いものとして、文化という文字の使われていない次の文章をあげている。「動物は人間が持っているようには言語を所有しない。文字、伝統、宗教、特定の掟や法はなおさらである。結局、動物はそれによって人間のひとりひとりが特徴づけられる、教養、衣服、住居、芸術、独自な生活の仕方、自由な欲求や気ままな意見さえも持つことができない」。

クレムにかんしては『人類文化史総説』の意図を述べた部分がまず引用されている。「私の目指したのは、人類がその最も粗野な……最初の段階から有機的な民族集団を組織するに至るゆるやかな発展を、そのあらゆる点において、すなわち習俗、知識、技能、平時や戦時における公私の生活、宗教、科学および芸術について調査し確定することである」。タイラーにかんしては『原始文化』の冒頭の有名な文化および文明の定義。「文化あるいは文明とは、その広い民族誌的な意味において、知識、信仰、芸術、法律、慣習、その他、およそ人間が社会の成員として獲得した能力や習性を含む複合的全体である」。

これらの古い定義に対し、あらゆる定義を検討した後にクローバーとクラックホーンが提案した文化の定義は次のとおりである。

文化は、シンボルによって獲得され伝達される行動の、または行動のための様式《パターン》から成り、人間の諸集団の特有の業績を構成し、人工物として具体化されたものを含んでいる。したがって文化の本質的な核心は、伝統的な（すなわち歴史に由来し、歴史的に選択された）諸観念、とりわけその諸観念に付着した諸価値から成る（六六頁）。

右の定義は著者の個人的な見解というよりはさまざまな定義を集約して得られるコンセンサスにもっとも近いものとして出されている。基本的にはタイラーの包括的な定義（「複合的全体」）を受けついでいるが、生活様式ではなく観念＝価値の体系を中心にすえたところに、おそらく著者たちの主張が認められよう。冒頭に用いられるシンボルという用語は、この観念の語を用意しているが、同時にシュナイダーやギアツによって後に展開される文化を象徴体系としてとらえる立場を予想させる。だがその結果として右の定義には、文化を自然との対照あるいは自然に対する適応としてとらえる観点は隠されている。ここで伝統や歴史性が強調されるのは、ドイツにおける伝統的な文化概念に由来するものであろうが、この視点からは後に構造主義の人類学によって強調される共時性の問題は見えにくい。……

こうして検討を続けてゆけば、一定の時代にコンセンサスと見えたものもたちまちに崩壊してゆくだろう。そのことは文化の定義とは一つの立場の表明であって、一般的な定義はありえないことを改めてわれわれに考えさせるであろう。だがわれわれがここでさらに問題にしたいのは、このような文化の定義の系列にあらわれている、いわば人類学的思考の方向性とでもいうべきものである。まず文化と文明の問題がある。人類学、あるいは文化人類学は、タイラーの定義にあるためらい（「文化あるいは文明」）から脱して「文明」を放逐したところから出発したといってもよいであろう。そのことは人類の普遍性よりは差異と個別性を、未来（進歩）よりは過去（未開）へのより強い関心を意味するだろう。

クローバーとクラックホーンによる文化概念の歴史の特徴の一つは、ドイツ・ロマン主義（したがってフランス革命）にかんする関心の欠如である。フランス革命はドイツにおける政治的、思想的な状況に大きな衝撃を与えることによって、ドイツの「文化」概念に根本的な変化をもたらした。フランス革命の進展に応じてドイツの思想界がどれほど大きな変化をみせたかは、例えばフィヒテの『フランス革命論』（一七九三）から『ドイツ国民に告ぐ』（一八〇七‐〇八）への変貌をたどることによっても明らかであるが、より広くドイツ・ロマン主義の形成といった角度から論じることができるであろう。ドイツ・ロマン主義はフランス革命に対する素早い反応（基本的には反革命）であるが、この運動の中核をなしていたのは、まさしくドイツ的な「文化」概念の形成であり、「文化」概念と結合した「国民‐国家」概念の形成であった。フリードリッヒ・マイネッケはノヴァーリスの「あらゆる文化は、一人の人間の国家にたいする関係から生じる」という言葉を引用している（『世界市民主義と国民国家』I、第四章）。ドイツの文化概念は、ロマン主義を経過することによって、啓蒙主義から反啓蒙主義へ、合理主義から神秘主義へ、世界市民主義からナショナリズムへの大転換を行なったのである。そしてドイツにおけるこの動きは、フランスの「文明」概念がその拡大主義的、帝国主義的な方向性をあらわにするのと対応していた。フランス革命の末期には、「文明」はすでに先進国の国家イデオロギー（ナポレオン）の特色を示し、「文化」は後進国の反動的な国家イデオロギー的な特色を現しはじめている。国家による「文化」と「文明」の対抗概念としての方向づけは、革命末期からロマン主義の時代にかけてほぼ決定されたとみてよいであろう。

人類学的な文化概念の特色の一つは、こうして国家のイデオロギーとして出現した文化概念から国家の枠組みをはずすところにあった。それは人類学を科学として成立させるために必要な手続きであったが、その反面として文化概念が内包している国家イデオロギー的な側面に対する感度を鈍くするという結果をもたらした。クローバーとクラックホーンは、ドイツにおける文化概念の形成を一八五〇年以前と以後に区分したが、この区分に例えばマイネッケの「文化国民」から「国家国民」へという図式を重ね合わせることによって、われわれは文化についてのより立体的なイメージを獲得することができるだろう。私は文化と文明という対抗的な概念のあいだにドイツ・ロマン主義を位置づける作業をすでに別の機会に行なっているので（「フランス革命とロマン主義」宇佐美斉編『フランス・ロマン主義と現代』筑摩書房、所収）、ここではこの問題にかんするフィンケルクロートの文章を引用するだけにとどめておきたい。

　昔から、というより正確にはプラトンからヴォルテールにいたるまで、人間の多様性は普遍的価値の裁く法廷に出頭してきた。それをヘルダーがやって来て、多様性の司る法廷にあらゆる普遍的価値を裁かせたのである。

　一七七四年にはヘルダーは一匹狼で、啓蒙思想が——とりわけフリードリヒⅡ世のプロシアでは——一世を風靡していた。民族精神の観念が真の飛躍を見るには、イエナの敗北とナポレオンによる占領をまたなければならない。多くの公国に分裂していたドイツは、フランスの征服に直面してみずからの一体性の意味を悟る。集合的アイデンティティーの昂揚が、軍事的敗北およびその代価としての恥ずべき服従の代償となる。国民はいままさに被っている屈辱を、みずからの文化の目も覚めるような発見で埋め合わせたのである。無力を忘れるために、人々はドイツへの熱狂になだれこむ。フランスがみずからの制覇を正当化するために掲げる普遍的価値は、ドイツの特異性の名のもとに斥けられる。そして詩人や法律家が、先祖伝来のゲルマン性を確証してみせる。法律家は、伝統的な紛争解決、習慣法、道徳律、さらには諺を、国民精神の密やかな無意識の作用の結実であるとし、集合的作品であるドイツ法の基礎をなすものとして称揚する役目を果たす。そして詩人は、この国民の精髄を外来思想の浸透から守り、ラテン語起源のドイツ語を他の純粋なゲルマン語に置き換えて国語を浄化し、民衆歌謡の中に埋もれた宝を発掘し、みずからの詩作においても、新鮮で無垢で完全な状態にある民話にすすんで範をとる。そこでは、民衆の個性がまだいっさいの接触に損なわれぬまま一体となって表明されているからだ（『思考の敗北あるいは文化のパラドクス』河出書房新社、一七－一八頁）。

補論──整理のためのノート

以上、対抗概念としての文明と文化について、さまざまな角度からの考察を続けてきた。私の論議の意図は文明と文化の概念のイデオロギー性とその成立基盤を問うことであって、より完全な一つの定義を求めることでないことは、すでにおわかりいただけたと思う。だがこのままでは混迷のままに取り残されたという印象をもたれる読者がいるかもしれない。最後に、文化と文明の定義、あるいは両者の対抗関係を考える場合のいくつかの型を図示して考え方の整理を試みておきたい。

図6は、文明と文化の対抗的な性格と対照的な位置づけを、普遍と個別、精神と物質という二つの軸によって示したものである。文明にかんしてはその普遍性と物質性を強調し、文化にかんしては逆にその個別性と精神性を強調するのが、現在の一般的な傾向であろう。だが歴史的に見れば、一八世紀におけるフランスの文明とドイツの文化がほぼ同義であったこと（ミラボーとカント）、ドイツにおいても文明と文化が入れ代わってまったく逆の位置づけが行なわれた場合（すなわち文化の物質性と文明の精神性の強調）があり（クローバーとクラックホーンは、フンボルト、シェフレ、バルト等について論じている）、またフランスでは、ほとんど二〇世紀の初頭にいたるまで文明が包括的な価値を表しており、「文化」はドイツ思想の影響（例えばニーチェ――モラース）として以外はほとんどフランス人の視野に入っていなかったことを知っておく必要があるだろう。テンニエスのゲマインシャフト＝文化、ゲゼルシャフト＝文明という考え方は、その対抗性を強調すれば図6のヴァリエーションとみなすことができるが、文化から文明への移行に焦点をおけば図7に属することになる。

図7は、人類史の過程のなかに文化と文明を位置づける考え方。コンドルセのような人類

の完成可能性を文明に結びつける進歩史観や、逆にルソーやシュペングラーのように文明を堕落・衰退と見る史観の双方を含む。この図式では野蛮（未開）と文明、農村と都市の対比が重要になる。トインビーやバグビーの比較文明論はこの系譜のなかで考えることができる。梅棹忠夫や上山春平の文明論もこの類型に属するものと考えてよいだろう。上山氏は最近の著作（『日本文明史 1――日本文明史の構想』角川書店）のなかで「文化」と「文明」の用語規定についてくわしく論じているが、「文明とは、ある水準以上に発達した社会における広範

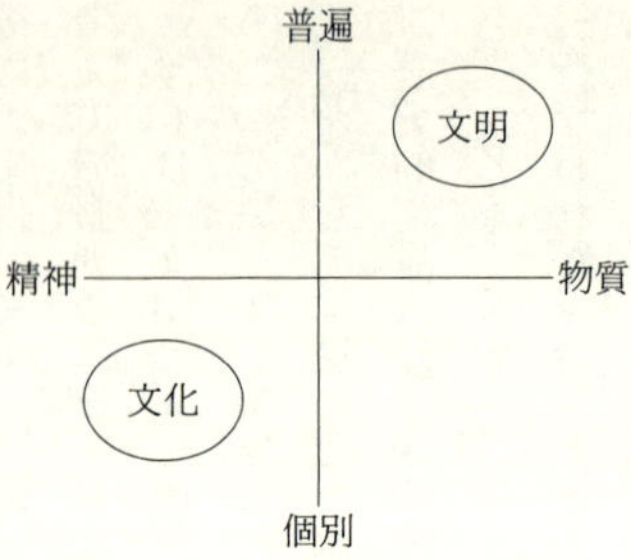

図6

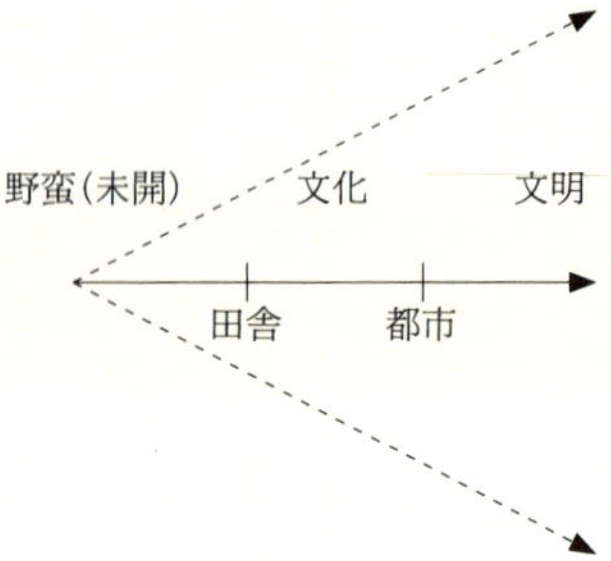

図7

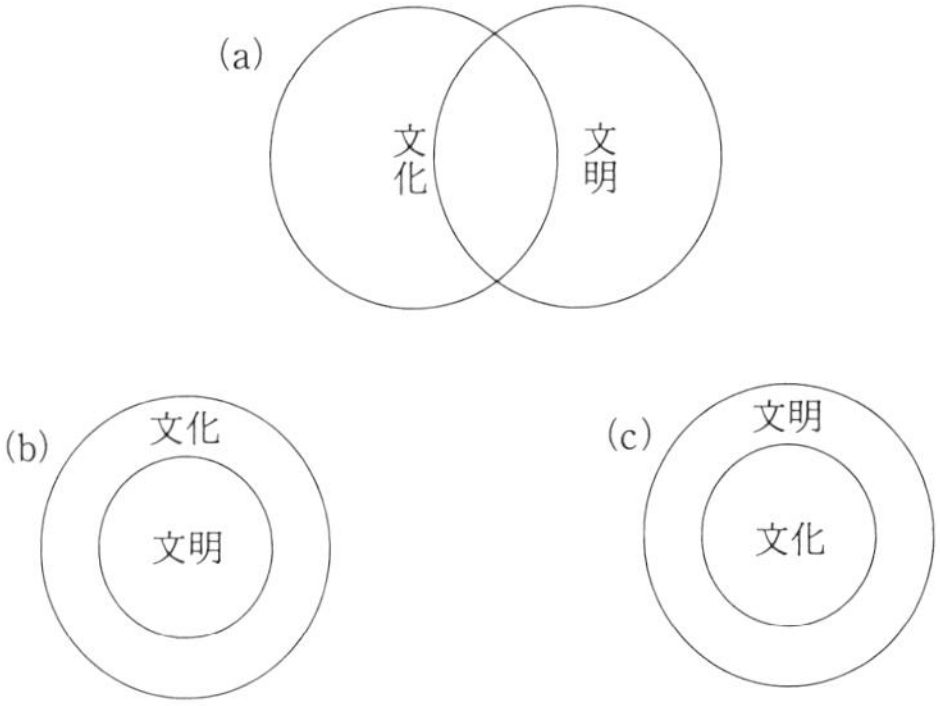

図8

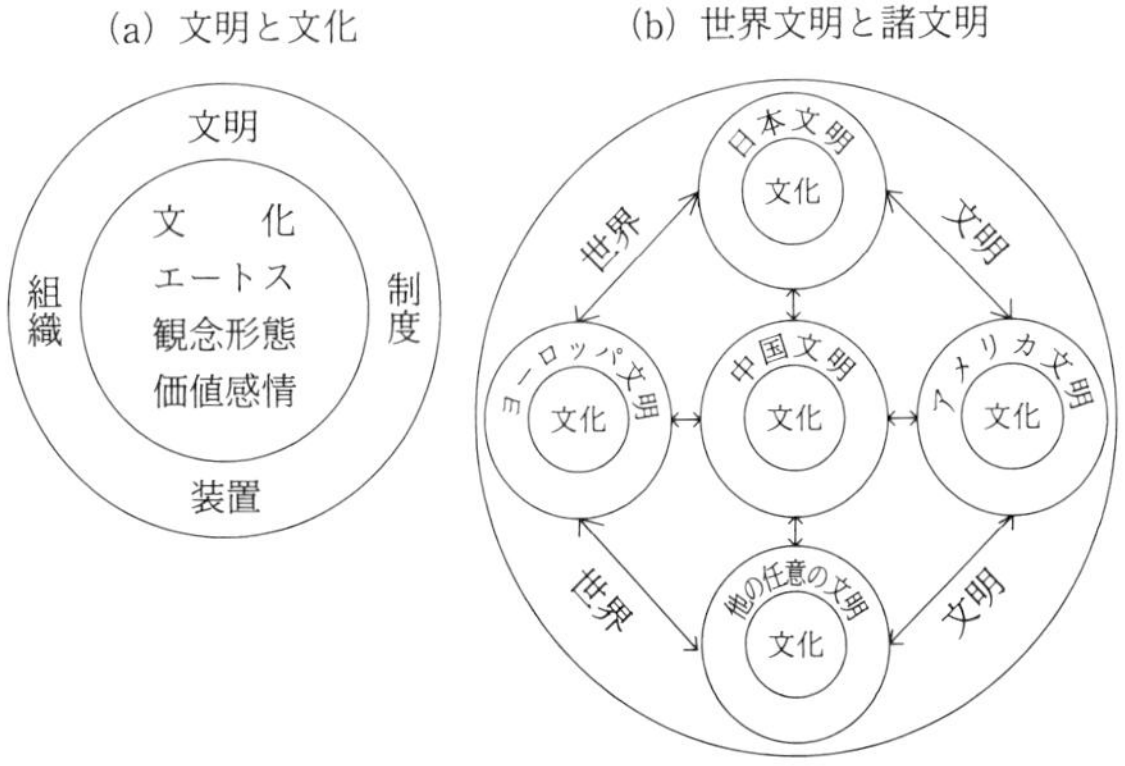

図9
伊東俊太郎「世界文明と地域文化」(『比較文明』第6号, 1990年, 7頁)

囲に及ぶ共通な文化である」（七八頁）という要約が示すように、基本的には人類発展の歴史過程における位置づけである。

図8は、文明と文化を、範囲あるいは領域のちがいとして考えようとする場合を示す。図6に属するような定義の仕方も、領域のちがいとして解釈すれば(a)のように図示することができるであろう。これも現在広く通用している考え方であるが、つねに重なる曖昧な部分が出てきて、二つの領域を明確に区別することはできない。(b)は、文明を文化のなかの一部分とする考え方。例えばシュペングラーの文化論を領域の観点から見れば、このように図示することも可能であろう。もっともシュペングラーにおいて文明は文化の堕落形態であるが、逆に文明を肉体、文化を魂とするような考え方もこのような図式になるだろう。(c)は文化が文明のなかに包摂されるとする立場。これは(b)よりも一般的であって、例えばダニエル・ベルの文化論をここに入れることができるだろう（「文化はわれわれの文明の構成部分のなかで、もっともダイナミックなものとなった」『資本主義の文化的矛盾』上、七七頁）。現在の比較文明論はベルとは逆に文明の役割に関心を集中させているが、文明のなかに文化を位置づける点では同じ類型に属するだろう。これにかんしては最近、伊藤俊太郎氏がより精緻な考察を発表されている（図9）。アルフレート・ヴェーバーの『文化社会学』における「社会過程」「文明過

程」「文化運動」の区分にかんしてはまた別の図表を作らなければならないだろう。「社会的事実」と「文化的事実」の関係はフランスではデュルケム以来の問題であるし、歴史学者のブローデルも「社会」と「文明」の区分に苦慮している（『諸文明の文法』）が、ここでは省略したい。

7——日本での受容——翻訳語としての文明と文化

文明開化ノ解

ヨーロッパにおける文明と文化の概念の形成史をたどる以上の論考のなかで、私はとりわけ次の三点を強調してきた。

(1)文明と文化は一八世紀後半に使われるようになった新語であり、ヨーロッパにおける国民国家の形成に深いかかわりをもっている。

(2)文明と文化は対抗的な概念であり、文明の概念はとりわけフランスとイギリスにおいて、文化の概念はとりわけドイツにおいて発達した。文明はヨーロッパにおける先進国の意識を、文化は後進国の意識を映している。

(3)文明と文化の概念は、非ヨーロッパ世界に対しては、西欧の自己意識、すなわち対をなす一組の西欧的価値観を表明している。西欧は世界を文明あるいは文化の名において裁き判断する。

ところでわれわれ日本人は現在、「文明」や「文化」を、使いなれた言葉として、何のこだわりもなく使っているが、いうまでもなくこの二つの言葉は翻訳語である。しかも「文明」は civilisation または civilization の訳語であり、「文化」は culture または Kultur の訳語であるばかりでなく、この二つの言葉自体が中国の古典である『易経』や『書経』などから借用した言葉であった。したがって現在われわれが使っている「文明」と「文化」の文字には、日本の近代化のドラマがひめられているだけでなく、日中関係の一〇〇〇年をこえる長い歴史の記憶が刻まれている。

この事実はまた、西欧における「文明」や「文化」の概念と日本における「文明」や「文化」の概念が必ずしも厳密には一致しないことを予想させる。例えば漢和辞典や国語辞典には、「文明」の古典的な意味は、「文徳の輝くこと」「世の中が開け、人知の明らかなこと」等々であり、出典としては『書経』の「濬哲《しゅんてつ》文明」や『易経』の「天下文明」などがあげられている。「文明」はまた室町時代、後土御門天皇の代の年号（一四六九‐八七）であった。したがって「文明」は高貴な言葉であったが、漢文の読めるわが国の知識人のほとんどすべてがその本来の意味を知っていた言葉である。明治初期にはいぜんとして「ミゴトナルコト」（『新令字解』明治一）、「アザヤカニミゴトナルコト」（『日誌必要御布令字引』明治一）といった意味で使われていたこの言葉を、civitas や civis といったギリシア・ローマの古代都市や市民生活に起源をもち近代西欧の自己意識と価値観の表明であった civilisation の訳語として用いたとき、文明と civilisation のあいだには意味上の大きなひらきがあったことは容易に想像できるだろう。

「文化」についても事態は同じであった。「文化」の古典的な意味は、「文徳によって教化すること」であって出典としては、『説苑』の「文化不レ改、然後加レ誅」、『易経』『後漢書』その他からの引用があげられている。「文化」もまた年号（光格天皇－仁孝天皇、一八〇四－一八）として用いられたが、こちらはすでに江戸の後期、外国船が長崎や樺太に出没する時代であった。古代中国の政治理念と江戸の爛熟期の記憶がいまだ鮮明であった「文化」という言葉が、農耕（cultura）に起源をもち、古代ローマ（セネカ）以来の個人的な修養の歴史と西欧における後進国の自己主張をひめた culture（Kultur）という言葉に出会ったとき、そこに何が起こったかを想像することはきわめて興味深い。いずれにせよ、日本と西欧の出会い、日本の近代化の歴史は、この civilisation と「文明」、culture と「文化」のあいだの距離を埋め、あるいはこの二つの言葉に独自の解釈を加えることから成る、「文明」と「文化」のいわば定義と再定義の歴史であった。

一九世紀後半、とりわけ明治の前半期は、文明＝civilisation の支配的な時代であった。もっとも civilisation, civilization の訳語として、必ずしも「文明」や「文明開化」（あるいは「開化」）のみが使われたわけではない。例えば福沢諭吉は早くから civilization の訳語に「文明」の語をあてていた（例えば『西洋事情』外編巻之一、慶応四〔一八六八〕）が、一般に civilization の訳語として「文化」をあてることは、明治期のかなり後半に至るまで行なわれていた（『明治のことば辞典』には『学校用英和字典』明治一八、『漢英対照いろは辞典』明治二一、『和英大辞典』明治二九、『和仏大辞典』明治三七、などの例があげられている）。「文明開化」の意味で「文化」を用いることもかなり一般化していた。また西周の『百学連環』（一八七〇年の講義録）のように、「文明」ではなく「文化」（時には「文華」）が主として使われており、そのうちのいくつかは古典的な用法であるが、現在の「文化」とほとんど同じ意味で用いられている場合もある。例えば、「数学上の地理学」「物理上の地理学」に対する「政学上の地理学」にかんして述べる次の文章に含まれた「文化」は、今日の用法とほとんど変わらない。

「第三　政学上の地理学とは、総て人の作せる所に係はるものなり。第一其国々の経界及ひ政体を論し、其他風俗、人種、教法、文化、人口、疾病、産業、稼穡、兵備、貿易、輸出、輸入、財政等の如きを悉く論し、なほ其他古来の沿革を論す」（『百学連環第一編』西周全集Ｉ、八三頁）。

だが「文学」や「言語」にかんする記述に頻出する「文化」（例えば四七－四八、九五頁）、あるいは「漢土は古昔より文化大に開けたる国なるか故に……」（九六頁）といった使い方は古典的な用法に近い印象をうける。また「然れとも各国の文化未夕開けさる以前のことにして、方今の如き文化開くるに至りては必しも詩を以て文章に先立つへからす」（一〇〇頁）のように「開く」という文字とともに用いられる例が多く、この場合は「文明開化」にきわめて近い。civilization に「開化」という訳語の付してある例（四九頁）はあるが、「文化」と記された場合にそれがはたして culture に対応しているのか否かを判断する材料がない。同じ文章が筆記者によって一方では「文化」、他方では「文学」「文事」と記されている場合（例えば一七－一八頁と四六－四八頁）もあり、また第二編になると「近来西洋文明の国は……」（二四七頁）というように「文明」が現れる。『百学連環』は用語法が定まる以前のいまだ混沌とした摸索の状態を表しているようである。また講義の筆記者は必ずしも西周の意図を正確に写しているとはかぎらないだろう。

このように civilization の訳語を「文明」とするか「文化」とするかについては、ごく短い期間ではあるが、とまどいと躊躇の時期があり、明治七年から八年にかけて出された『明六雑誌』を見ても、西周、福沢諭吉、箕作秋坪、森有礼などは「文明」を使うのに対して津田真道は「文明」も使うが、どちらかといえば「文化」に執着している（「文化ノ未ダ開進セザルヤ……」「西洋ノ文化ハ源ヲ天竺ニ発シ……」「米ノ文化ハ……」等々）。これにはすでに一般化している文明開化の省略語として文明と文化のどちらが適当であるかといった問題もあるが、もともと文明と文化の語義が近すぎて概念的に区別しにくいという事情があったように思われる。いずれにせよ、civilization の訳語として「文明」が勝利をおさめて後、「文化」は culture の訳語として定着したのであって、「文明」と「文化」の概念が厳密に検討された結果として用語法が決定されたのではないだろう。一度選ばれた訳語としての「文明」や「文化」にいかにして西欧の civilization と culture の新しい意味を導入するかが問題であった。しかしそれだからといって「文化」や「文明」の古典的な意味がまったく忘れ去られるわけではない。そうした経緯は、わが国における文明と文化の概念の曖昧さや用語法の混乱となって現在にまで至っている。

明治初期における「文明」＝civilization 理解のおそらくもっとも見事な例は、福沢諭吉を別とすれば、西村茂樹が『明六雑誌』に発表した「文明開化ノ解」であろう。この文章は、

「西語十二解」の第一（第二は「自主自由解」、第三は「権理解」であるがその後は続かない）として第三六号（明治八年五月）に発表される。西村はまず「シヴヰリゼーション」の中国における訳語（「礼儀ニ進ム」）や語源であるラテン語の語義から、田舎人とは異なる都会人の社交性の特色をとりだし、それを「人柄ノヨキコト」という日常語に訳しなおしている。西村はさらにミルやギゾーの名をあげて、「シヴヰリゼーション」が「野蛮」の反対概念であること、この語には「進歩」と「開発」の含意があることなどを述べ、文明開化が社会全体（「仲間の交際」）と個々人の双方の「安昌幸福」に至る道であることを強調している。――その冒頭の部分を引用しておこう。

○文明開化ノ解

文明開化トハ英国ノ語ニテ「シヴヰリゼーション」ト云ヘル語ノ訳ナリ。支那人ハ此語ヲ訳シテ礼儀ニ進ムト為ス。我邦ノ俗語ニ訳スレバ、人柄ノヨクナルト云フコトナリ。「シヴヰリゼーション」トハモト拉丁ノ「シヴヰス」ト云フ語ヨリ出タリト云フ。「シヴヰス」トハ都府ニ住スル人ト云フ義ナリ。何故ニ都人ト云フ語ヨリ転ジテ、人柄ノヨキト云フコトニナルカトナラバ、総テ都府ニ住スル人ハ田舎ニ住ム人ニ比スレバ、其智識モ開ケ風俗モヨク、身持モ上品ニアル故ニ、都人ノ義転ジテ人柄ノヨキト云フヿニナリシト見エタリ。今「シヴヰリゼーション」ノ字ヲ拈出シテ其ノ義ヲ考フルニ、余輩ハ決シテ人民ノ威勢ヤ力量ヤ富貴ノコトニハ考ヘ到ラズ、唯人民ノ人柄ト人間相互ノ交際ノコトニノミ考ヘ到ルナリ。英国ノ名高キ学士ミルノ言ニ、スベテ人間一身ノ身持ノ上ヨリ之ヲ言フモ、仲間ノ交際ノ上ヨリ之ヲ言フモ、「シヴヰリゼーション」ハ「サベージ」（野蛮）ノ反対ナリトアリ。又法蘭西ノ学士ギゾーノ説ニ、「シヴヰリゼーション」ノ本来ノ意味ニハ進歩及ビ開発ノ義アリ、故ニ一身ノ身持仲間ノ交際共ニ進ンデ十分ノ地位ニ至リタルヲ称シテ「シヴヰリゼーション」ト云フベシトアリ。一身ノ身持ト云フ中ニハ、知識行誼仁心愛好才能道味ノ開発上進ノ意ヲ含ミ居ルコトナリ。右両学士ノ言ニ拠テ見レバ、「シヴヰリゼーション」ハ二条ノ路上ニ其形ヲ顕ス者ニテ、一ハ仲間ノ交際ノ上ニ顕ハレ、一ハ一身ノ身持ノ上ニ顕ハル、者ナリ。猶委ク其義ヲ言ヘバ、一ハ交際ノ品位段々ニ進ミテ其全体尽ク安昌幸福ヲ受ルコト、二ハ人民各個ノ品位段々ニ進ミテ同ク安昌幸福ヲ受ルコト是ナリ。

幕末から明治初期にかけて、新しい観念である西欧的な文明（civilization）を理解するための鍵言葉は「礼儀」と「交際」であった。すでに述べたように西欧の文明概念は宮廷における礼儀作法と深いかかわりをもっていたから、文明を礼儀でとらえるのは正解というべきであろう。西欧的なものと中国的なもの、あるいは日本の伝統的な道徳が「礼儀」という既存の一語によって結びつけられたのであった。他方、「交際」の語には、既成の観念体系には存在しない新しい観念をとらえようとするときの苦心の跡が読みとれる。「社会」という概念と用語が定着する以前に、日本の知識人は、「交際」という現在では私的な領域に限定されてしまった用語を用いて、西欧社会と国際関係の特色をとらえようとしたのであった。ギゾーが強調しているように西欧的「文明」概念の核心に「社交性」があったとすれば、これもまた正解である。むしろ「社会」が確立することによって「交際」が追放されたとき、日本人の社会認識に重要なものが欠落したことを悲しむべきだろう。西村は右の文章のなかで、文明という語からはけっして人民の威勢や力量や富貴のことに思い到らず、「唯人民ノ人柄ト人間相互ノ交際ノコトニノミ考へ到ルナリ」と書いているが、そこには富国強兵が文明の支配的な概念となる以前の、たしかな文明認識が認められる。

文明概念にかんする第三の鍵言葉は「品位」である。西村は右の文章に続いて次のように書いている。

人民各個ノ身ト交際ノ全体ト並ンデ其品位ヲ進メザレバ「シヴヰリゼーション」ト名クルコト能ハズ。縦令国民挙テ富饒ニ赴クト雖ドモ、其民ノ智識少シモ進マザル時ハ、其富饒ヲ得シ所以ノ根原甚不明瞭ニシテ、其富饒ト云フ者モ亦恃ムニ足ラザルナリ。然レバ「シヴヰリゼーション」ハ交際ノ全体ト人民一身ノ上トニ顕ハル、ト雖ドモ、其本ハ人民一身ノ品位ヲ高クスルニ在テ、推シテ交際全体ノ上ニ及ボス者ナリ。

では「人民一身ノ品位ヲ高クスル」にはどのような方法が考えられるか。西村は「良善なる教育」以外にないと答えている。「教育ハ其始ハ良善ナル交際ヨリ起リ、更ニ其力ヲ以テ人民開化ノ度ヲ進メ、交際ノ状ヲシテ益完美ニ至ラシムベキノ一大良法ニシテ……」。この教育は当然、国民教育となるべきものであろうが、その具体的なイメージはここではまだ記されていない。

ところでこのような文明の理念は西欧諸国にのみ固有のものであろうか。この問題に対する西村の回答は必ずしも明快とはいえない。西村は、非ヨーロッパの国民を野蛮あるいは半開とみなすヨーロッパの諸国民の自負を、批判的な筆致で指摘しながらも、以上のような文明概念に従うかぎりでは、世界中でもっとも開化しているのはヨーロッパの民であると認めざるをえない、と記す。だが西村はその後でただちに言葉をついで次のように述べる。

欧羅巴ノ民ト、欧羅巴ヨリ分レ出タル民トノ開化セル根本ヲ尋ルニ、蓋二個ノ原質ヨリ出タル者ナリ。其一ハ基督ノ教法ナリ。其二ハ羅馬ノ強大ナリシ時ノ交際ノ有様ナリ。其後籍土ノ法制諸国ニ行ハル、ニ及ビ交際ノ状更ニ一歩ヲ進メ、其功験モ亦大ニ見ルベキ者アリ。支那、印度、亜刺伯等ノ民ノ交際ノ根元ヲ考フルニ、全ク欧羅巴ノ民ノ交際ト其根元ヲ異ニスル者ナレバ、其開化ノ状欧羅巴ノ民ト大ニ其形ヲ異ニスルハ亦理ノ当ニ然ルベキ所ナリ。

西欧的な開化の根本を、キリスト教とローマ帝国の二つに見た西村は、それとは別の原理によって「民ノ交際」が成り立つ非ヨーロッパ諸国の開化は、また別の形態をとって当然ではないかと問う。こうした発想が可能なのは、西村がそれに続く文章に述べているように、人類世界の歴史はつねにイニシアチヴを取る国があって、それが時代的地域的に交換してゆくというランケ＝シュペングラー的世界史観（西村はたんに「一ニ西哲ノ言ニ拠テ其義ヲ敷衍スルノミ」と記している）を知っていたからであろう。明治の初期にむしろ文明化＝西欧化ではない文明論の視点がありえたことは注目に値する。

西村茂樹の「文明開化ノ解」は明治初期の文明理解のすぐれた例ではあるが、これによって明治期の文明概念を代表させるわけにはいかない。西欧世界は日本人の前に、まず「シヴィリゼーション」として姿を現したのであるが、それに対する日本人の反応は多様であった。少なくとも次の三つの流れは区別をする必要があるだろう。第一は明治政府と政府側の知識人の対応、第二は反政府、あるいは民間の知識人の反応、第三は農民や都市の住民の反応である。

岩倉使節団と福沢諭吉——文明論から脱亜論へ

日本の開国は文明概念をめぐって展開する。黒船は日本人にとって文明のシンボルであった。ペリー提督や最初のアメリカ大使ハリスもまた文明の代表という明確な意識をもって日本を訪れたのであった。彼らは国益のために日本を訪れたのであるが、彼らの大義名分は文明であった。同じことはアメリカに限らず、フランスやイギリスの代表についてもいえるであろう（もともと明治以前に日本を訪れた西欧人は、宣教師、商人、探検家、等々をとわず、スペイン人、フランス人、等々の国民意識よりはヨーロッパ人としての意識のほうが強かった）――これに対して明治政府は、とりわけ廃藩置県以後は強力な文明開化の政策をもって応じたことは改めていうまでもないだろう。

明治四（一八七一）年はヨーロッパではパリ・コミューンとドイツ帝国成立の年であるが、明治政府が次々に打ち出した開化政策を思いつくままに列挙してみよう。一八七一年――戸籍法制定、新貨条例公布、廃藩置県、散髪・制服・廃刀許可、「穢多・非人」の廃称、田畑勝手作許可、宗門人別帳廃止、遣欧（岩倉）使節団派遣、……。一八七二年――土地永代売買解禁、学制頒布、職業移住の自由、鉄道開通、富岡製糸場開業、人身売買禁止、太陽暦採用……。一八七三年――徴兵令公布、地租改正条例布告……。フランス革命の最初の五年間に匹敵する急激で根本的な改革が、この三、四年間に行なわれたのであるが、明治維新の場合はそれが「文明開化」の名のもとに行なわれたのであった。しかしながらこの時期の明治政府に十分に深められた明確な文明概念があったとは思われない。為政者の側に、世界の現状の認識と結びついて文明の明確なイメージが獲得されたのは、やはり岩倉使節団の派遣以後であろう。

明治四年一一月一二日、明治政府は岩倉具視を全権大使として、木戸孝允、伊藤博文、大久保利通、山口尚芳など、政府中枢の半ばを含む五〇人に近い大使節団をアメリカ、ヨーロッパに送り出す。この使節団には女子留学生五人を含む五九人の留学生が同行し、一二カ国を訪問して使節団の欧米滞在は一年一〇カ月に及ぶという、世界の歴史のなかでも類例をみない長期にわたる大規模な使節団の派遣であった。岩倉使節団の当初の主要な目的は不平等条約の改正にあったが、同時に条約を改正して世界の諸国と国交を確立するためには、日本を列強なみの近代国家として（したがって文明国として）変革しなければならないという認識があった。条約改正が思うように進行しないなかで、使節団の任務は欧米における近代国家の仕組の視察のほうに重点を移してゆく。使節団の使命と任務を記した「特命全権大使及副使に全権委任の国書」（明治四年一一月四日）には、そうした条約改定の意図とともに、次の一節があることは注目すべきであろう。

……従来ノ定約ヲ釐正セント欲スルト雖モ、我国ノ開化未タ洽カラス、政律モ亦従テ異レハ多少ノ時月ヲ費スニ非レハ其期望ヲ達スルニ能ハス、故ニ勉メテ開明各国ニ行ハルル諸方法ヲ択ヒ、之ヲ我国ニ施スニ適宜妥当ナルヲ采リ、漸次ニ政俗ヲ革メ同一致ナラシムコトヲ欲ス……。

大使節団派遣の背後には、近代的な国民国家の形成とは他の近代的な国民国家と同一の原理を共有することにほかならず、その共通の原理とは「文明」にほかならないという認識があった。ところでこの大使節団は、当時「文明」概念の支配的なアメリカ合衆国からイギリスを経てヨーロッパの大陸に入ったのであるが、そこではまさに「文明」と「文化」の闘いが「文化」の勝利によって終ったところであった。一八七〇年の普仏戦争の勝利がドイツにおいて「文化」の勝利としていかに熱狂的な反応を呼び起こしたかについては、ニーチェが『反時代的考察』(一八七三 - 七六) のなかできわめて辛辣な筆致で描きだしている。同じ事件がフランスでは「文明」の敗北として深刻に受けとめられた。フランス第三共和政の代表的なイデオローグであり「共和主義のカント」と呼ばれたシャルル・ルヌゥヴィエの主な役割は、フランスを敗北の傷手から立ちあがらせるために、「文明」概念の再構築を行なうことであった。ここでさらに注目すべきは、この「文明」に対する「文化」の勝利が、国民国家の世界的なシステムにおける一つの時期を画しているという事実である。プロイセンの勝利はドイツの統一(ドイツ帝国の成立)をもたらした。それより一年前、一八七〇年にイタリアの統一があり、さらに一八六八年の明治維新を加えるならば、第二次大戦の枢軸国はこのほとんど同じ時期に近代的な国民国家として登場したのであった。それは後進国型の国家の登場と同時に、一七八九年のフランス革命からほぼ八〇年を経て、世界の国家システムが一つの環を形成したことを意味する。一八七二年パリについでベルリンを訪れた岩倉使節団にそうしたヨーロッパの状況の深層が十分に理解されるはずもないが、使節の多くは、「文明」のフランスよりは「文化」のプロイセンに好感を抱いたようである。彼らが感銘をうけたビスマルクの演説とレアル・ポリティクは、そうした後発諸国の世界への参入の仕方を示すものであった。だが使節団にはまだ「文化」の概念はなく、彼らの「文化」とドイツ帝国への傾斜が具体的な形をとって現れるには、さらに十数年の時間を必要とするだろう。

帰国後、数年をへて出版された久米邦武の『米欧回覧実記』(明治一一、全五巻)においてもキーワードはcivilizationの翻訳語としての文明(時に文化)である。『米欧回覧実記』には、観念としての「文明」に、歴史的政治的社会的、あるいは風俗や道徳的な内容が満たされてゆく過程が記されているといってよいだろう。だがその文明理解ははじめから方向づけられたものであった。彼らは新しい国家のデザインに必要な膨大な資料を持ち帰る。そしてそのような角度からの文明理解は、帰国した使節団のメンバーが政権のイニシアチヴをとった後に、やがて明治政府の政策として、明治維新のいわば第二段階の改革として具体化されてゆく。
岩倉使節団の任務は、文明すなわち近代的な国民国家（Etat-Nation）の全体像の把握であったが、彼らの主要な関心が国民（Nation）よりは国家（Etat）のほうに向けられていたことは否めない。これに対して同じ指導者層ではあるが、民間の批判的な立場から提示された文明像の代表的なものの一つが福沢諭吉の文明論であった。福沢の批判の根本は、『学問のすゝめ』（明治七）や『文明論之概略』（明治八）でくりかえされた「日本には政府ありて国民（ネーション）なし」という言葉によく表されている。幕末すでにアメリカやヨーロッパに渡る機会に恵まれた福沢諭吉は、明治維新以前から文明にかんする数多くの記述を残している。例えば『西洋事情』外篇一巻（慶応四〔一八六八〕）「世の文明開化」と題された冒頭の章は次の言葉で始められている。

　歴史を察するに、人生の始は莽昧《もうまい》にして、次第に文明開化に赴《おもむく》ものなり。莽昧不文《ふぶん》の世に在《あり》ては、礼義の道未《いま》だ行はれずして、人々《ひとびと》自《みず》から血気を制し情欲を抑《おさ》ゆること能はず。大は小を犯し、強は弱を虐《ぎゃく》し、配偶の婦人を視《み》ること奴婢《ぬひ》の如く、父の子を御《ぎょ》するに無道《むどう》を以てするも、之を制する者なし。且《かつ》、世間相信ずるの意薄くして、交際の道甚だ狭きが故に、制度を設《もうけ》て一般のために利益を謀《はか》ること能はず。世の文明に赴《おもむ》くに従《したがつ》て、此風俗次第に止み、礼義を重んじて情欲を制し、小は大に助けられ、弱は強に護られ、人々《ひとびと》相信じて独其私《ひとりそのわたくし》を顧みず、世間一般の為に便利を謀る者多し。

文明化が歴史的必然であること、また礼儀と交際が文明理解のキーワードになっている点で、この文章は先に引用した西村茂樹の「文明開化ノ解」における文明理解に共通している。この文章における福沢の特色の一つは、「文明」を「自由」に結びつけて、「文明開化に従って、法を設け、世間一様にこれを施して、始めて真の自由なるものを見る可し」と書くところにある。福沢は野蛮すなわち自然、文明すなわち人為とする説をしりぞけて、文明においてこそ人間の天性が発揮されることを主張する。福沢は他方では文明開化をとなえる英国においても無学文盲なる者、放蕩無頼や犯罪者が存在するし、富の追求にあらわれる「文明の弊」があることにも目配りして、さすがに実状を知った人の言葉を思わせるが、そうした文明の弊はすべて文明によって解決しうるのだというオプティミズムが根底にある。『西洋事情』外篇にはチェンバースの『経済学』という種本があったが、諭吉は基本的にはこのオプティミズムを共有していたと考えてよいだろう。「世の文明開化」では、纏足《てんそく》の例が出されて「半開半化の国」支那が批判の対象になっているが、文明‐半開‐未開という三分法（基本的には二分法）がそれ以後の福沢の価値基準となる。明治二年のベストセラー『世界国尽』は、まさしく文明‐半開‐未開の三分法による世界の諸国の案内書であった。

明治初期の日本の知識人の文明観にもっとも大きな影響を与えたのは、おそらくフランソワ・ギゾーの『ヨーロッパ文明史』（一八二七）とヘンリー・トマス・バックルの『イギリス文明史』（一八五七‐六二）の二冊であった。ギゾーの書物はC・S・ヘンリーの英訳が一八八九年に出ており、それが多く読まれ、また翻訳も数種出ているが、バックルの場合は英語とはいえ、一〇〇〇ページを越える未完の大著であって、この書物がそれほど大きな影響を与えたとは今日では信じがたいほどである。明治期の文明史観については小沢栄一氏の実証研究（『近代日本史学史の研究――明治編』の第一章第四節「文明史の翻訳――ギゾーとバックル」）があるが、ここでは三宅雪嶺の『明治思想小史』から引用しよう。

欧米の思想で影響の最も広きに及んだのは未開、半開、開化と云ふ類のことである。野蛮の迹があつてはならぬ、文明開化にならねばならぬと云ふのである。明治の初め開化の語が通り言葉であつた、何事にも開けたとか開けぬとか云ひ、如何なることが開化であるかを確めずに、開化と云へばそれで明に分つたやうに思ふが、其意義を確めるに与つて力あつたのはギゾー及びバックルの書である。文明史とも云ひ開化史とも言ひ、当時の洋書で是程高尚のものはないとされ、慶応義塾で之を最上級に置き、福沢の文明論の概略も之に由来して居る、加藤大学総理が日本開化史の著述に取掛り、瀬戸内海を地中海に比較したのも之に由来して居る。苟くも洋書を繙いた者の頭脳をば、直接若くは間接に支配したのは文明史であつたと云うて宜い（『三宅雪嶺集』筑摩書房、二三九頁）。

福沢諭吉の『文明論之概略』はギゾーの『ヨーロッパ文明史』とバックルの『イギリス文明史』を深く読みこみ、それを下敷にして文明概念を明治初年の日本人の立場から徹底的に分析し理解しつくしたという印象を与える名著であって、文明概念にかんするこれ以上に深い考察は、文明概念自体が魅力を失ったこともあって、その後の日本には出ていないと思う。福沢は、ギゾーが指摘する文明の二側面（「社会的活力の発展〈社会の進歩〉」と「個人的活力の発展〈人間性の進歩〉」）をきわめて簡潔に、「文明とは結局、人の知徳の進歩と云うて可なり」と要約している。だがこの書物における福沢の真の狙いは、「権力の偏重」（したがって封建制）の打破と、近代的な国民国家にふさわしい「国民」（Nation）の形成にあった。西欧列強による植民地化をまぬがれるもっとも有効な方法は、真のネイション、すなわち文明化した国民の創出であると福沢は考える。ここで特に注目されるのは諭吉が、いわゆる和魂洋才的な発想ではなく、社会における「モラル・タイ」や「風俗習慣の力」の重要性を説いて、文明の精神的な側面を強調していることである。福沢の関心は国民国家(Etat-Nation)の国家(Etat)よりは国民(Nation)に、支配的抑圧的な国家装置よりは国家のイデオロギー装置のほうにむけられていた。だが国民の「モラル・タイ」は結局は国家のイデオロギーの最たるものである愛国心(patriotisme——「愛国心」や「祖国愛」の訳語はまだ一般化せず、福沢は「報国心」という言葉を使っている)に帰着する。プロテスタントであったギゾーが慎重に保留した宗教の問題を、バックルの唯物論的科学主義によって追い払った結果として、福沢の国民的なモラルの問題はいっそうナショナリズムの色彩を強めることになる。

福沢は西欧の文明史を、国民国家形成の歴史に読みかえ、文明とは結局は近代的な「国民」(Nation)の形成にかかわるものであることを見ぬいていた。このことはとりわけギゾーの『文明史』にあてはまる。「ローマ帝国の崩壊よりフランス革命に至る」という副題をもつギゾーの『ヨーロッパ文明史』は、フランスの王政復古という、革命を公的に論じることのできない時代錯誤的な反動期に、「文明史」の名のもとにフランス革命を、とりわけ革命によって成立した第三身分の政権の正当性を主張するという意図をひめていた。明治維新とフランス革命を結びつけて理解した福沢はギゾーのその隠された意図を見ぬいただけでなく、そこに共感している。王政復古は二義的な事件にすぎないとする維新「革命」説や、政府とは取り換え可能な機関であるとする福沢のラジカリズムは、このような文明論の文脈のなかで理解されるべき性質のものであろう。

福沢は明六社の同人のなかで、最後まで官に就くことをこばんだほとんど唯一の人である。しかしながら福沢のラジカリズムは『文明論之概略』が頂点であった。福沢が、福沢の書物を読むことによって目覚めた次世代の自由民権論者とのあいだに次第に距離をとってゆく様は、七月革命の急進的イデオローグであったギゾーが二月革命によって打倒される反動の代表的な存在となってゆく過程を連想させる。福沢の「脱亜論」は福沢の啓蒙主義のそのような凋落の果てを示すものとされているようである。だが私はここで、「脱亜論」は『文明論之概略』の論理的な帰結であることを強調しておきたい。福沢は文明概念を深く理解し、文明と未開という二分法を歴史的必然として全面的に取り入れた結果として自ら「脱亜論」への道を準備したのであった。それは西欧の文明概念が植民地主義に至るのと軌を一にしている。「脱亜論」は次の言葉で始められている。

世界交通の道、便《べん》にして、西洋文明の風《ふう》、東《ひがし》に漸《ぜん》し、到る処、草も木も此風《このふう》に靡《なび》かざるはなし。……故に、方今東洋に国するものゝ為に謀《はか》るに、此《この》文明東漸《とうぜん》の勢に激《げき》して之を防ぎ了《おわ》る可《べ》きの覚悟あれば則《すなわ》ち可《か》なりと雖《いえ》ども、苟《いやしく》も世界中の現状を視察して、事実に不可なるを知らん者は、世と推《お》し移りて、共に文明の海に浮沈し、共に文明の波を揚げて、共に文明の苦楽を与《とも》にするの外ある可《べか》らざるなり。

この文章は『文明論之概略』における「進て文明を逐《お》はん歟、退て野蛮に返らん歟、唯進退の二字あるのみ」（第一章）の切迫した調子をそのまま受けている。文明に参加して生きのびるか脱落して滅びるかの二者択一である。だが明治維新から一八年、『文明論之概略』から一〇年を経た今、日本の国内の状況と国際的地位は大きく変化している。福沢は続けて開国以来の日本の開化の経緯の概略を説明した後に、次のように記す。

我日本の国土は亜細亜《アジア》の東辺に在《あ》りと雖《いえ》ども、其国民の精神は、既に亜細亜の固陋《ころう》を脱して、西洋の文明に移りたり。然《しか》るに爰《ここ》に不幸なるは、近隣に国あり、一を支那と云《い》ひ、一を朝鮮と云ふ。此二国の人民も、古来亜細亜流の政教風俗に養はるゝこと、我日本国民に異《こと》ならずと雖ども、其人種の由来を殊《こと》にするか、但《ただ》しは同様の政教風俗中に居《い》ながらも、遺伝教育の旨《むね》に同じからざる所のものある歟《か》、日支韓三国相対《あいたい》し、支と韓と相似るの状は、支韓の日に於けるよりも近くして、此二国の者共は、一身に就《つ》き、又一国に関して、改進の道を知らず、交通至便の世の中に、文明の事物を聞見せざるに非ざれども、耳目の聞見は以て心を動かすに足らずして、其古風旧慣に恋々するの情は、百千年の古《いにしえ》に異ならず。此《この》文明日新の活劇場に、教育の事を論ずれば儒教主義と云ひ、学校の教旨は仁義礼智と称し、一より十に至るまで外見の虚飾のみを事として、其《その》実際に於ては真理原則の知見なきのみか、道徳さへ地を払ふて残刻《ざんこく》不廉恥《ふれんち》を極《きわ》め、尚傲然《ごうぜん》として自省の念なき者の如し。

日本が早々にアジアの固陋《ころう》を脱して西洋の文明をわがものにしているのに対して、隣国である朝鮮、支那は古風旧慣に恋々として旧態から出ようとしない。――この中国、朝鮮に対する厳しい批判はすでに『文明論之概略』においても展開されており、封建制と儒教倫理に対して果敢な闘争をいどむ福沢にとってこの種の批判は当然のことであった。またこの批判が隣国の現実を十分に知った上のものではないにしても、一つの理解としてそのような認識がありうることは認めてもよいだろう。だが問題はそのあとに来るものであった。福沢は「脱亜論」を次のような文章で結んでいる。

左《さ》れば今日の謀《はかりごと》を為《な》すに、我国は隣国の開明を待《まち》て共に亜細亜を興《おこ》すの猶予ある可《べか》らず、寧《むし》ろ其伍《そのご》を脱して西洋の文明国と進退を共にし、其支那朝鮮に接するの法も、隣国なるが故にとて特別の会釈に及ばず、正に西洋人が之に接するの風に従《したがっ》て処分す可きのみ。悪友を親しむ者は、共に悪名を免かる可らず。我れは心に於て亜細亜東方の悪友を謝絶するものなり。〔明治十八年三月十六日〕

現在は、隣国の開明を待っていられない緊急時であるという判断は、それが正しいか否かは別としてありうるだろう。アジアの隣国と手を切って西洋の文明諸国と進退をともにするという場合がありうることも認めよう。遠い友よりも近くの隣人を大切にしなければならないという掟はない。悪友に親しむ者は、ともに悪名を免れず、という論理は福沢にしてはいささか卑小にすぎる気がするがこれも認めよう。だが「正に西洋人が之に接するの風に従《したがっ》て処分す可きのみ」とは何を意味するのであろうか。それは具体的には、朝鮮、台湾、中国の植民地化を意味したはずである。それが許されるのは、文明の名において、つまり日本が文明国の域に達したからである、という論理を福沢の「脱亜論」は内包している。

私はすでに「『オリエンタリズム』再読」の章で、マルクスのインド論と福沢の脱亜論が共通の論理に支えられていることを指摘しておいた。マルクスはインドが自力で自己解放をなしえないという前提の下で、トルコやペルシアやロシアがインドの支配者となるよりはイギリスが支配者となったほうがましだと考える。なぜならイギリスはそれらの諸国のなかで最も文明の進んだ国であるのだから。そこで次のような驚くべき文章があのマルクスの手によって書かれたのであった。

イギリスは、インドで二重の使命を果たさなければならない。一つは破壊の使命であり、一つは再生の使命である。――古いアジア社会を滅ぼすことと、西欧的社会の物質的基礎をアジアにすえることである（「イギリスのインド支配の将来の結果」『マルクス・エンゲルス全集』第九巻、二一三頁）。

右のマルクスの文章の「イギリス」を「日本」に変えれば、福沢の「脱亜論」の行きつくところが明らかになるであろう。文明概念の恐るべき帰結であった。

ところで「脱亜論」の同じ論法は、同じ国内の〝遅れた〟階層や集団に対しても向けられはしなかったであろうか。「文明」に対する農民や都市の住民の反応についてここでくわしく論じることはできない。この問題にかんしては読者はすでに出されている民衆思想史のすぐれた業績*を読んでいただきたいと思う。ただ私の推論めいたものを二、三つけ加えるとすれば、まず「文明」は日本の民衆によって概して歓迎されたのではないかと思う。アジアの他の諸国に比べても、「文明」に対する拒絶反応がこれほど弱い国は少なかったであろう。それは明治政府の開化政策が支持されたということではなく、それ以前に異文化を受けいれる土壌ができていたのではないかと思う。そのことは逆にいえば、民衆には「文明」に反対するためのよりどころ（例えば強力な道徳や宗教）が欠けていたことになるだろう。とりわけ都市の住民は、指導的な知識人が真の「文明」概念が浸透しないことに悩み苛立っているのをしりめに、「文明」を風俗や生活のなかに好んでとり入れ、「文明」を世俗化し享受した。もっとも仮名垣魯文その他の戯作者たちが描きだした民衆が楽しんだのは漢字の「文明」ではなく、仮名の「ブンメイカイカ」の面白オカシイ響きであっただろう。文明が民衆にとって深刻な疑惑の対象となりえたのは、むしろ文明が生活のなかでひとつの意味と形をもちはじめた、主として明治一〇年代以降ではないかと思われる。

＊——とりあえず以下の四冊を参照されたい。色川大吉『明治の文化』（岩波書店）、鹿野政直『日本近代化の思想』（講談社学術文庫）、安丸良夫『日本の近代化と民衆思想』（青木書店）、ひろた・まさき『文明開化と民衆意識』（青木書店）。

文明から文化へ——陸羯南の文化概念

『明治のことば辞典』には「文化」の意味にかんして、次のような説明が付されている。

中国に出典のある語であるが、明治時代から盛んに使用され、「学問の進歩」と「世の中の開化」の意味で用いられる。はじめ civilization の訳語でのち culture の訳語へ転じている。

全体としては的確な説明であるが、細かい部分にかんしてはいくつかの補足が必要だろう。まず文化が「明治時代から盛んに使用され」たのは civilization の訳語としてであって、

culture（より厳密には Kultur）の訳語として「盛んに使用」されたのは大正時代に入ってからである。また「盛んに」というのは相対的な問題であって、文明と文化の比では、明治時代は圧倒的に文明の時代であった。では culture あるいは Kultur の訳語として「文化」がはじめて使われたのはいつだろうか。『明治のことば辞典』はその時期を詳らかにしていないし、文明と文化の概念史や語彙的な研究がほとんど行なわれていない現状で、それを明らかにすることは不可能だろう。その困難はまた文明と文化という訳語自体の問題にかかわっている。実際のテクストに当ってみればただちに納得されることであるが、文化が civilization の意味で使われているか culture の意味で使われているのかを判断することがきわめてむずかしい場合が多いからである。

生松敬三氏は「「文化」の概念の哲学史」（『岩波講座　哲学13――文化』一九六八、所収）のなかで、一つの証言として井伏鱒二の次の文章を引いている。

先生の本読みがあつて間もなく学校に文化事業研究会といふものが設けられた。そのころ私たちは文化といふ熟語をつかひ慣れてゐなかつたので、どことなく物足りない名前だと思つていると、片上伸教授はカルチュアを決定的に文化と訳して用いることにしたのがいささか自慢であると云つた。しかし大むかしの辞書などにも文化といふ単語は載つている。文明開化の鹿鳴館当時には文化的の文化は開化といつて、謂はゆる文化とはいはなかつたものらしい。文化事業会の文化は教養または修養の意味の文化なのである。……（「坪内逍遥先生」昭和二一）。

文中にある「文化事業研究会」の発足は、大正九（一九二〇）年のことのようであるが、生松氏の指摘にあるように、左右田喜一郎や桑木厳翼といった哲学者が Kultur の訳語として「文化」を使いはじめたのはもっと早く大正三、四年にさかのぼることができるようである。もっとも誰かが「文化」という用語を使ったということと、その用語の一般化とは別問題であるから、当時「私たちは文化といふ熟語をつかひ慣れてゐなかつた」という井伏鱒二の言葉はそれによって証言としての価値をそこなうわけではない。

伊東俊太郎氏は、culture の訳に相当する「文化」の最初の用例として三宅雪嶺の『真・善・美・日本人』（明治二四）をあげている（『比較文明』六頁）が、これも伊東氏自身が指摘しているように、テクストの分析を進めてゆくとかなり混乱があって雪嶺自身がどれほど意識的に「文化」と「文明」を区別していたかは判然としない。だがここで三宅雪嶺の名前が出されたのは重要なことだと思う。明治期においてフランス＝イギリス的な「文明」概念からドイツ的な「文化」概念への転機を作るのに、おそらく決定的な役割をはたしたのは、『日本』や『日本人』によって活躍した明治二〇年代のいわゆる日本主義者たちであったと思われるからである。なかでも明治二一年六月、『日本』の前身である『東京電報』に掲載された陸羯南の論説「日本文明進歩の岐路」に私は特別の注意をうながしたい。この論説には、わが国におけるおそらく最初の本格的な文化認識が認められる。例えば国民主義にかんする次の文章は、ほとんどそのまま現代における文化の定義といってもよいであろう。

抑ゝ各国民の国民主義なるものは、深く其根蔕を国民特有の文化に発するなるが故に、若し此各国民を統一若くは合同せしめんと欲せば、必ず文化を統一合同せしめざるべからず。然れども文化なるものは実に国民特有の性格を成す所の言語、風俗、血統、習慣、其他国民の身体に適当せる制度法律等を綜合せるものにして、之れを統一合同するの難きは、猶ほ小児をして直ちに老人たらしむるに異ならず。

陸羯南の文化概念の第一の特色は、その「国民主義」的な内容にある。羯南は国民統合と文化的統一が一体のものであり、文化は国粋（nationality の訳語）と密接不離の関係にあることを見抜いていた。羯南は同じ文章のなかで「国民文化」という用語を使っているが、文化とは国民文化にほかならないことを認識していた。文化とは国粋であるということは、ドイツにおける文化概念形成の歴史をたどった者にとってはおのずと明らかな事実であるが、羯南がその認識をドイツから得ていたことは、羯南が「ドイツの碩学」やフリードリヒ二世を援用している次の文章からもたしかであろう。

　顧みて今日列国の実際を観察するに、国民主義は実に非常の勢力を有し、国権と消長をなす。独逸の碩学嘗て墺国今日不振の原因を数へて、文化的統一の堅確ならざるが為め、国民主義の薄弱なるを以て其一に加へたり。蓋し此国民主義は原来一国固有の性格と至密の関係を有する文化に資するものなれば、今や欧米の文化を採用するの時に於て、歩々国民の性格を顧み、之を国民主義の中に同化するを力むるは、即ち正当の見識なりと謂はざるべからず。普国の興王フレデリック第二世嘗てアンチマキヤベエルリ（伊太利人マキヤベエルリの主義を非難したる書）に書して曰く。人皆各〻其の性質を異にす。而して天又此の固有の特異を国家の性質に賦与せり。国家の性質とは其国土の形勢、広狭、国民の戸口及び思想、貿易、慣習、法律、強弱、貧富、生産の如何を謂ふ云々と。国民の文明を論ずるものは亦此国家特有の性質に注意せざるべからざるなり。

羯南はたんにドイツから知識を得ていただけでなく、例えばドイツとフランスの対抗のようにヨーロッパにおける諸国の対立的な関係を視野に入れた上で、文化と国民主義の関係を論じている。これはヨーロッパ文明の普遍性を強調する福沢などの文明論には欠落していた、まったく新しい観点であった。文化の視点は国民性のちがいと同時に主体性を強調する。文明の視点はヨーロッパの水準にいかにして到達するかを問題にするが、文化の視点は受け入れた文化をいかに同化するかを考える。六月九日の論説では羯南は次のように記している。

欧米諸国を看よ、其均く「欧洲の文化」なる統名の下に包括せらるゝに拘はらず、各国国民の間には各〻特有の性格ありて、国民主義[1]をなすに非ずや。例へば独逸と仏蘭西とは均しく欧洲文明の国にて、而も土壌相隣せるにも拘はらず、其国民主義は両々相峙立して相譲らず、以て一国の体面を保ち、以て一国の国権を維持するに非ずや。而して国民主義と文化とは両者密着の関係を有し、若し文化にして尽く自国特有の性質を失ふに至れば国民主義なるものは忽ち消滅し、一国の元気復た振ふべからざるに至らん。況んや今日の我国の如きは、各国殊に英独仏の文化各〻其異種の性格を以て我国に混入せるの時に当りて、自国の国民主義を発揮して之れを同化するに非ざれば、一国文化の統一得て能くすべからず。……

(1)の部分には次のような注が付されている。

(1)　因みに云ふ。吾輩が斯に用ふる「国民主義」とは英語の所謂「ナシヨナリチー」を主張する思想を指す。従来「ナシヨナリチー」なる原語は国体、国情、国粋、国風等の国語に訳されたれども、此等の国語は従来固有の意義ありて、原語の意味を尽くす能はず。原来「ナシヨナリチー」とは国民（ネーシヨン）なるものを基として他国民に対する独立特殊の性格を包括したるものなれば、暫く之を国民主義と訳せり。今後「国民主義」の語を用ゆるは此義なることを記憶せられんことを読者に乞ふ（第五二八号、六月九日）。

羯南の文化概念の第二の特色は、文化の問題を世界の国際関係のなかの、強国に対する弱小国、あるいは先進国に対する後進国の立場から考えていることであろう。こうした立場は、ヨーロッパにおいては英仏に対する独伊といった「新造の国家《ステート》」、ポーランド分割問題、オスマン帝国に対するギリシアや東欧の小国（ルーマニアなど）の独立、等々への関心となって表れている。またこのような視線が国内に向けられるときには、中央に対する地方、政府主導の近代化に落ちこぼれた階層の人びと、といった弱者の観点から国民のイメージを形成することにつながるだろう（例えば「駆紳商檄」『日本』明治二三年四月二六－三〇日を見よ）。このような観点はまた、国家と個人の関係や自由と平等のあいだの矛盾的な関係の考察へも導くものであった。現在の第三世界の民族主義的な文化論に見合うものを、わが国の思想史のなかに求めるとすれば、陸羯南とその周辺に行きつくのではないかと思う。

羯南の文化概念の第三の特色は、排外的な国粋ではなく、国際主義とのバランスのとれた国民主義の主張である。羯南は国民主義を説く場合は必ず自分たちが感情的排他的な国粋主義ではないことを強調した（例えば『近時政論』の最終章「国民論派」を見よ）。明治二一年のこの記事でも羯南は「偏僻なる国民主義」を強くいましめて、次のように書いている。

斯に一言すべきは国民文化の発達十分ならざるが為め、其国民主義が時として偏僻の見に陥るを免れざること是なり。而して斯る偏僻なる国民主義に陥りたる国民は、苟くも外国産のものなりとすれば、如何に嘉すべく学ぶべき制度文物も、猶ほ之を嫌忌して文明進歩の途に上るを躊躇するものなり。顧ふに二十年前我が国民が神州は太陽の出る所と自信し、外人は禽獣なりと擯斥し、或は理学に暗くして汽車電信を魔術なりと誤認し、一切舶来の文物を拒絶し以てチヨン髷風の国民主義を主張したるが如きも、亦此の無知の国民主義を維持せんとしたる者にして、其の偏見たるや固より論を待たざるなり。ブルンチユリー氏曰く。頼むべからざるの国民主義を頼むなかれと。蓋し如レ此偏僻なる国民主義は原是れ国民の自知（独逸語にて之をゼルブストベウストザイン・デス〔ママ〕・ナチオンスといふ）に出でしものには非ずして、只其感情より発したるのみ。故に其外国文化を嫌忌するの理由を尋れば、只舶来なるが故と云ふの外一もあることなかるべし。譬へば頑痴なる婦女子は一概に牛肉を嫌忌するが如し。何故に之を嫌忌するやと詰問すれば、只々情感に訴へ嫌忌するといふの外理由なかるべし。斯る主義にして勝を制せん乎、国民の文明は常に偏僻の境界に沈滞して活動進歩するの時なかるべし。

羯南はその後、明治二三年の一月には『日本』紙上で四回にわたって「世界的理想と国民的概念」について論じ、「今日の世局は一方に於て遥に理想の光輝を望むと雖ども、一方に於て歴史的の勢力甚だ強大なり。此の時に当りて能く国民的の独立を保ち、且つ人類的の博愛を失はざるは、吾人の任務にして其事決して容易ならず」と述べている。「世界の通義に伴はざれば人類の進歩は中止せん。国民の性格を保たざれば国民の特立は傾頽せん」——羯南はこのインターナショナリズムとナショナリズムの矛盾的な関係を、どちらかの側に目をつぶることなく、歴史的な矛盾として、ありのままの姿で正視することを求めている。

ところで陸羯南において、文明と文化の関係はどのように把握されているのであろうか。われわれがここで問題にしている論説のタイトルは「日本文明進歩の岐路」であった。文中には文明と文化の語がならんでいく度も使われているが、筆者による厳密な区別や説明は行なわれていない。だがここで一つ確かなのは、羯南が文化の個別性を論じながらも普遍的な文明の進歩を信じていたことである。右の引用文にある「世界の通義」とは「文明」のことであり、「国民の性格」とは「文化」のことであると考えてよいだろう。ナショナリズムとインターナショナリズムの矛盾は、文化と文明の矛盾としてとらえられている。「日本文明進歩の岐路」とは結局、全面的な欧化（文中では甲論）をとるか国粋保存（文中では乙論）の選択を意味している。文明に抗して文化を保持することによって、最終的には文明の進歩を可能にする、というのが陸羯南をはじめとする当時の日本主義者に共通の論理であった。

岩井忠熊氏は『日本人』の同人に共通した特色として次の六点をあげている。これは主として志賀重昂を念頭においてのことであるが、ほぼそのまま陸羯南にもあてはまるだろう。一、たんなる排外主義でなく、世界のなかに冷静に位置づけている。二、欧化政策反対。三、国民的統一の強調。四、藩閥政府反対、立憲政治の主張。五、自然科学および技術の積極的摂取、むしろ全体をつらぬく自然科学主義。六、日本の欠点にたいする忌憚ない批判（『明治国家主義思想史研究』二〇八頁）。

陸羯南の論説「日本文明進歩の岐路」はそうした明治二〇年代の時代転換を予告する文章であるが、それはかならずも文明から文化への転換を示す文章となった。羯南はおそらくだれよりも早く明確な意識をもって文化という文字を使い、文化概念が含む問題をもっとも鋭い形で述べることができた。そのことは三年ほど遅れて発表された三宅雪嶺の『真・善・美・日本人』（明治二四）とくらべればよくわかる。『真・善・美・日本人』も文化という言葉が使われた最初の書物として注目されているが、そこでは文化という文字をあえて使う意味が明確にされていない。それはおそらく雪嶺の主張が同じ国粋保存（あるいは国粋顕彰）であるにしても、欧化と国粋を矛盾的な対立としてとらえるよりは相互補完的にとらえる意図が強いことによるものであろう。

『真・善・美・日本人』というタイトル自体がまさしく新カント学派の文化価値（真、善、美）を問題にしたものであり、東京帝国大学で哲学を学び東西の哲学に通じていた雪嶺がそのことに無自覚であったはずはない。だが、雪嶺がこの書物で行なった主張は、この三つの領域における白人の欠陥を日本人の特性によって補うことを主眼にしていた。「日本人が大に其の特能を伸べて、白人の欠陥を補ひ、真極り、善極り、美極る円満幸福の世界に進むべき一大任務を負担せるや疑ふべからざるなり」と雪嶺は書いている。日本人の美点と優れた能力を強調したこの書物に続いてただちに『偽・悪・醜・日本人』を出すという行為は、陸羯南のあのバランス感覚を連想させる。だが雪嶺の場合、一国の特性の発揮は、世界全体の可能性の発現であり、それは全宇宙の秩序に通じるという発想が根本にあった。羯南の思考が政治的歴史的、したがって現実的であったのに対して雪嶺のそれは哲学的宇宙論的であった。長寿をまっとうして国粋主義の末路を見とどけることになった雪嶺は、敗戦直後に「各自能力の世界への放出」と題する文章を書く（『世界』創刊号、昭和二一年一月）。雪嶺はそこで国境のない時代の到来について述べているがこれは転向ではないだろう。明治二〇年代の国粋主義にはたしかに国家をこえてインターナショナリズムの方向にむかう可能性が秘められていたのであった。

羯南も雪嶺もともにドイツ的な文化概念を受け入れたのであるが、ビスマルク流の国家主義や日本におけるその種のイデオローグ（例えば加藤弘之）に対しては、批判的な態度を崩さず明確な一線を画していた。だがそれにもかかわらず、こうした可能性を秘めた明治二〇年代の文化概念（国民主義）が、日清戦争以後は急速に植民地主義のイデオロギーに変質していったのはなぜであろうか。国際的な状況の悪化を考えなければならないだろう。一八九五年、フランス雲南への鉄道延長権。一八九六年、ロシア満州への鉄道敷設権。一八九七年、イギリス雲南への鉄道延長権、アメリカのハワイ併合。一八九八年、ドイツ膠州湾の租借権、ロシア大連湾・旅順港の租借権、アメリカのフィリッピン領有。一八九九年フランス広州湾の租借権……たしかに一九世紀末における欧米列強のアジアへの進出は恐るべきものであった。

しかしながら私はここでも、彼ら日本主義者の変質の真の原因は、彼らの国粋概念、したがって彼らの文化概念に秘められていたことを強調したい。

第一に、「国民特有の文化」という考え方は、封建制への回帰を含む古い伝統の尊重、そしてとりわけ国民的統一の求心的な力としての天皇を呼びだす（彼らの求めるデモクラシーと天皇制の矛盾は、彼らが「空前絶後の吉日」として歓迎した憲法発布の日に表面化する。例えば憲法発布に際して記された陸の論説「日本国民の新特性」の歯切の悪さを見よ）。

第二に、国民文化の尊重は、国民的統一が特に求められる危機的な状況においては、容易に自国文化の優越と他国文化の蔑視へと転換する。文化主義が容易に国家主義に転化するのは、もともと文化が国民統合のための国家のイデオロギーにほかならないからである。理論的には国家を歴史的な存在として相対化しえた陸羯南も、現実的には国家の絶対化に押し流されてゆく。国家のイデオロギーとしての文化が真の役割を果たすのは、むしろそうした国家の危機においてであろう。

丸山真男は戦後の早い時期に書かれた先駆的な陸羯南論のなかで、陸を高く評価して次のように述べている。

羯南の日本主義は上述のように、ナショナリズムとデモクラシーの綜合を意図した。それがいかに不徹底なものであったとはいえ、これは日本の近代化の方向に対する本質的に正しい見透しである。国際的な立遅れのために植民地ないし半植民地化の危機に曝されている民族の活路はいつもこの方向以外にない。不幸にして日本は過去においてその綜合に失敗した。福沢諭吉から陸羯南へと連なる国民主義の最初からのひ弱い動向は、やがて上からの国家主義の強力な支配の裡に吸いこまれてしまった（『中央公論』昭和二二年二月、『戦中と戦後のあいだ』所収）。

この文章を最後に引用したのは、以上の文章を書いている間、私の念頭には丸山のこの言葉が絶えず明滅していたからである。「福沢諭吉から陸羯南へと連なる国民主義」、それは私にとっては一つの可能性の導きの糸であったといってもよいだろう。だがこの流れを断ってしまったのは「上からの国家主義」の強い力であろうか。この悲劇は私にはむしろ思想的なものであり、彼らが「文明」と「文化」の論理を自ら誠実にたどった結果であったように思われる。国民国家を前提とするかぎり、国民主義と国家主義は盾の両面であって、国民主義が最後まで国家主義に抵抗しうるとは思われない。彼らの敗北は論理的な帰結であった。

大正文化と戦後文化

明治の欧化主義が「文明」あるいは「文明開化」の掛け声によってひろめられたのに対し

て、大正の欧化主義は「文化」の衣裳をまとっていた。内藤湖南は後に『日本文化史研究』（大正一三）の冒頭に収められる文章を次の言葉で始めている。

文化という語は、近頃流行し、なにものにでもこの二字が付せられると景気よく見えるかのようであるが、しかし一般世人が文化そのものをどれだけ理解しておるか。文化は国民全体の智識、道徳、趣味等を基礎として築き上げられているのであるが、その基礎たる智識、道徳、趣味が現代の日本において、どれだけの程度において在るか。政治、経済等、人生の需要から生ずる者とせらるる事相は、すべて民衆的なるを要求せられ、民衆的な方法に適合せないものは時代錯誤として斥けらるるが、文化の基礎たる智識、道徳、趣味等は、はたして民衆的なるを要求すべき者であるか。民衆的ならざる者は、はたしてみな時代錯誤とすべき者であるか。しかして現代日本の智識、道徳、趣味が実際に現われたる事実を考察する時はすこぶる心細さを感ずることがある（「日本文化とは何ぞや（その一）」大正一一年一月五日『大阪朝日新聞』）。

筆者の内藤湖南にかんしての説明はいらないと思うが、ここでは三宅雪嶺『真・善・美・

日本人』の口述筆記者（代筆）の一人であったということをあらためて思いだしておきたい。代筆というのは当時にあっては、速記ではなくむしろゴースト・ライター的な役割であった。湖南はこの時期『日本人』の編集にもたずさわっており、政教社の若い世代として三宅、陸、志賀といった明治二〇年代の日本主義者の後継者的存在である。『日本文化史研究』が出されたとき、湖南はすでに京都大学の教授（東洋史学）になっていた。明治の「開化史」に対する大正・昭和の「文化史」の先駆である。右に引用した文章は、有名な日本文化「豆腐説（支那文化がニガリとして作用して形成された文化）が述べられた論説で、結論の部分に「今日でも真の日本文化が完全に形成されているや否やはすこぶる疑問であって……」とあることからもわかるように、「日本文化」の存在に対してはむしろ疑問を呈した文章であるが、文化という言葉の流行、それも日本文化への関心と結びついて流行していることは、この文章からも読みとれる。明治の知識人が文明の真の理解が人民のあいだに浸透しないことを嘆いたと同様に、大正の知識人は文化が大衆に理解されないことを嘆いている。だが明治の場合と非常に異なっているのは、右の文章にもあるように、大正の知識人たちが「民衆的なる」ものの圧力をきわめて強く感じとっていることだろう。

大正時代の文化の流行には、大別して三つの異なる相があるように思われる。

第一は、資本主義の発達に伴う大衆消費文化。内藤湖南が「文化という語は、近頃流行し、なにものにでもこの二字が付せられると景気よく見えるかのようである」と書くとき、彼の念頭には、文化包丁、文化釜、文化御召、等々から文化住宅にいたるまでの、文化の文字を冠にして通俗化し物質化された一連の商品のイメージが浮かんでいたことであろう。文明がたちまちにして風俗化したと同様、文化もまた一挙に大衆化し商品化したのであった。語源的な意味から考えればいささか逆説的であるが、大正期の文化は都市生活の成立を表すものであった。

第二も、同じく資本主義の発達にかかわっているが、資本に対抗する労働運動や社会主義の側から主張された民衆文化、あるいはブルジョア文化に対するプロレタリア文化である。内藤湖南がくりかえし述べる「民衆的なる」ものは、主としてこの側面を指していると考えてよいだろう。これもまた伝統的な文化概念の拡大であった。

第三は、知識人が直接にかかわるドイツ的な高級文化(ハイ・カルチャー)。これは広くはいわゆる大正教養主義の全領域にわたっており、内藤湖南がくりかえし使っている言葉によれば、「知識、道徳、趣味」等々を指しているが、その核心に新カント主義のドイツ哲学をおいて考えればわかりやすい。文化哲学(ヴィンデルバント)、文化科学(リッケルト)、文化心理学（ヴント、デルタイ）、文化社会学（シェーラー、アルフレート・ヴェーバー）等々、ほぼ同時代のドイツ哲学がどっと流入し、桑木厳翼、左右田喜一郎、田辺元、等々によって「文化主義」や「文化価値」が盛んに論じられる時代であった。この領域で活躍した人たちは、ドイツ語の Kultur の訳語として改めて「文化」という文字をあてるという明確な意識があった。なかには自分がはじめて Kultur の決定的な訳語として「文化」をあてたと主張するような人もあったようであるが、この錯覚は興味深い。陸羯南や三宅雪嶺の文化論はおそらく彼らの視野には入ってこなかったのであろう。大正時代の「文化」は明治の「文明」に対するものであると同時に、西欧からの外来文化であって、大正人は明治につくりだされた新しい伝統を受けつぐことよりは、遠い海の彼方に思いをはせていたように思われる。だが考えてみれば明治二〇年代の日本主義者たちの国粋概念もまたドイツ的文化概念の移入であって、わが国においては国粋主義さえもが欧化主義であった。

大正が昭和に移り、やがて一九三〇年代の危機的な状況が訪れたとき、大正期の多様な文化概念はかげをひそめ、大正時代のデモクラチックな文化主義者は、明治二〇年代のデモクラチックな日本主義者と同様、盲目的な国家主義者に道をゆずり、「文化」によって「国家」に対抗はできないことを改めて証明することになる。興味深いのは、「一億総懺悔」によって、第二次大戦期の盲目的な国家主義を清算したはずの戦後体制において、「文化」がふたたび「民主的な」国家のイデオロギーとして再生したことである。

戦後には大正時代におとらぬ「文化」の流行があった。戦後の文化概念は、アメリカ的文化概念とドイツ的文化概念の奇妙な混合であった。これからは文化の時代である、というのが戦後の合言葉であったが、これは軍国主義の武に対する文の時代という意味である。文化はここに至ってついに漢語の古典的な意味を回復したのであった。文化はデモクラシーと平和主義の合言葉となる。これは占領政策とも一致して、ついには新憲法に「文化」の文字が入る。

「第二五条　すべての国民は、健康で文化的な最低限度の生活を営む権利を有する」。

この条文に対応する総司令部案は《有ラユル生活範囲ニ於テ法律ハ社会的福祉、自由、正義及民主主義ノ向上発展ノ為ニ立案セラルヘシ》であったから、「健康で文化的な……」の条文は押しつけられたものではなく、おそらく自発性がもっとも発揮された部分であろう。司令部案における、社会福祉、自由、正義、民主主義という具体的な項目が、ここでは「健康で文化的な」という曖昧な一句にすりかえられてしまった、という批判は成り立つだろう。「健康で文化的な最低限度の生活」が具体的に何を意味するかは明らかでない。だが当時の焼跡で最低限度の生活を強いられていた人びとは、この一句に来るべき社会の希望をかけたのであった。

憲法のこの一句は「文化国家」という戦後の流行語につながっている。人びとはこの言葉に平和国家の未来を見ようとしたのである。だが「文化国家」という言葉が流行語になりえたのは、戦争と軍国主義国家に対する反省がけっして深いものではなかったこと、を示してはいないだろうか。文化を付けたからといって国家の性格が変わるものではない。それに「文化国家」とは日本国民を戦争に導いたドイツ哲学とドイツ的文化概念に由来する用語ではなかったろうか。文化国家とは何か。一九三〇年に第一刷の出た『岩波哲学小辞典』には、文化科学、文化価値、文化主義、等々の用語と並んで文化国家の項目に次のような説明を加えている。

《文化国家（独 Kultur staat）　文化の創造、維持、発展の為にする人間の活動を可能ならしめ、之を確保し助成する事を以て最高目的とする国家をいふ。国家の存在の意義は斯る文化国家としての職能を営む事に於て成立つと認める思想を文化国家観といふ。但しその国民が低い文化発達の状態に在る国家を自然国家と呼び、之に対して其国民が高度の文化を有する国家を文化国家と呼ぶ場合もある》。

「文化国家」は警察国家や軍国主義的な専制国家に対立する理想主義的な概念であった。だがそうした理想主義がいかに無力なものであり、またいかに偽瞞的なものであったかがドイツと日本の歴史的な現実によって証明されたあとで、「文化国家」というスローガンが何のこだわりもなくふたたび、しかも国民的目標として持ちだされ、国民的な支持をえたのであった。文化概念の歴史は、文化が国家のイデオロギーであることを明らかに示している。文化は国家と一対のものであり、恐るべき国家理由の美しい魅力的な仮面としての役割をはたしてきたのであった。戦後における文化の流行は、国家イデオロギーとしての文化の仮面をはぐことなく、逆に文化のイデオロギー性を最大限に発揮させることによって、国家の保持に貢献したのであった。国家の危機的状況は国家のイデオロギーである文化の活躍をうながす。文化のそうした役割は、戦後五〇年をへた現在においていっそう顕著に観察される。だがこの問題にかんしては稿を改めなければならないだろう。

V　文化の国境を越えるために

8——国民文化と私文化——日本文化は存在するか？

「文明」と「文化」は対をなす対抗的な概念として、ともに近代西欧の価値観を表明し、国民統合のイデオロギーとして作用してきた。欧米をモデルにしたわが国の近代的な国民国家の形成にさいして、「文明」と「文化」の概念が導入されたのは理の当然であろう。わが国においてはドイツ的な意味で「文化」の語が用いられはじめるのとほぼ同時に（明治二〇年代）「国粋」の語が現れるが、「国粋」もまた翻訳語（nationality, nationalité）であった。「文化」概念の形成は「国粋」、したがって国民（Nation）概念の形成に連動しているのであるが、わが国における国民国家の形成自体を「欧化」の文脈でとらえれば、日本主義や「国粋」もまた欧化であるというパラドクスが成り立つだろう。だが「国粋」につながるのは「文化」だけでなく「文明」も同じであった。普仏戦争敗北後の国家的危機のあと、第三共和政のフランスにおいて「文明」概念の再興が行なわれたことはすでに述べた。もう一つの例として、フランスにおける「右翼」の用語法をあげておこう。例えば一八九九年の「アクション・フランセーズ宣言」が表明しているのはNationの崩壊にたいする危機意識であるが、それは「文明」civilisationの後退にたいする危惧として表明されている。「文明」と「文化」はそれぞれの形で（先進国型と後進国型）、国民統合のイデオロギーを表している。その起源において、「文化」は本質的に「国民」文化であるが、「文明」もまた「国民」文明であった。近現代における「文化受容」の研究は、比較文学や比較文化論を問わず、すべて国家のイデオロギーのなかで形成された対象を国家のイデオロギーのなかで取り扱っているのであるということを、われわれは十分自覚的に受けとめなければならないと思う。

ところで現代のように、諸国家と諸国家によって形成される世界の国家システムの枠組みがゆるぎ、国家のイデオロギーが変質しはじめるとき、文明と文化にかんしてどのような現象が出現するのであろうか。国民という集団が解体すれば、国粋も消滅するだろう。これは空論ではなく、現在、統合を前にしたヨーロッパ共同体がすでに直面している問題である。あるいは世界の民族問題、エスニシティや外国人労働者が投げかけている問題である。文化の定義が、本質的な部分として、文化を維持する特定の社会あるいは集団の同一性を前提とするならば、国民国家の枠から解放された文化の主体は、広く拡散する。個人、家庭、職場、学校、地域社会、国家（形を変えた）、人類（世界）、等々、大小さまざまな集団を主体としてさまざまな文化の複合的な構造のなかに置かれたとき、文化は個別性と普遍性という二つの相対する方向性をいっそうあらわにするにちがいない。個人の決断やライフ・スタイルとしての文化と、世界に共通する普遍的な部分を拡大していった文化（したがって文明）。そしてそのとき、おそらくは文化と文明がその語と概念の発生期に、すなわち国民国家の確立以前の世界市民主義の時代にもっていた二つの方向性と含意があらためてかえりみられるということが起こるかもしれない。だが、遠い未来のことは別にして、ここでは、文化論や比較文化論が現在、直面している諸困難とそれに対する私の見通しを以下に要約的に記しておきたい。

国民文化への疑い

文化の定義は、人類学の側からの定義にせよ、哲学、あるいは社会学の側からの定義にせよ、その文化を維持する一定の大きさの集団を前提としている。

ところでわれわれは日常的に、日本文化、イギリス文化、フランス文化、ドイツ文化、等々、文化と国名を無反省に結びつけて使っている。これは文化の単位を政治的な国境で区切ることを意味するが、そのような文化の単位のとり方は、はたして正しいのであろうか。

これは長年の私の疑問であった。すでに十数年も昔のことであるが、ある百科事典の「フランス文化」の項目の執筆をひきうけて大いに悩んだことがあった。三年ほども考えた末に私の得た結論は「フランスにはさまざまな文化があるが《フランス文化》は存在しない」ということになったからである。さいわい、それも面白いかもしれませんね、と言ってくれた寛大な編集者のおかげで、私は自分の考えをそれほどゆがめずに書くことができたのであるが、「フランス文化」の項目としては何とも奇妙な文章になってしまった。以下の引用はその項目の冒頭の部分である。

〔「フランス文化」への疑い〕　フランスは世界の国々のなかでもとりわけその文化によって注目される国であり、またフランス人の間でも自国の文化を誇りたいせつにする気風が強いことは確かであろう。フランスの社会では伝統的に文化に大きな役割と高い価値が与えられており、そのことは国家のレベルにおいても当てはまる。文化省が設立されたのはたかだか二十数年前（一九五九）にすぎないが、フランスに国家らしきものが成立して以来、つねに有形無形の「文化政策」が存在していた。こうしてフランスが文化の国であり、フランス文化が優れた文化であることは、パリを中心としたいわゆる高級な文化（ハイ・カルチュア）を問題にする限り、一見、自明なことのように思われる。だがそれは、はたしてフランスの文化なのであろうか。また文化の定義を個々人の生活様式に深くかかわるものとして考えるとき、そもそも「フランス文化」なるものは存在しうるのであろうか。これまでフランス文化の存在が自明のこととして論じられることが多かっただけに、われわれはそれを疑うことから出発してみよう。

実際、一つの文化の単位を国境によってくぎることが可能であろうか。パリの文化はフランスのブルターニュ地方やマッシフ・サントラル地方の農民の文化よりも、むしろロンドンやニューヨークの文化に近いし、同じパリであっても知識人の生活と労働者の生活の違いは大きい。しかもパリ在住の知識人にしても労働者にしても、かなり大きな部分を外国人や移民が占めており、それらの異質な要素を排除すれば、フランスの社会そのものが崩壊するだろう。都市と農村の文化的な差異は別としても、フランスの地方にはパリと異なったさまざまな異質な文化が存在している。フランスは人種のるつぼであって、特定の人種の特徴からフランス文化を論じることはできない。フランス語は一つの目安となるだろう。だが一九世紀のなかばころには、まだフランスの地方の住民の半数はそれぞれの方言を用いていて、いわゆるフランス語が使えなかったことを忘れてはならないだろう。それにこの場合、海外諸県やカナダ、スイス、ベルギーあるいはアフリカにおけるフランス語圏の文化との関係をどのように考えればよいのであろうか。たとえばカナダのケベック州の文化は、フランス語を話す住民による文化の、フランスとは異なったもう一つの可能性を示している。

こうして単一不可分の共和国に見合った単一不可分の均質な「フランス文化」の存在は一種の神話であり、中央集権的なイデオロギーの生み出した一つの幻想にすぎないのではないかという疑いが強くなる。だがここで注意すべきは、かりにそれが幻想にすぎないとしても、そのような幻想自体もまたすでにフランス的な文化の特徴的な一側面をなしているということである。現在フランスとよばれている国の文化の特徴を観察するためには、文化を変化の相のもとにとらえて、その多様性と普遍性に注目しつつ、対立と葛藤《かっとう》、そして局地的な均衡と調和を繰り返しながら形成されつつあるダイナミックな文化のモデルを考える必要があるだろう。以下そのような文化モデルを思い描いた場合に、重要だと思われる特徴を要約的に記しておこう。

この当時、私はまだ文明と文化についての考えを深めることができていないので、幸か不幸か論旨は明快になっているが、いまもし同じ項目について書くとしたら、フランスには「文明」があって「文化」はない、というまた別のテーゼがここに入ってきて、話は混乱するかもしれない。だがここに書かれてあることは基本的には正しいのではないかと、私は今では次第に確信を強めている。細部についてのちがいは多いが、同じ観点からヨーロッパ各国の国民文化についての疑いを書くことができるだろう。アメリカやカナダのような新世界の多民族国家にかんしては事情は非常に異なっているが、国名を付した文化の虚構性にかんしてはもっとはっきりした結論がでるかもしれない。アフリカやアジアの諸国、とりわけわが日本文化についてはどうであろうか。そこで私は「日本文化は存在するだろうか」とときどき自問する。あるいは知人に質問してみる。なかには用心深く笑って答えない人もいるが、「何を馬鹿な質問を。存るにきまっているじゃないか」と考えている人が大部分である。

自明とみなされているものこそ疑ってみようというのが私の主義だから、数年前から担当することになった「比較文化論」の授業でも、同じ質問を出してみた。他にも五つほどの設問が用意されていて、そのうちの一つを選んで論じなさい、という論文形式の試験なのであるが、九五〇人ほどの受講生の半数以上がこの問題を選んで書いている。読んでみるといずれもなかなかの熱論である。最近、学生たちのあいだに日本文化論に対する関心が年々高まっていることは知っていたが、興味深いのはこのテーマを選んだ学生の大部分が、まるで自分自身の存在理由を疑われ彼らの誇りを傷つけられたかのように、懸命に時にはきわめて激しい調子で日本文化を弁護し、日本文化の存在を証明しようとしていることだ。これに対して日本文化の存在に疑問をもつもの、あるいは否定的な判断を下した回答はきわめて少なく、全体の一割にも満たない。

どちらの立論にも共通しているのは、日本文化が古代中世は中国－朝鮮文化の、近代以後は西洋文化の圧倒的な影響下にあった、といわれることに対するこだわりである。日本文化の存在を肯定し強調する主張の多くは、たしかにそのような外国文化の影響は大きかったが、しかしその影響下で日本は独自な文化を創出しえた、例えば、仮名や短詩形文学、源氏物語、茶道や桂離宮、……というような形をとる。日本文化の存在を否定する少数派は、そのように日本的といわれているものの多くが実は外来のものであることを指摘して「日本的なもの」の欺瞞を証明しようとする。そしてその中のごく例外的な数名の学生が、文化とは結局、個人の生き方の問題なのだから、「日本」などは私と無関係であることを主張する。最近増えてきた留学生たちの反応はやはり日本人の学生とは異なっている。日本文化不在論のもっとも強硬な主張者の一人はオーストラリアから来ている女子学生であったが、これは多民族国家オーストラリアの立場から考えるというよりは、現在ヨーロッパやアメリカに根強い、日本文化模倣者説の信奉者であったようだ。これに対してむしろ韓国や台湾の留学生のほうが、日本文化の存在をみとめるほうに傾いているが、それは日本文化の独自性を認めるというよりも、中国や朝鮮の文化の存在を無前提に認める以上、日本文化の存在も認めざるをえない、といったタイプの論じ方である。

日本文化の存在を肯定する多数派の学生にとって、最大の関心事は自己を日本文化にいかに同一化させるか、ということにあるようだが、しかし彼らの日本文化のイメージは概して出来合いのパターン化されたものであって実質は貧しい。他方、少数派の学生の文章は、個性的で独創的な見方があるのだが、概して説得力に欠けている。だがいずれにせよ、「日本文化」という言葉が学生たちに強く訴えかける力をもったイデオロギー的言葉であることは確かだろう。

国家は文化の単位として適切であろうか、という設問は、どうやら若者たちの眠れるナショナリズムを目覚めさせてしまったらしい。「フランス文化」は存在しないのではないか、という議論には大した関心を示さなかった学生も、「日本文化」の存在が疑われるとなると過敏といってもよいほどの反応を示す。「日本文化は存在するか」という設問には、どこか聖域を犯す冒瀆の響きが感じとられるのであろう。比較文化論の一番の難点はおそらくここにある。それはいつの間にかナショナリズムを引きこんでしまう。国家の問題にかかわらない場合でも、ある個人や集団のアイデンティティの問題がかかわってきて議論がいつの間にか感情的イデオロギー的な調子をおびてしまう。文化論とは究極的には価値の問題を扱うのだから、これはある意味では当然なことだろう。だがここで興味深いのは、われわれは個人の好みの問題にかんしては、さほど熱心に争わないのに、問題が宗派や国家間のことになると熱狂して時には流血の惨事をひきおこすということだ。比較文化論はこの事実を冷静に正視するところから始めるべきだろう。

〈民族〉概念の揺らぎ

「日本文化は存在するか」という設問を自分に課して考えあぐねていたとき、私は思いがけず自分の問いに答え、そうした問題意識を正当化してくれる文章に出会ってほとんど狂喜した。文化人類学者の岩田慶治氏が『京都新聞』のコラム欄（「現代のことば」）に書かれた「日本文化と自分文化」と題するエッセーである。岩田氏はその中で、「国際化」の掛け声が高いなかで日本文化論が流行していることに触れ、「それは大いに結構であるが、そのさい日本文化の存在が当然の前提とされている嫌いがある。日本文化とは何か、果して日本文化と呼べるものがあるのか、という根本的な自己反省から出発してもよいのではなかろうか」と記されている。この「現代のことば」はその後、幾冊か出版された氏の著作にも収められていないし、その後この問題を考える際の私の導きの糸ともなった文章であるから、以下、氏の許しをえて、その全文を引用させていただく。

日本文化と自分文化

もう二十年あまり前のことであるが、私は『日本文化のふるさと』という本を書いた。この本は表題に日本文化を謳《うた》ってはいるものの、その内容は、海の彼方の東南アジア各地に見いだされ、その構造が日本文化とよく似た文化について述べたものである。

岩戸隠れ神話と酷似する伝承を紹介し、鏡と玉と剣を飾っておこなわれる宗教行事について述べ、高木と鳥居と社《やしろ》のむすびつきと、それをめぐる神事について数多くの事例をあげて解説したものである。これこそが日本文化のシンボルだといわれていたものが、実は海の向こう側にもあるという事実に注目して、いわゆる日本文化の普遍性に着眼したつもりなのである。

文化というものは、言語がそうであるように、漂流し、土着し、変化するものである。同じ文化でも、厚く堆積したところと、表面的に撒布《さっぷ》されたところがある。濃淡があり、分布のむらがある。だから日本文化の固有性、特異性を主張するには慎重でなければならない。

このごろ、国をあげて国際化が唱えられ、その声、その流れのなかで日本文化を再認識しようという試みが活潑《かっぱつ》である。

それは大いに結構であるが、そのさい日本文化の存在が当然の前提とされている嫌いがある。日本文化とは何か、果して日本文化と呼べるものがあるのか、という根本的な自己反省から出発してもよいのではなかろうか。

さて、はじめに触れたような文化比較論から離れて、換言すれば遠景としての日本文化論ではなく、一歩、その文化の内部に踏みこんでみよう。日本文化と呼ばれる額縁を取り外して、自ら画面の中に入って筆を取るといってもよい。

そうすると、そこに見られる光景は外からの眺めとはずいぶん違うのである。そこに見えてくるのは、作者の行為とその作品なのである。農民は稲を育てて米をつくる。みかん農家はみかんの木を育ててみかんをつくる。別に、日本文化をつくっているわけではない。

人麻呂は亡き妻を偲《しの》んで挽歌《ばんか》をつくり、赤人は自然の寂寥相を歌って自分を表現した。能だって、茶道、華道だって、また、茶碗をつくる人も、それぞれの創造者はその道によって自己表現を試みたのである。親鸞や道元が生涯をかけて追求したところは、日本文化とはかかわりのない世界であった。

創造者たちはそれぞれに自己表現の究極を目ざしたのであった。別に、日本文化をつくろうとしたわけではない。強いていえば、自分文化をつくろうとしたのである。

万葉集には自《おの》ずから万葉調のリズムが流れ、古今集には、また、それなりの微妙な言葉のひびきがある。だから、そこに日本文化の基調音を聞きとることはできるかもしれない。しかし、それは作者の与《あずか》り知らぬことで、作者は自分の作品が日本文化の標本にされることに迷惑しているかもしれないのである。

文化という歴史的な堆積物を、どういう額縁にいれるか、それを人間集団のどのレベルで切って、その截断《さいだん》面を点検したらよいのか。自分か、民族か、国民か、人類か、それとも草木虫魚か。それが問題である。

私としては、まず、これらの名称のもつ言葉のあいまいさを正したいのである。「自分って何」、「民族って何」、「国民って何」、「人類って何」、「草木虫魚って何」。言葉を正して、文化を創造する。

私の願うことは、日本文化を支えることではなくて、自分文化を開花させることなのである。

岩田氏の発想はしばしば常人には思いもよらぬ天才的なところがあって、その一端はこの短いエッセーにも現れているが、しかし一読して、これこそ全文がまさしく私のために書かれたメッセージであるように思われたのであった。例えば終りのほうに次のような一節がある。「文化という歴史的な堆積物を、どういう額縁に入れるか、それを人間集団のどのレベルで切って、その截断面を点検したらよいのか。自分か、民族か、国民か、人類か、それとも草木虫魚か。それが問題である」。私は、せいぜいチンパンジーどまりで「草木虫魚」までは思いが及ばなかったが、私もまさしくそこから「フランス」文化や「日本」文化の問題について考えはじめたのであった。ここでもしばらくこの文章を手がかりに議論を進めてみたい。

フランス文化や日本文化の存在に疑問をいだくということは、文化の問題を「民族」や「国民」のレベルで切り取ることについて疑問をいだくことである。より一般的な形で「国民文化」への疑問と言いかえてよいであろう。多民族国家の例を引くまでもなく、「国民」は一般に雑多な文化を担う集団の集まりであるから、「国民」がある単一な文化の基礎的な集団でありえないことは誰の目にも明らかだろう。ある人間が××人と呼ばれるのは、その国の国籍を有することが唯一の条件であって、その人物の文化的な内容は問われない。またベネディクト・アンダーソンがいみじくも定義したように「国民とはイメージとして心に描かれた想像の政治的共同体」であって、心に描きだされたような「国民」が現実に存在するわけではない。

では「民族」であれば文化の基礎的な集団となりうるであろうか。一般に民族は文化の母胎であると考えられている。だが「民族」は「国民」以上に曖昧な概念である。「国民」にはその容器ともいうべき国家があり、領域を区切る国境があるが、「民族」の境界を定めるものは想像力以外に何もない。

ヘルダーによって発見された「民族」はロマン主義的夢想によって育てられ、国家主義によって喧伝された。だが世界の新聞のほとんど半分のページを民族問題が占める今となって

「民族」のイメージは急速に輪郭を失いはじめた。最近の論者は民族の定義にかんしてはみな逃げ腰である。「民族――人類学、民族学において民族は「文化」同様にキー・コンセプトでありながら、これまで万民を納得させる定義の下されていない術語であり、概念である。とりあえずは、特定の個別文化およびそれへの帰属意識を共有する、人類の下位集団と定義しておこう」――これは最近に出た『文化人類学事典』(弘文堂)の「民族」の項(井上紘一)の冒頭部分である。『社会学事典』(弘文堂)は民族にかんする旧来の社会学的解釈を要約的に示したあとで次のように述べている。――「現代は、政治学的民族概念の援用を必要としている。その根拠は、政治権力が民族をシンボルとして操作しているからである。政治学的観点から、民族は文化的シンボルによって統合された政治的共同体であり、政治権力によって操作される政治的虚構である。現代的状況からすれば、権力イデオローグは、特定の政治的・経済的目的達成のために、民衆を動員する手段として民族の存亡を掲げて大衆にアピールする。民族が〝下から〟形成される反面、〝上から〟操作される点に注目しなければなるまい」。――『社会学事典』はさらに民族に代わる概念としてエスニック集団の登場を指摘し、民族の項目を次のようにしめくくる。――「民族に代わるエスニック集団やエスニシティ(ethnicity)概念の浮上は、さまざまな環境と国に住む人びとが、それぞれの集団の特異性とアイデンティティと新しい権利を主張することによっている。エスニック概念は、民族概念を塗りかえる可能性を、十分に宿しているといえよう」（今野敏彦）。

歴史学においても民族に代わってエスニック・グループに注目し、エスニシティの概念を使おうとする動きが次第に顕著になってきている。それは学問の領域としては歴史学の民族学への接近であり、対象としては中央に対する地方、エリート文化に対する民衆文化への関心の高まりと一致しているが、そうした動きの背景には、さまざまの歴史的事件を経て国民や民族の虚構性が次々とあばきだされてきたという最近の歴史的状況があるだろう（歴史学における民族とエスニシティの問題にかんしては、二宮宏之氏の「ソシアビリテの歴史学と民族」川田順造、福井勝義編『民族とは何か』岩波書店、所収、や井上幸治編『民族の世界史 8――ヨーロッパ文明の原型』山川出版社、所収の座談会「ヨーロッパにおける『民族』」を参照されたい）。

文化人類学者の綾部恒雄氏によるエスニック・グループ（民族集団）の定義は次のとおりである。「国民国家の枠組のなかで、他の同種の集団との相互行為的状況下に、出自と文化的アイデンティティを共有している人々による集団」（「エスニシティの概念と定義」『文化人類学』2「特集＝民族とエスニシティ」所収、および「『民族』問題とエスニシティ」と題された一九九一年七月一七日の『朝日新聞』夕刊の記事）。この定義の第一の特色は静的な概念である民族（エトノス、綾部氏によれば「言語、信仰、生活慣習などの個別文化を共有し、我々意識で結びついている人びとの集団」）に対して国家内部における民族内関係の動的なプロセスが強調されていることであろう。第二の特色は「国民国家の枠組のなかで」の問題であることが強調されていることであるが、この点は先に引用した歴史学の場合とはややニュアンスが異なっている。二宮氏の場合は上位文化（「国民文化」）にたいする対抗的な側面が強調されているのに比して、綾部氏の場合は諸集団の協調に力点がおかれているように読みとれるからである。これはおそらく綾部氏が、一二〇以上の民族集団を含む巨大な多民族国家アメリカにおける諸民族集団間の融合の問題に集点をあてて論じておられるからであろう（だがアメリカにおいてもマイノリティ・グループの文化的主張は当然、上位文化であるアメリカ文化への抗議となりうることは多いし、またそうした国家内民族集団の形成はアメリカ大陸の征服の歴史は別としても、移民や外国人労働者といった今世紀の世界的な大民族移動に連動しているのであるから、民族集団の問題は国民国家の枠組みを越える問題に発展するのではないだろうか。いずれにせよここでは民族という概念もまた文化を担う単位としては維持しえなくなっている現状を示すことが主な目的なので、この問題は疑問を記すだけにとどめておこう）。

こうして「国民文化」の概念は、国民や民族の虚構性が歴史的な現実によってあばかれるに応じて、しだいにその基盤から浸食されている。「国民文化」としての日本文化、フランス文化、アメリカ文化、等々について論じるときには、このことをはっきりと念頭におくべきだろう。では日本文化は存在しないのか。この問題をもう少し厳密に考えてみよう。私は基本的にはフランス文化について論じたことが日本文化についてもあてはまると思う。つまり、日本にはさまざまな文化があるが日本文化は存在しない。しかしながらフランス文化と日本文化を同一に論じることはできない。文化と国家と民族の一体性がフィクションにすぎないことはフランス文化やその他の国々の文化についてはは容易に証明できるが、日本についてはそれが必ずしも容易でないからである。この日本的特殊性について加藤典洋氏は、『社会学事典』(弘文堂)の「日本人」の項で「日本人概念の〝重ね餅〟構造」という言葉を用いてきわめて興味深い説を展開している。以下にその冒頭の部分を引用しよう。

日本人という概念の特徴は、その多重構造性の強さにある。日本人は現在の日本人にいたる前に、まず日本列島住民(日本住民)として現れ、次いで、他から形質的に区分される人種的な示差を示し(日本人種)、その後、日本語を創出し文化主体として自己形成し(日本語民・日本民族)、やがて国民身分秩序への編入を自己同定の基準とする存在

（日本人）に、自己をつくりあげてきた。しかも、この「日本人」は、その属する国家の帰属する世界が中国を中心とする古代東アジア世界から西欧を中心とする地球規模の世界へと移行するのに応じて、自己を編成し直し、現在の、日本国民とほぼ同義の存在へと形成されてきたのである。

単一均質な「日本人」の存在が疑われず、「日本人」があたかも超歴史的な存在であるかのようにわれわれの前にたち現れるのは、加藤説によれば、こうした歴史過程のそれぞれの結節点において、本来的な構造破壊が行なわれておらず、重ね餅のような多重構造になっているからである。こうして加藤は、「日本人」の虚構性を明かすために、「日本人」という概念が、いつどのような契機と段階をへて形成されてきたかを問い、四つの段階を設定する。(1)倭人から日本人＝和人へ（九世紀）。(2)日本人の実体化（一三－一六世紀、元寇と太閤検地）。(3)日本人の観念化（一八世紀、白石、宣長など）。(4)和人＝日本人からJapanese＝日本人へ（開国、とりわけ日清戦争以後）。——歴史的な分析についてはさまざまな議論ができるだろう。私がここで加藤の「日本人概念の〝重ね餅〟構造」説をとりあげたのは、「日本人」や「日本文化」にかんする先入見からわれわれが解放されるための一つの方法をそこに認めたからである。[*]加藤が「日本人」について述べていることは、そのままずべて「日本文化」についてあてはまるであろう。

＊――加藤典洋氏には「『日本人』の成立」と題された、さらにくわしい本格的な論考（『国際学研究』第二号、明治学院論叢、第四二六号、一九八八）がある。

ここで「日本文化は存在するか」というはじめの設問にかえって考えよう。「日本文化」にかんしてもっとも重要で決定的な段階は加藤のいう第四（「和人＝日本人からJapanese＝日本人へ」）の段階である。私は前章で近代的な意味での文化概念、すなわちKulturの翻訳語としての「文化」が初めて明確な形で語られた文章として、明治二一年の『東京電報』における陸羯南の論説をあげた。「国民文化」という語がこの文章で用いられるのは、羯南の考える「文化」の内実が「国民特有の性格」である以上当然だろう。羯南にとって「文化」とは「国民文化」にほかならない。だがこの文章や後の文章においても羯南は、「欧米の文化」「外国の文化」あるいは「外国文化」といった言葉は頻発するが、ついに「日本文化」という言葉は出てこない（これは三宅雪嶺の場合も同様で『真・善・美・日本人』には「泰西の文化」「支那の文化」の文字は出てくるが「日本の文化」あるいは「日本文化」は使われない）。ここでは推論の域を出ないが、おそらく羯南には「外国の文化」と区別された日本の「国民文化」という意識はきわめて強烈であったが、しかしそれはきわめて観念的なものであって、統一的な「日本文化」のイメージはいまだ明確には形成されていなかったのではなかろうか。「国民文化」が「日本文化」として結晶するためにはさらにいくつかの契機が必要であり、天皇を核にして「日本文化」のイメージが形成されるにつれて、今度は「国民文化」の概念が退いてゆくという逆説的な過程が想像されるのである。

近代的な国民国家の成立とともに国民統合のイデオロギーとして形成された文化（「国民文化」）とそれ以前、あるいはそれ以外の文化とを区別する必要があると思う。原理の上では、平等な個人の集合体であり、伝統や宗教といった旧来の共同体の絆を断ち切ったところに成立する近代的な国民国家は、本来的に欠如している共同性を再構築するために、新しい宗教（ナショナリズム）と新しい伝統（国民文化）を創出しなければならない。これは実現された形態やその過程の違いはあるとしても、基本的にはあらゆる国民国家に起こったできごとであった。官民を問わず、あらゆるイデオロギー装置が新しい国家の「神話」創出のために動員されたのであった。政府の側が国家の存亡にかかわるこの事業に専念するのは当然であるが、自由民権運動や社会主義をも含めて、主観的には反政府、反権力を主張していた運動も、結果的には国民統合のイデオロギーの強化に役立ったのである。一例をあげれば明治二〇年代からごく最近にいたるまで、いく度かくりかえされた「国民文学」をめぐる論争である。坪内逍遥、二葉亭四迷、北村透谷、徳富蘆花、高山樗牛、保田与重郎、高倉テル、竹内好、等々、この論争の登場人物の顔ぶれをみてもわかるように、この論争は時には封建制イデオロギーからの解放を、時には伝統への回帰を、時には民族の立場から、いつの時代にも情熱的に論じられてきたが、いずれの側から論じられるにせよ、国民統合のイデオロギーの強化に貢献したことに変わりはない。あの熱狂はいったい何であったのだろうか。「国民」や「民族」の虚構性があばかれはじめた今、国民国家の枠組みのなかでたたかわされた論争をふりかえって眺めると、まるで蟬の脱け殻を見る思いである。

国民国家による神話や新しい伝統の創出は、新しい歴史の創出であり、過去の発見と歪曲を伴っていた。そうした事態は、フランスにもドイツにもアメリカにも存在したが、日本の特殊性は、天皇を核にまことの神話の創出にまで至ったのである。「日本文化」はそうした「国民文化」の必要性によって生みだされ、「国民文化」のもっともイデオロギー的な中核を表現することになった。だが「日本文化」が仮にフィクションにすぎないとしても、それによって「日本文化」が意味を失うわけではない。「日本文化」は「国民」や「民族」と同様、その虚構性ゆえに、ますます強力な作用をおよぼすことができるからである。この意味では

「日本文化」は現実であり、「日本文化は存在する」と答えなければならないだろう。

文化相対主義の役割と限界

現在のわれわれの生活と感性を根底から規定しているのは、何よりも国民国家のルール（法律や経済）であり、国民国家のイデオロギー（日本文化）である。国民国家のイデオロギーを絶ち、それから解放されるためには二つの方向が考えられる。一つは文化の単位を小さくとって地域社会や家庭や個人にかえる方向であり、他は文化の単位を大きくとって人類や生物や世界に同一化する方向である。文化概念が国家のイデオロギーの強い作用を受ける以前の形成期には、文化概念が世界平和主義や世界市民主義につながる例（カント）を、われわれはすでに観察した（岩田慶治氏は文化の境界を人類に限らずに、他の動物や生物にまで拡大するという自説をすでに他の著作で展開されており、それがここでは「草木虫魚」という言葉として記されている）。これはきわめて重要な興味深いテーマであるが、それについて考えるいくつかのヒントや手だてがすでに与えられており、ここでは省略してもよいだろう。

もう一方の極である自分文化あるいは私文化については、どう考えればよいのだろうか。外側から見た文化論でなく、文化創造者の行為に立ちいって文化の問題を考えるべきである、という岩田氏の提案に私が強く共感したのは、文化論には一般に主体の観点が欠落していると感じていたからである。

……遠景としての日本文化論ではなく、一歩、その文化の内部に踏みこんでみよう。

……

そうすると、そこに見られる光景は外からの眺めとはずいぶん違うのである。そこに見えてくるのは、作者の行為とその作品なのである。農民は稲を育てて米をつくる。みかん農家はみかんの木を育ててみかんをつくる。別に、日本文化をつくっているわけではない。

この文章には、次節で読む坂口安吾の『日本文化私観』にきわめてよく似た調子がある。もっとも岩田氏は農民のような生活者だけでなく、次には人麻呂や赤人のような歌人、親鸞や道元のような宗教家、あるいは茶道や華道などにも触れた上で、次のような結論に導くのである。

創造者たちはそれぞれに自己表現の究極を目ざしたのであった。別に日本文化をつくろうとしたわけではない。強いていえば、自分文化をつくろうとしたのである。

このような議論には当然、さまざまな反論が出されるだろう。農民が米やみかんを作るのは一個人の行為ではなく、父祖伝来の技術と多くの人の協同作業の結果であるし、天才的な創造者たちも中国や日本の何世紀にもわたる伝統のなかで、他人によって作られた道具を用いることによって、自己表現に到達しえたことはいうまでもない。「自分文化」という表現は、特定の集団における伝達や学習によって形成されるものを文化と呼ぶ、一般的な文化の定義に矛盾している。だが他方では、普遍に対する個別性という文化概念をつきつめてゆけば、文化は必然的に個の問題に直面するはずである。

私文化を提唱したのは、おそらく岩田慶治氏が最初ではないと思う。私の知るかぎりでは、加藤秀俊氏が『文化の社会学』（PHP、一九八五）に収められた連続講義のなかで、「「文化の」最終単位は〝個人〟」、という提案をされている。もっとも加藤氏の場合は、上位文化である国民文化を、世代別、性別、地域別というようにさまざまなサブカルチャーに分化していけば、最後には「家」と「個人」に行きつくという論理的な発想であって、次の文章にも見られるように、その場合の「個人の文化」に積極的な意味を与えるところまでは行っていないし、「日本文化」を前提としての「個人の文化」である。

これはたいへん乱暴な理屈でありまして、こんなことをいった学者はいままでわたしの知るかぎりあまりいないのでありますが、〝文化は分化可能である〟という前提にたって、もしも微分方程式によって文化をサブカルチャーに分けてゆくとしますと、その最終的な単位は個人というところにおちつくのではあるまいか、とさえおもうのであります。

しかし、その単位としての個人は、ちゃんと日本文化という大きな文化のなかで生きている。とすると、社会全体と個人とのあいだの弁証法が文化をつくっているのでありましょう（一〇五頁）。

人類学者や社会学者のような文化の専門家が「私文化」という言葉に慎重であるのは理解できるが、私はここであらためて「私文化」を議題にのせることを提案したい。それは「日本文化」に対抗する拠点を明確にする点でも必要であるが、同時に文化の静的なとらえ方から脱して、岩田氏が示唆されているような文化創造の過程のダイナミズムを見とどけるためにも必要であろう。民族（エトノス、ナション）の固定的な概念では見落とされる民族関係の動的なプロセスを観察するためにエスニシティの概念が必要となった事情（先述の綾部、二宮論文を見よ）とのアナロジーで文化の問題を考えれば、日本文化に対するのは地域文化となるであろう。さまざまなレベルの文化の動的な関係とプロセスが考えられなければならないのはもちろんである。だが、忘れてならないのは文化は究極的には価値観の問題であるということだ。価値を決定するのは最終的には個人である。「私」の選択は一つの文化のなかで自己の位置を決定するだけでなく、一つの文化を捨てて他の文化を選ぶこともありうるだろう。そしてそのような個のあり方が、より上位の文化の性質を変えてゆく。

ここで「日本文化」のもうひとつのイデオロギー的な性格について触れておく必要があるだろう。「国民文化」も「日本文化」も他国の文化との差異に敏感であって、他国と区別された独自な国民性を強調する。こうしてフランス人の知性、イギリス人の不屈性、ドイツ人の規律、ロシア人の神秘性、アメリカ人のダイナミズム（以上はA・シーグフリード『西欧の精神』による）、あるいは日本人の精神性（武士道）といった国民性の神話が成立する。比較文化論のおちいりやすい罠である。ところで「国民文化」は国民に共有されているはずの文化を問題にするのであるから一定の限界内での平面的なひろがりという方向性をもつ。これに対して「日本文化」は同じ国民性の神話を共有するとしても、垂直の方向性をもつといえるだろう。「日本文化」は階層的な秩序を前提としており、また「日本文化」の求める純粋性は、つねにより遠い過去へと遡上してゆくからである。だがこの両者は文化を静的固定的にとらえる点では共通している。むしろ文化の固定的なイメージを構成する二つの方向性と言うべきであろう。「国民文化」と「日本文化」はいずれもその本性上、異文化を排除する。「日本文化」の概念を支えている固定的な文化モデルは現実に適合しないばかりでなく、国際的な文化交流のイデオロギー的な障害となっている。——これに対してわれわれは、より現実に適合した動的な文化モデルにもとづく文化変容と異文化交流の理論を考える以外にない。

岩田氏の文章にあるように、「文化というものは、言語がそうであるように、漂流し、土着し、変化するものである」という観点が必要だろう。この岩田氏の言葉とともに思いだされるのは、フェルナン・ブローデルの、「文明」には特有の構造と変容のリズムがある、という指摘である（『諸文明の文法』）。ブローデルはここで「長期持続」の概念を文明に適応している（あるいは逆に文明の考察が「長期持続」の概念をもたらした、といえるかもしれない）。ブローデルはフランスの伝統に忠実に、「文化」ではなく「文明」の語によって論じているが、この指摘は、われわれが現在用いているような意味での「文化」や「異文化交流」を考える場合にもそのままあてはまるであろう。ここで重要なのは文化が「構造」をもつと同時に「変容」を続けるという点である。この問題を考える手がかりとして次の三点を指摘しておきたい。

第一に、「文化」が特有の構造をもつということは、それが一つの価値体系として、他の「文化」に対して排除と受容の作用をもつことを意味する。国民国家は文化の排他的側面や闘争的性格を強化させたが、国民国家という枠組みをはずしてみても、文化的接触とは二つの価値体系の接触であるから、必然的に闘争的な側面を含むことになるだろう。異文化の受容は、それを受け入れる文化の体系が全体として破壊されないことを前提としており、それはつねに受容と排除の境界線を引くための闘争を伴っている。国際化の掛け声が高まるとともに、文化交流が平和なお祭さわぎとして安易に考えられる傾向が強いので、この点をはじめに強調しておきたい。

第二に、文化は構造と体系をもつとしても、つねに交流と受容を続けるものであって、純粋な文化は、原理的にありえないということを強調したい。ある文化の形成と発展にさいしては、必ず他の「文化」との接触と交渉があり、受容と排除のくりかえしが行なわれなければ、その文化を維持し発展させることはできないだろう。ルース・ベネディクトは若いころの手紙のなかに、「文化変容の結果生じる差異にはきわめて大きなものがあるので、それにくらべれば文化的特徴がその地方で創出されたか他の地方から伝播したかという問題はたいしたことではないということを発見したとき、まるでそれが新しい宗教のように感じられた」というマリノウスキーの言葉を記している（M・ミード編著、松園万亀雄訳『人類学者ルース・ベネディクト』社会思想社、四六頁）。起源の神話を打破しなければならない。「純粋な文化」は国民国家のイデオロギーが作りあげた幻想にすぎない。純粋な文化に対して雑種文化があるのではなく、文化とは本来、雑種的なものであろう。文化は受容と変容を続けるものであって、異文化交流は文化の存在条件である。また主体の側から見れば文化交流とはたんなる交流ではなく、多少とも自己変革を伴っている。国際化とは自‐他の変容である。

第三に、他の文化との接触はつねに闘争的な側面を含み、文化の歴史は受容と変容の歴史であるとしても、文化的な接触は当の文化の体系にはおさまりきれない第三の領域を生みだすことがありうるし、現に長い歴史を通じて人類に共通の部分が拡大しつつあることを指摘したい。ここでその部分を世界性と呼ぶことは許されよう。幕末や明治初期に世界にのりだした日本人が、くりかえし期待をこめて口にしたあの「万民（国）法」（droit des gens）という言葉をここで思いだすのは場違いではないだろう。「万民（国）法」を国家間のルールを定めたたんなる国際法ではなく、文字通り世界を構成する「人びとの法」として、世界性をもった世界共通の文化として理解するとき、われわれはこれまで、歴史的制約としておおね否定的に述べてきた国民国家や世界的な国家のシステムにも、世界性への契機が含まれていたことを認識できるであろうし、また欧化と国粋の循環や異文化交流にかんする理論のペシミスティックな隘路から脱けだすことができるであろう。そしてそのとき「文明」と「文化」の語は、国民国家の時代の歴史的規定性から解き放たれて、本来の姿を現すことができるかもしれない。

最後に文化相対主義にかんして一言つけ加えたい。文化相対主義はあらゆる文化に独自の価値を認めることによって自己の文化を最高とみなす自民族中心主義に対抗し、植民地主義の時代の人類学者の良心の役割をはたしてきた。もっとも文化相対主義の欠陥を指摘するのは容易である。文化相対主義はこれまでにも人類に共通の普遍的価値を放棄するものとして批判されてきたし、またそうした諸文化に対する中立的な態度は、結局は諸文化の現状維持を助けるものであるとして革新的な研究者たちの批判の対象となる。同じように文化相対主義の現実に対する無責任を問う批判は当然保守派からも出されるはずであり、最近話題になったアラン・ブルームの『アメリカン・マインドの終焉』はそうした批判の現代版として文化相対主義を受け入れたアメリカのリベラルの知的頽廃をついている。だがそうした批判を視野に入れた上で、私はここでは少しちがった立場から文化相対主義に対する疑問をだしておきたい。それは文化相対主義に認められる国民国家のイデオロギー的残滓についてである。

文化相対主義は世界のあらゆる文化の独立と固有の価値を認め主張することによって、結局は文化的な世界地図を描き、文化の国境を作りだしてしまったのではなかったか。文化相対主義は国民国家のイデオロギーの批判として出発しながらも、結局は国民国家の固定的な文化モデルを受け入れている。こうした観点からは、移動し変容する世界の諸文化の姿をとらえることはできないだろう。文化相対主義の果たした役割を十分に理解し、評価した上で、文化相対主義をいかに越えるかという問題をプログラムにのせなければならないと思う。

9——二つの『日本文化私観』——ブルーノ・タウトと坂口安吾

対立的な二つの文化観

坂口安吾の『日本文化私観』は、とりわけ「法隆寺も平等院も焼けてしまって一向に困らぬ。必要ならば法隆寺をとり壊して停車場をつくるがいい」という一句によって長いあいだ衝撃を与え続けてきた。読者の多くは一読して、これが戦後に記されたいかにも戦後の廃墟にふさわしい文章であると考え、それが第二次大戦の最中に書かれたことを知って、ふたたびその主張の大胆さに驚くであろう。だが安吾の『日本文化私観』をまっとうな文化論として取り扱い、その現代的な意味と射程を論じた文章はそれほど多くはない。*

*——私の知るかぎり、この問題にかんしては『現代思想』一九九〇年八月「特集＝坂口安吾——堕落の倫理」に収められた諸論考がきわめて刺激的で興味深い。

安吾の『日本文化私観』がタウトの『日本文化私観』の反論として書かれたことも知られ

ている。だが両者を綿密に読みくらべて、いかなる点において安吾がタウトの本質的な批判になりえているかを明らかにした文章はほとんどないといってよいだろう。文化論の素人である坂口安吾の文章を世界的な建築家であったタウトの文化論と比較するのは、筋違いというものであろうか。私はそうは思わない。安吾の『日本文化私観』はタウトの『日本文化私観』に対するおそらくもっとも鋭い本格的な批評になりえているだけでなく、日本文化論のもう一つのあり方を示すことによって、現代の文化論がおちいった隘路からの抜け道を示していると思う。

ドイツの建築家ブルーノ・タウトが、ナチス支配下のベルリンを逃れてスイスに亡命し、フランス、ギリシア、トルコ、ソ連——シベリアを経てウラジオストクから敦賀に入港したのは一九三三年五月三日であった。関西で設立された「日本インターナショナル建築会」の招待によって来日したタウト夫妻は、上野伊三郎ほか関西の建築家たちの出迎えをうけてただちに京都に向かい、大丸百貨店社長下村正太郎邸の客となっている。タウトが桂離宮をはじめて訪れたのは翌五月四日、タウト五三歳の誕生日のことであった。以後、タウトは一九三六年秋にイスタンブールの国立芸術大学建築科主任教授としてトルコに招かれるまで、ほぼ三年半にわたって日本に滞在する。その間、建築家としての仕事にはあまり恵まれなかったが、日本の建築家たちとの交流、建築論や日本文化にかんする数多くの著書や講演によって、日本の建築家や知識人に大きな影響を与えた。とりわけ桂離宮にかんする高い評価は、タウトをして桂離宮の発見者という「神話」を定着させた。フロイス、ラフカディオ・ハーンなどと同じく、近代の日本人が忘れてしまった日本的な美や日本的なものを再発見し、日本人の自覚をうながした外国人たちのなかでも、タウトは世界的に著名な建築家であり、いわばその道の専門的な権威であっただけに、その文章には説得力があり与えた影響も大きい。

日本文化にかんするタウトの文章を読みかえしてみてまず驚くのは、タウトが日本的なるものを、いかに早く見事に理解しえたかということである。『ニッポン――ヨーロッパ人の眼で見た』が出版されたのは一九三四年の五月、日本に着いてからちょうど一年目であり、『日本の家屋と生活』の出版は一九三六年の春、『日本文化私観』の出版は同年の秋であるが、翻訳に要した時間を考慮に入れれば、執筆の時期はずっと早くなる。短期間にこれだけ多くのことを深くしかも体系的に理解し表現しえたということは、日本滞在中の勉強はもとより、来日以前にある程度の日本にかんする知識や概念を得ていたことが予想される。そのことは、タウト自身が青少年期の思い出として語る、「青春派様式《ユーゲントシュテイル》」やジャポニスムの影響、あるいは著作に引用されているドイツ語や英語で書かれたさまざまの日本論*からみても間違いはないだろう。

*――タウトは『日本の家屋と生活』（篠田英雄訳、岩波書店）の序文で次の書物をあげている。

私が自分の印象を補足するために読んだ文献は夥しい数にのぼっている。世上に流布している書物は別として、まず最初に日本の古典の外国語訳を挙げねばならない。次に外人が日本の歴史や文化について書いた比較的古い著述を読んだ、例えば

アダムズ「日本史」(F. O. Adams : History of Japan, 1874)

モース「日本の家とその周囲」(Edward S. Morse : Japanese Homes and their Surroundings, 1886)

ジーボルト「日本」(Wilhelm Siebold : Nippon, Archiv zur Beschreibung Japans)

フォン・ランゲク「瑞穂」(Junker von Langegg : Segenbringende Reisahren, 1880)

ペリ「日本の開国」(Erschliessung Japans durch Kommandore Perry)

オリファント「シナと日本」(Oliphant : China and Japan, 1858)

その他である。また新らしいものには

サンソム「日本——文化小史」（Sansom : Japan, a short Cultural History）
吉田鉄郎「日本住宅」（das Japanische Wohnhaus）
グローセ「東洋の水墨画」（Ernst Grosse : Ostasiatische Tuschmalerei）
ザイドリッツ「日本版画史」（W. v. Seidlitz : Geschichte des Japanischen Farben-holzschnittes）
等がある。そのほか諸外国の日本通および日本人自身の著書もいくつかある。しかし諸種の新聞、雑誌から得た知識のほうが日本の生活の真相を知り、また私の経験や観察を深める最も大切な資料を提供してくれたようである。

他方、タウトを迎えた日本人たちの側にもタウトに対するある種の教育プログラムがあったと考えてよいだろう。井上章一氏の『つくられた桂離宮神話』には、タウトの権威を自分の側に引き入れようとする日本の建築家たちの二つのグループの対抗関係がたどられているが、そうした党派的な争いは別としても、タウトに親しく接した日本の友人たちが、初めて日本を訪れたタウトに、自分たちの日本像にふさわしい日本をそれもきわめて熱心に見せようとしたのは当然だろう。タウトの著作を読むかぎり、タウトはこうした友情にきわめて敏感であり、一種優等生的な理解の早さと素朴な誠実さをもって応えている。重要なのは、その結果タウトの日本文化論は、特定の時代的な風潮（大正期の第二次欧化期が終り第二の国粋的な時代への転換期であった）と日本文化にかんするある種のステロタイプ（この点にかんしては後にくわしく述べたい）を多分に引きこんでしまったことであろう。またそうした「純粋な」日本に固有の文化をとりだし評価するためにタウトがよりどころにしたのは、きわめて西欧的な、それもきわめてドイツ的な文化概念（これについてはすでに述べた）であった。だが私がここで特に強調したいのは、タウトがきわめて典型的な日本文化のイメージを生みだした結果、現在の数多い日本文化論の大半は、タウト的文化論のヴァリエイションに思える、ということである。

坂口安吾が『現代文学』誌に「日本文化私観」を発表して、タウトの『日本文化私観』に反論を試みたのは一九四二年の三月である。日本を去って二年後にイスタンブールで客死したタウトは、このときすでに世にいない。タウトの『日本文化私観』が出版された直後でなく、なぜ六年近くもたってから安吾は反論を企てたのであろうか。おそらく一九三四年や三六年の坂口安吾には「日本文化私観」は書けなかったであろう。安吾の「日本文化私観」にはすでにある確かな文学観や人生観の確立が認められるが、昭和九（一九三四）年や一一

（一九三六）年の安吾は苦しい放浪と混迷のなかにあって、まだその段階に達していないように思われるからである。それに「日本文化私観」に記されている京都滞在中のさまざまな体験は、一九三八年のことであった。だがそうした私的な出来事のほかに、この六年という年月は、日本が国粋主義的軍国主義的な傾斜を急速に強めて、一挙に第二次世界大戦に没入していった変化の激しい恐るべき時代であった。タウトが『ニッポン』や『日本文化私観』で描きだした日本的美徳や純粋で精神的な日本の美は、いまでは非常に異なったコンテクストのなかで軍国主義的な国策にふさわしいイデオロギーとして機能している。タウトが讃美した桂離宮や伊勢神宮を六年前と同じ目で見ることはもはや不可能であっただろう。坂口安吾があらためてタウトの『日本文化私観』を俎上に載せなければならなかった理由は、そこにあると思われる。

しかしながら坂口安吾の場合は常にそうであるが、彼が最終的に問題にしているのは、そうした時事的問題ではない。安吾の「日本文化私観」において論じられているのは「日本的」と称されるものの虚偽性と、より本質的には「文化」にかんする原理的な問題である。私がここで安吾の「日本文化私観」をあらためて問題にするのは、書かれた年から五〇年を経てそれが今なおもっとも新しく今日的な問題を提起していると思われるからである。安吾がタウトの『日本文化私観』をとりあげたのも、それがおそらくきわめて原理的、根本的な問題を提起していると考えたからであろう。

私が「二つの『日本文化私観』」の表題の下に以下に論じたいと思っているのは、そこに述べられているかぎりでの二つの対立的な日本文化観と文化にかんする原理的な問題であって、坂口安吾の文学観や人生論一般ではない。またブルーノ・タウトの芸術学や建築論一般であれば他の論じ方があると思う。したがって私は以下の引用を可能なかぎり二つの著作に限定して（もっともタウトの『ニッポン』と『日本文化私観』は、その性質上むしろ一続きのテクストと考えたほうがよいだろう——後者の原題は「日本の芸術——ヨーロッパ人の眼で見た」である）議論を進めたい。それはタウトと安吾の全体像をゆがめることになるかもしれないが、そのような論じ方ができるということは、両者にとってこの上ない讃辞となりうるだろう。

文化価値と生活価値

ブルーノ・タウトが『日本文化私観』で論じているのは、究極的には一つの文化のあるべき姿である。坂口安吾が『日本文化私観』で論じているのも、究極的には一つの文化のあるべき姿であるといってよいだろう。だが両者の結論は対極的といってよいほど異なっており、また両者の文化概念も非常に異なっている。また安吾の場合は、明らかにタウトを意識して「日本文化私観」という表題をつけたのであろうが、そこでは「私観」という言葉に特別の重要性が与えられる——安吾にとって「私観」でない文化論にどれほどの意味があったろうか。これに対してタウトの「日本文化私観」は翻訳者かおそらくは書店のつけたタイトルであり、この場合重要なのは原題に与えられている副題「一ヨーロッパ人の眼で見た」であろう。ここにはすでに両者の文化観の基本的なちがいが表れている。

まず坂口安吾のタウト批判がどのような形で行なわれているかを見てゆこう。安吾の『日本文化私観』は次の四章からなっている。一、「日本的」ということ。二、俗悪に就て（人間は人間を）。三、家に就て。四、美に就て。そのうちタウトの名前が頻出するのは、第一章と第二章で、後半にはほとんど出てこない。しかしながらこれは話のきっかけにタウトが利用されたというのではなく、前半でタウトが提出した問題にそれぞれ安吾流の返答＝批判を与える形をとりながら、後半では問題をいっそう掘りさげてより原理的な問題を扱う構成をとっているからであろう。

安吾は第一章の冒頭を次のように書きはじめている。

僕は日本の古代文化に就《つい》て殆んど知識を持っていない。ブルーノ・タウトが絶讃する桂離宮も見たことがなく、玉泉も大雅堂も竹田《ちくでん》も鉄斎も知らないのである。況《いわん》や、秦蔵六《はたぞうろく》だの竹源斎師など名前すら聞いたことがなく、第一、めったに旅行することがないので、祖国のあの町この村も、風俗も、山河も知らないのだ。タウトによれば日本に於ける最も俗悪な都市だという新潟市に僕は生れ、彼の蔑《さげす》み嫌うところの上野から銀座への街、ネオン・サインを僕は愛す。茶の湯の方式など全然知らない代りには、猥《みだ》りに酔い痴《し》れることをのみ知り、孤独の家居にいて、床の間などというものに一顧を与えたこともない。

けれども、そのような僕の生活が、祖国の光輝ある古代文化の伝統を見失ったという理由で、貧困なものだとは考えていない（然し、ほかの理由で、貧困だという内省には悩まされているのだが——）。

安吾がここで日本の古代文化にかんする自分の無知を誇張するような書き方をしているのは、伝統的な文化に対する日本人の無知と無関心を批判するタウトの文章に応えてのことであるが、同時に日本の大正教養主義といったものに対する批判もこめてのことであろう。玉泉、大雅堂、竹田、鉄斎などはタウトの『日本文化私観』の「芸術」に関する章で論じられた名前である。タウトによれば玉泉、大雅堂、竹田は「三つの一等星」であり、鉄斎は「日本のセザンヌ」、というよりはむしろ「セザンヌはフランスの鉄斎」というべき世界的存在であった。

安吾がここで「床の間」をもちだしているのは、タウトがこの書物の第一章に「床の間とその裏側」と題した章を配し、日本文化のもっとも象徴的なものとしての床の間とその裏側を、この書物のライト・モチーフとしているからである。タウトは床の間にかんして「地球上どのような芸術創造を見渡しても造形美術に使用するものとして床の間程に精緻を極めた形式を創り出したところは何処にもないと云ってよい」と、最高の讃辞を呈している。タウトによれば床の間はたんに芸術の集合場所、文化的要求の集中される場所として、その部屋のありようと建築全体の性格を決定づけるだけでなく、床の間の壁一枚をへだててその裏には書斎であろうと便所であろうと何があってもかまわないというその象徴的な意味において優れている。だが安吾は「孤独の家居にいて（この言葉の意味は第三章「家に就て」で明らかにされる）、床の間などというものに一顧を与えたこともない」とタウトの斬新な解釈を一蹴する。さらに幸か不幸か、安吾はタウトが日本におけるもっとも俗悪な都市とする新潟市の生れであり、タウトが「ハイカラ・モダニズム」として浅薄なアメリカ化ゆえに蔑み嫌う東京（「東京は日本でない」とタウトはくりかえし叫んでいる）のしかもネオン・サインの街を愛していた。安吾はこうして日本文化を論じるにあたって、タウトが嫌悪しもっとも激しく批判した日本と日本人像に自分を近づけ、その地点に身を置いて反撃を試みる。その際、安吾が「文化」と「伝統」に対して取りあげた武器は「生活」であった。

安吾はこうして冒頭の一節でタウトに対する自分の位置を明確にしておいて、タウトがある日、竹田の愛好家である日本の富豪の招待をうけたときのエピソードを紹介している。これは日本的な伝統と芸術へのイニシエイションの体験としてタウトが力をこめて書いた文章の一つであるから、ここでは少し長いがタウト自身の文章を引用しよう。

十二人の会員が美術を楽しむ目的で、或る商人の雅味に富んだ古風な家に集った、午後三時半から十時半迄の間のことである。

ここの主人は、主に約百年前五十歳で歿した竹田《ちくでん》のものを蒐《あつ》めていた。竹田は以前武士であったが、武士の生活を好ましく思わず、漢籍や中国文学の学者として、ほんの片手間《かたてま》に、道楽《どうらく》に画家になったのであると謂《い》われている。

整然《きちん》とした羽織袴《はおりはかま》の礼装で軸物の箱を持ってきた主人は、極めて鄭重《ていちょう》に、それを広い床の間に掛ける。その右手には白いえにしだとはうちわまめを活《い》けた古朝鮮の花瓶があり、その下手《しもて》には大きな石英造りの支那の古印が置いてある。さて私達は一人として口をきく者はなく、畳の上へ座っている者もあれば、側近く歩みよる者もある。それからして、一同が、その絵のことを語り合うのであるが——そこではみんなが美しい静けさを乱さずに、じっと一つのことに心を鎮《しず》めているのである。このようにして、日本風な室内建築のあの寂《しず》けさと、日本風な美術観賞のうちに、そして曇りなく澄みきった心のうちに、次々に絵が顕《あらわ》れてくるのである。これらの絵はどれもこれも、主人が自ら運んで来るのであって、主人は一同を楽しませることを何よりの喜びとしているのである。

私達はずいぶん沢山《たくさん》のものをみせてもらった。……

新しい絵が床の間に掛かると、以前の絵を部屋の壁の付鴨居《つけがもい》に掛けて行くので、青い竹の葉に包んだ出来たての粽《ちまき》を添えて、緑茶が供された頃には、私達の周囲は限りなく立派な珍宝で埋められていた。その上緑茶の茶碗まで竹田の絵が描かれていた。夫人や女中がお菓子のはいっている皿を各自の許《もと》へ運び、膝をついて丁寧《ていねい》にお辞儀《じぎ》をした。それからお茶を一人々々実に静かに、上品に饗応《きょうおう》してくれる。このお茶には種々な種類があり、中にはとても素晴しい香りをもったものなどがあった。特にその後で階下の間で主人が自ら茶をたててくれたりした。その階下の間で、主人は更に竹田の傑作をみせてくれた。……

この集会は一種の信仰《アンダハト》であり、食事すらがそうであった。私達が二階へ戻ってきた時、部屋には左右に五枚宛、菫《すみれ》色の座布団《ざぶとん》が敷いてあって、その座布団の前には御膳があり、その上には三重の漆塗重箱があって、その小箱を取出すと、その中には、非常に美味な御馳走が詰められていた。その他に、お吸物と焼き魚とが添えてあった。その様式は殆んど郊外のピクニックを想わせるものがあった。従ってその中央には日本の人達が遊山《ゆさん》に持って行くように（今は持って行かないかもしれないが）、お酒を入れる瓢簞《ひょうたん》が置いてあった。その瓢簞からはまず冷いお酒が注がれた。ここでも以前のお茶の時と同じように、絶えず接待給仕せられるので、客同士が受け渡しするなどということは全然なかった。みんなの食事が終った時、一同は重箱をすべて元通りに重ね、お吸物にもお魚の容器にも蓋をした。すると夫人や女中が黙々と膝をついて、お辞儀をして銘々の前から何もかもみんな下げて行ってしまった。

それから主人は、一座の真中《まんなか》に一並《ひとなら》べの小さな箱を持ってきた。その中には金銀銅の象嵌《ぞうがん》を施した素晴しい鉄鍔《つば》が納めてあって、その鏤彫《るとう》は拡大鏡でなければよく解らない程に綿密な細工がしてあり、中には私達を陶然とさせる程美しいものがあった。

それからが大雅（一七二三－七六）の絵であった……（森儁郎訳、講談社学術文庫、一二五－一二九頁）。


タウトがそこで見ることのできた竹田や玉泉などの絵にかんするくわしい記述の部分は省略した。タウトがこのようなもてなしにいかに驚き感動したかは以上の文章でも十分理解できるであろう。タウトのような外国人でなくても、例えば川端康成のような伝統的な古典芸術を愛した日本の作家をそこに置いてみたとしても同じような感動的な情景が描かれたことであろう。そこにはまさしく日本的な伝統と精神が生きている！　だがこれに対する坂口安吾の反応はきわめて厳しくまた投げ遣りでもある。――「こういう生活が『古代文化の伝統を見失わない』ために、内面的に豊富な生活だと言うに至っては内面的なるものの目安が余り安直で滅茶苦茶な話だけれども、然し、無論、文化の伝統を見失った僕の方が（そのために）豊富である筈もない」。

安吾がこのようなタウトの記述を読んでただちに連想しているのは、コクトーが来日したときの発言である。――「いつかコクトオが、日本に来たとき、日本人がどうして和服を着ないのだろうと言って、日本が母国の伝統を忘れ、欧米化に汲々《きゅうきゅう》たる有様を嘆いたのであった」。

タウトやコクトーに限らず、日本の文化に関心をもって来日したほとんどすべてのヨーロッパ人が、ほとんど同じような感想をもらしている。サイードであれば（サイードでなく福沢諭吉であっても）、一方で政治的経済的な圧力によって西欧化、近代化を強制しておきながら、他方で日本や東洋の西欧化を嘆くヨーロッパの人間の身勝手さに腹を立て、そうした発言の背後に救いがたい西欧人の傲慢とオリエンタリズムを感じとるであろう。だが坂口安吾の場合は、戦争が始まるとまっ先にルーヴル美術館の所蔵品を避難させるようなヨーロッパ的文化至上主義にあきれながらも、問題をより本質的な方向に転じて、次のような一見素朴な、だがタウトの論述の根拠をゆるがすような、原理的設問を提起する。

伝統とは何か？　国民性とは何か？　日本人には必然の性格があって、どうしても和服を発明し、それを着なければならないような決定的な素因があるのだろうか。

この自ら発した設問にこたえて安吾が展開している、伝統や国民性の虚偽にかんする議論はきわめて興味深い。安吾はまず、講談などで流布している仇討ちの物語から想像される憎悪や復讐心は、むしろヨーロッパの人間に強いものであって、日本人には本来希薄であったのではないかという疑問を、読書から得た知識（『三国志』や『チャタレイ夫人の恋人』における憎悪）や自らの体験に即して出している。

伝統とか、国民性とよばれるものにも、時として、このような欺瞞が隠されている。凡そ自分の性情にうらはらな習慣や伝統を、恰《あたか》も生来の希願のように背負わなければならないのである。だから、昔日本に行われていたことが、昔行われていたために、日本本来のものだということは成立たない。外国に於て行われ、日本には行われていなかった習慣が、実は日本人にふさわしいことも有り得るのだ。模倣ではなく、発見だ。ゲーテがシェクスピアの作品に暗示を受けて自分の傑作を書きあげたように、個性を尊重する芸術に於てすら、模倣から発見への過程は最もしばしば行われる。インスピレーションは、多く模倣の精神から出発して、発見によって結実する。

現に存在するもの、あるいは過去に存在したものが、そのまま日本的であるとは限らない。本来、日本人にそぐわないものを無理に引き受けさせられていることもありうるのだから。同じ論法によって、外国で行なわれているもののうちに日本的なものが存在しうる。したがってオリジナルと模倣の関係も根本的に考え直さなければならない。タウトの現代日本批判は『日本文化私観』のエピグラフにおかれた「模倣によりて美は消失す」につきるが、模倣はむしろ発見(したがってオリジナル)への過程である。この発想は今なおきわめて新鮮であり、われわれを模倣コンプレックスから解放すると同時に、伝統や国民性といった固定観念からも解き放つ。安吾は同じ論法をキモノにも適用する。着物は日本人の体格に合った日本的な衣服であろうか。日本人は和服を着るべく運命づけられているのであろうか(タウトはとりわけ『ニッポン』において数ページをついやして日本人の服装の問題を論じている。タウトは三つの観点――一、趣味の問題。二、起原の問題。三、実用――から論じており必ずしも伝統主義者として着物をなつかしんでいるのではない。タウトによれば当時、東京では男性の二割、女性の八割がまだ着物をきていた)。安吾の回答は同じく意表をつくものである。

キモノとは何ぞや? 洋服との交流が千年ばかり遅かっただけだ。そうして、限られた手法以外に、新らたな発明を暗示する別の手法が与えられなかっただけである。日本人の貧弱な体軀が特にキモノを生みだしたのではない。日本人にはキモノのみが美しいわけでもない。外国の恰幅《かっぷく》のよい男達の和服姿が、我々よりも立派に見えるに極っている。

　こうして坂口安吾の自由な精神は伝統と国民性にかんする古い概念を粉々に打ちくだく。安吾の立論にくらべれば、タウトの文章が今では、既成の概念の枠の内にとどまった何とも古典的な議論に見えてくる。だが安吾の攻撃はそこに止まらず、さらにもう一突きを用意していた。安吾はタウトとともに日本の猥雑な文化状況をそれと認めた上で、次のように主張する。

　然しながら、タウトが日本を発見し、その伝統の美を発見したことと、我々が日本の伝統を見失いながら、しかも現に日本人であることとの間には、タウトが全然思いもよらぬ距《へだた》りがあった。即ち、タウトは日本を発見しなければならなかったが、我々は日本を発見するまでもなく、現に日本人なのだ。我々は古代文化を見失っているかも知れぬが、日本を見失う筈はない。日本精神とは何ぞや、そういうことを我々自身が論じる必要はないのである。説明づけられた精神から日本が生れるはずもなく、又、日本精神というものが説明づけられるはずもない。日本人の生活が健康でありさえすれば、日本そのものが健康だ。彎曲《わんきょく》した短い足にズボンをはき、洋服をきて、チョコチョコ歩き、ダンスを踊り、畳をすてて安物の椅子テーブルにふんぞり返って気取っている。それが欧米人の眼から見て滑稽千万であることと、我々自身がその便利に満足していることの間には、全然つながりが無いのである。彼等が我々を憐れみ笑う立場と、我々が生活しつつある立場には、根柢的に相違がある。我々の生活が正当な要求にもとづく限りは、彼等の憫笑《びんしょう》がはなはだ浅薄でしかないのである。彎曲した短い足にズボンをはいてチョコチョコ歩くのが滑稽だから笑うというのは無理がないが、我々がそういう所にこだわりを持たず、もう少し高い所に目的を置いていたとしたら、笑う方が必ずしも利巧の筈はないではないか。

誤解をまねきやすい文章である。安吾はここで外国人には日本文化はわからないとか、日本人はすべて日本精神を具現しているなどと主張しているのではない。安吾がここで問題にしているのは文化を見る、根本的に異なる二つの視点、あるいは文化の概念、それ自体である。タウトは文化の探究者として日本を訪れ、そこに、ヨーロッパの文化に匹敵するきわめて独自であると同時に普遍性をそなえた高度の文化的伝統を発見した。だがタウトの立場はそれを外から観察しあるいは享受する立場であって、その文化の中で生活しその文化を現に生きている者の立場ではない。タウトのそうした立場はしかしながらタウトが外国人であるというよりは、美や文化を国民性の高度な精神的表現とみなして文化的伝統や文化遺産を重視するタウトの文化概念に由来すると考えてよいだろう。

坂口安吾の主張する立場はそれとは根本的に異なっている。右の文章で「生活」という言葉が三回くりかえされていることに注目すべきであろう。安吾の視点は、その社会と文化のなかで現に生活している者の側に置かれている。「我々が生活しつつある立場」である。われわれは自分の必要に従って今ここで生きているのであって、いわゆる日本文化や日本精神のために生きているのではない。もし文化という言葉を使うとすれば、文化とは、その現に行なわれている生活自体である。そこで日本や日本精神について論じる必要はないが、もしそうした言葉を使うとすれば、その生活自体が日本であり日本精神である。したがって、問題は生活そのものであって、その生活が健康でありさえすれば、それがヨーロッパ的であろうと日本的であろうと純粋であろうと猥雑であろうと、何ら異議をとなえる筋合のものではない。安吾はここでタウトの「美」に対して「健康」という概念をもちだしているが、タウト的な文化の価値基準と坂口的生活の価値基準はまったく別個のものであるから、一方の価値を他方に押しつけるのは無意味であり、むしろそのこと自体が滑稽だ、ということになるだろう。

俗悪の闊達自在

タウト的文化の高みから、現代日本の猥雑な生活に裁断を下した言葉が「俗悪」である。安吾が『日本文化私観』の第二章「俗悪に就て（人間は人間を）」の前半で述べているのは、主として安吾自身の京都滞在の間（一九三七年の初冬から翌三八年の初夏まで）に見聞したことがら——祇園の舞妓たちを伴って出かけた深夜の東山ダンスホール、嵯峨の車折《くるまざき》神社に積みあげられた数万の小石の山（それぞれに欲しい金額と自分の名前が記されている）、車折神社の裏手にあるうらぶれた芝居小屋、嵐山劇場の小便くさい客席と旅芸人たち、亀岡の明智光秀の城跡にある大本教本部の爆破された廃墟、その近くの街道の茶屋とそこで出会った馬方、等々である。「思いだしてみると孤独ということが一筋に、なつかしかったようである」と書かれているように、それらは安吾の苦しい彷徨の時代の心の内奥に焼きつけられた心象風景である。これらの風景はタウトの視野には入ることのない、またもしタウトの視野に入れば、「俗悪」として一言のもとに切り捨てられてしまうような風景であった。

安吾はそうした自己の孤独な心象風景を京都の有名な名所旧蹟と対照させながら、寺院建築や庭園が目指す深遠な思想と実際に表現されているものとの落差を指摘する。

真宗の寺（京都の両本願寺）は、古来孤独な思想を暗示してきた寺院建築の様式をそのままかりて、世俗生活を肯定する自家の思想に応用しようとしているから、落着きがなく、俗悪である。

俗悪を自称する安吾が俗悪を批判するのは自己矛盾であるが、安吾はここでは形式と内実の矛盾をついているのである。安吾は急いでつけ加える――「俗悪なるべきものが俗悪であるのは一向に差支えがないのだが、要はユニックな俗悪ぶりが必要だということである」。日本式庭園、林泉にかんしては、安吾はそれがしょせん、大海や砂漠や大森林や平原の孤独には及ばぬことを強調する。

龍安寺の石庭が何を表現しようとしているか。如何なる観念を結びつけようとしているか。タウトは修学院離宮の書院の黒白の壁紙を絶讃し、滝の音の表現だと言っているが、こういう苦しい説明までして観賞のツジツマを合せなければならないというのはなさけない。蓋《けだ》し、林泉や茶室というものは、禅坊主の悟りと同じことで、禅的な仮説の上に建設された空中楼閣なのである。

この後に続く「糞カキベラ」論議は省略しよう。安吾はさらに続けている。

龍安寺の石庭がどのような深い孤独やサビを表現し、深遠な禅機に通じていても構わない、石の配置がいかなる観念や思想に結びつくかも問題ではないのだ。要するに、我々が涯《はてし》ない海の無限なる郷愁や沙漠の大いなる落日を思い、石庭の与える感動がそれに及ばざる時には、遠慮なく石庭を黙殺すればいいのである。無限なる大洋や高原を庭の中に入れることが不可能だというのは意味をなさない。

安吾はここでは二つのことを強調していると考えてよいだろう。一つは、美の判断基準は文化や伝統の側にあるのではなく、あくまでも個々人の内面にあるということ。前節で教養主義と文化的スノビズムを排して、文化的伝統と現在の生活を対置させた安吾は、ここではさらにその立場を徹底して個々人の実存の視点から発言する。第二は建築や庭園には――そしておそらくは人間のあらゆる表現活動には――限界があるということ。安吾がこの第二点を強調するのは、日本にはタウトがいまだ理解できていない、より深い、絶望的であると同時に貪欲な精神と生活態度があることを指摘するためである。そしてこの場合、安吾は『方丈記』の無常観よりも芭蕉の旅をとる。

だから、庭や建築に「永遠なるもの」を作ることは出来ない相談だという諦めが、昔から、日本には、あった。建築は、やがて火事に焼けるから「永遠ではない」という意味ではない。建築は火に焼けるし人はやがて死ぬから人生水の泡のごときものだというのは『方丈記』の思想で、タウトは『方丈記』を愛したが、実際、タウトという人の思想はその程度のものでしかなかった。しかしながら、芭蕉の庭を現実的には作り得ないという諦め、人工の限度に対する絶望から、家だの庭だの調度だのというものには全然顧慮しないという生活態度は、特に日本の実質的な精神生活者には愛用されたのである。大雅堂は画室を持たなかったし、良寛には寺すらも必要ではなかった。

ここで安吾は一見、清貧をよしとする伝統的な道徳主義を肯定しているかのようであるが、安吾の主張はむしろ逆であって、安吾はそこに欲望の大きさと精神の豪奢を見る。

とはいえ、彼等は貧困に甘んじることをもって生活の本領としたのではない。むしろ、彼等は、その精神において、余りにも慾が深すぎ、豪奢《ごうしゃ》でありすぎ、貴族的でありすぎたのだ。すなわち、画室や寺が彼等に無意味なのではなく、その絶対のものが有り得ないという立場から、中途半端を排撃し、無きに如《し》かざるの清潔を選んだのだ。

こうして安吾は、貧困や抑圧ではなく欲望と豪奢の帰結としての断念と徹底性である「無きに如かざるの精神」（右の文章では無きに如かざるの「清潔」であるが、その後にくりかえされているのは「精神」である）に視点をすえてタウト的文化主義に対抗する。簡素をもってする茶室も、無きに如かざるの精神から見れば、「特に払われた一切の注意が、不潔であり饒舌である」。無きに如かざるの精神から見れば、桂離宮も東照宮も共に饒舌であって、「桂離宮が単純、高尚であり東照宮が俗悪だという区別はない」。

では安吾はあらゆる表現行為の全否定に至るのか。安吾の論理はここで反転する。無きに如かざるの精神は批評としては存在するが、無きに如かざる芸術はありえない。だが芸術の存在を前提とすれば、無きに如かざるの精神が容認する芸術とはいかなるものか。ここで再び「俗悪」の概念が現れる。

然しながら、無きに如かざるの冷酷なる批評精神は存在しても、無きに如かざるの芸術というものは存在することが出来ない。存在しない芸術などが有るはずはないのである。そうして、無きに如かざるの精神から、それはそれとして、とにかく一応有形の美に復帰しようとするならば、茶室的な不自然なる簡素を排して、人力の限りを尽した豪奢、俗悪なるものの極点において開花を見ようとすることもまた自然であろう。簡素なるものも豪華なるものも共に俗悪であるとすれば、俗悪を否定せんとしてなお俗悪たらざるを得ぬ惨めさよりも、俗悪ならんとして俗悪である闊達《かったつ》自在さがむしろ取柄だ。

「俗悪ならんとして俗悪である闊達自在さ」とは、偽悪的というのとはちがう。それは戦後になって安吾が書く「堕ちる道を堕ちきることによって、自分自身を発見し、救われなければならない」という『堕落論』の精神に通じるものだろう。こうして安吾はタウトの称揚する日本的な美の反対側に出る。俗悪ならんとして俗悪である闊達自在な精神の、最も徹底したスケールの大きな例として安吾があげるのは秀吉である。

　秀吉自身は工人ではなく、各工人が各々の個性を生かした筈なのに、彼の命じた芸術には、実に一貫した性格があるのである。それは人工の極致、最大の豪奢ということであり、その軌道にある限りは清濁合せ呑むの概がある。城を築けば、途方もない大きな石を持ってくる。三十三間堂の塀ときては塀の中の巨人であるし、智積院《ちじゃくいん》の屏風《びょうぶ》ときては、あの前に坐った秀吉が花の中の小猿のように見えたであろう。芸術も糞もないようである。一つの最も俗悪なる意志による企業なのだ。けれども、否定することの出来ない落着きがある。安定感があるのである。

安吾はさらに秀吉における「天下者」の精神について力をこめて論じている。ここで一見唐突に秀吉が現れるのは、タウトが桂離宮と対照的な京都文化の悪しき例として西本願寺や桃山御殿を論じているからである。秀吉の「俗悪」を論じる安吾の念頭には、おそらくタウトの次の文章があった。

秀吉の有名な巨大な謁見《えっけん》の間は、建築上から見ても非常に拙劣《せつれつ》、且つプロポーションも実に平凡で、その華美《はなやか》さにも似ず、冷たい怠屈《たいくつ》極まるものである。将軍は今の芸妓の歌舞《かぶ》練場《れんじょう》にあるような、舞台の上のところに座っていたのである。……その当時の彼は、未《いま》だその位置に安定せず、従って徳川諸代の将軍よりも、はるかに多くの文化を有《も》っていたのである。武士の品位を向上せしむる目的で茶の湯も嗜《たしな》んだ。ただし、浴みの亭にある彼自身の茶室は情ないほど興《きょう》ざめのするものである（此の種の文化に接するにつけても思い出されるのは、彼が、かの繊細極まりなき茶の湯の宗匠千利休《せんのりきゅう》に、その娘を懇望し、父親が応じなかったという理由で、その父に切腹を命じたという事実である）。この大人物には簡素のうちにある詩情、従って建築に対する感覚というようなものは全然欠けていたのである。可恋な庭を横ぎると、秀吉の浴みの亭、飛雲閣に達する。そこでも、わずかに見るべきは、金地に雪中の柳を描いた狩野永徳のすばらしい絵画のみである。……その他のものはすべて陳腐《ちんぷ》極まるもののみであった。また湯殿そのものの陳腐さに至ってはどうであろう。東洋風の釣合《つりあい》の感覚などは微塵《みじん》もなく、しかも湯殿の橋はまた同様に全く陳腐《ちんぷ》なものであった。それがすでに十六世紀に建てられているのである。そこには鈍重なお宮造りの蒸気浴用の房室があって、この全能なるアダムは、蒸気風呂の中までも、太刀を携えて、それをば湯気ものかは、備え付けの刀架にかけたものである。

これらのすべては、吾々の問題にとって、極めて興味の深いものがある。秀吉が日本を統一した当初に、夙くも文化的事象、即ち政治および芸術、特に建築はすさまじい対照をなして壊れはじめた。それより五十年を経た桂離宮における遠州の功績はどうであったろう。これこそ日本精神の最後の力の伸張《しんちょう》であったのである（五六－五七頁）。

秀吉の評価をめぐってタウトと安吾はまっこうから対立する。だがこの対立はたんに一人物の事業をめぐる評価の対立というだけでなく、タウトと安吾の文化観の根本的な差違がそこで集中的に示される対立であった。ここでタウトの日本文化観の全体的な特徴を記しておこう。

タウトが日本文化にかんするある種のイメージと一定の見通しを来日早々に作りあげてし

まったことは、第一作の『ニッポン』の目次を見ただけでも明らかだろう。序論ともいうべき冒頭の「何故此の本を書くか？」「敦賀」と題された短い章の後に来るのは、次の諸章である。

伊勢
桂離宮
天皇と将軍
活きた伝統
紐育へ直行か
否、――桂離宮を経て！

「伊勢」と題された章は次の言葉で始められている。――「日本が世界に与えたもの総べての源泉、その全然独自の文化の鍵、そして世界から驚異とされている形態上完全無欠のニッポンの発祥地――それらすべてがかの内宮、外宮及び荒祭宮《あらまつりのみや》のある伊勢である」。
「桂離宮」と題された章は、桂離宮とアクロポリスの比較から始まっている。

日本で最初にまる一日を送った日に、夙くも私は京都の郊外の桂離宮を詳細に見学する幸運にめぐり合せた。その後私が日本の古代建築について見たすべてから綜合して見るのに、この十七世紀建築は実に日本の古典的な建築で、謂はばアテネのアクロポリスや、プロピュレーンや、パルテノンに比肩すべきものであった。……
この二個の場合注意すべきは何代かの永きに渉る醇化に依ってあらゆる個性とか、偶然性から脱化したフォルムである。一つの完成されたテクニックである。前者においては方石建築の、後者においては木‐紙‐竹造建築のそれであるのだ。従ってこの二つの築造物は、子供のような無邪気な面影をも同時に帯びた円熟の特性を有している（平居均訳、二二一‐二二三頁）。

桂離宮とアクロポリスという組合わせは、いささか唐突であるが、数週間前にギリシアに滞在してアクロポリスを訪れたばかりのタウトにとって、この比較は実感にもとづいている。またあらゆる古典的な美があらゆる形式的なものを超越して未来と世界に語りかけることができるというのは、タウトの信念でもあった。タウトはさらに次のように続けている。

桂離宮とても右と全く同じである。この桂離宮がそのクラシカルな偉大さにおいてすべての日本的なるものの規準であるのを再三識者に質して、その当れるを確かめた時私はうれしかった。私が本書において殊更にこの場所に長く足を駐めたいと思うのも、実はこの建築の聖地がすべての上にその光を投げかけるがために他ならぬのである。

タウトの感動と心のはずみを伝える文章である。だが桂離宮がタウトの建築にとっていかなる意味をもちえたかについてはここでは問わない（この問題については、例えば土肥美夫氏の労作を読んでいただきたい）。ここで問題にしているのはタウトがいかに日本的なるものを発見し、日本文化のイメージを形成したかである。タウトは桂離宮の第一印象と、その時期に作られた日本文化の系統にかんする図式をほとんど訂正する必要がなかったようである。『日本文化私観』は『ニッポン』の展開と深化であって本質的な問題にかんする訂正や修正はほとんど行なわれていない。

『日本文化私観』のなかで、あまり目立たないがおそらくこの書物の鍵となるのは「神道――単純性の持つ豊富性」と題された一節であろう。タウトはこの一節を「芸術」と題された『日本文化私観』の中心を占める章の冒頭に置いている。タウトはこの文章もまた、日本文化の優れた価値とその世界的な意義を説くことから始めているが、ここでまず注目されるのはタウトがドイツでは濫用のあまり「空虚な極り文句」となってしまった「文化」という語と概念の再評価の提案を行ない、「人生の諸相が一つの調和的な統体に結合される」という点に「文化」の内容を認めていることである。この文化の定義は一方では「純日本的な伝統」の再評価につながり、また他方では、ヨーロッパが日本から摂取した影響は「文化的なもの」に限られ、日本がヨーロッパから取り入れたものは「文明的なもの」に限られていたという判断につながっている。タウトは以上の準備的考察を、エミール・レーデラーの『日本－ヨーロッパ』におけるヨーロッパ＝動的文化、日本＝静的文化説の批判として展開した後に、日本文化について次のように記す。

日本の文化は決して地球上の諸文化の一つであるというに止まらず、生命力旺盛《おうせい》な調和である。……日本文化が芸術及び人間生活において恒に簡素を好む傾向を包蔵するものであるとするならば、これは実に欧米の教養ある人々が良い意味で「現代的《モダーン》」と呼んでいる所のものに他ならない。それ故、少数ではあるが、西洋の賢明な人々の持っている生命ある文化の概念は、良き日本の伝統に見られる原理と完全に一致するものと云えよう。

　これを解明するためには、先ず日本文化の根源、その中心にまで遡《さかのぼ》らなければならない。日本文化の根源をなし、中心をなすものはすなわち神道である。なぜならば、神道はその源泉を二千年の昔に有し、他国との関係は全然なしに生れ来った、太古以来の純日本的所産であるからである。神道の内容は極めて単純で、天皇を中心として結晶し、日本国民相互間及び国民と国土の間の結合を醸成せる祖先崇拝観念がその内容なのであるが、レーデラーはこの単純な根本の内容こそ、あのいわゆる硬直状態の原因をなすものだとみなしているのである。他の説教中心の宗教と並べてこれを一つの宗教と見る時、神道は勿論それほど内容豊富ではない。それ故、個々人が夫々の心の悩みの解決を見出さんとする時には、進んで仏教に入り、後にはキリスト教にも頼るようになったのである。だがこれ等の宗教もまた、一度日本に入るや、神道発生の起因である日本人の楽天的素質、社会観のために、日本的に改造され、これ等の宗教の中にある一切の陰鬱《いんうつ》な威《い》嚇《かく》は自己の心霊生活の愉悦《ゆえつ》を得るための手段に変えられたのであった。この間にあって神道もまた絶えず改新を続けられ来っているのであるが、これは、簡素なるものの中にいかに大きな創造力、いかに自在な伸縮性があるかということに対する好例であると云えよう。日本文化の批判家は先ずこの現象を深く掘り下げて行って、文献研究のみに頼らず、神道が全日本の国民生活の上に投影しているあの極り無い変化の姿を自分の眼で見る必要があろう。かくして後、これら批判家は、日本文化が是迄に示し来った力の由来する所を発見し、最も単純なるものこそ最も内容豊富なるものの母胎であることに気付くに到るであろう（七四‐七五頁）。

タウトの日本文化論の第一に目立つ特徴は、純粋の日本、あるいは純粋に日本的なものを徹底して追求しようとする態度である。他国から移入されたもの、雑種的なもの等々を次々に排除していって、最後に濾過されて残されたものを、「純正日本的」なものとして特定しようとする。根源、あるいは源泉にかえる思考法である。そうした思考の背後にはヘルダー以来のドイツ的文化概念がはっきりと読みとれる。したがって、純粋、伝統、国民性、国民的素質、日本精神、等々がタウトの文化論の鍵概念となる。ところでタウトはそうした純粋に日本的な伝統をどこに発見したのであろうか。西欧の影響はいうまでもなく、仏教や中国の影響を非日本的なものとして排除した結果として、タウトが発見した日本的なものの根幹は、神道と天皇制であった。桂離宮や伊勢神宮はそうした神道＝天皇制の伝統の中に位置づけられて評価されることになる。もっとも時間的な経過からいえば、桂離宮との運命的な出会いがタウトを神道＝天皇制的伝統に導いたのであった。こうしてタウトの著作では「天皇精神」がしばしば「日本精神」とほとんど同義で使われている。日本的なものの特性を表す言葉は、「純粋」の他に、「簡素」「清明」「清楚」「クラシック」等々であり、この伝統に属するものとしてタウトが高く評価するのは、桂離宮と伊勢神宮や先にあげた芸術家たちの他に、能、文楽、茶の湯、日本料理、角力、柔道、剣道、弓術、蹴鞠、等々である。

だがタウトによれば、こうした神道＝天皇制的な真の伝統の他に、日本にはもう一つ別の強力で非日本的な悪しき伝統（反伝統というべきか）が存在する。それはタウトによれば将軍を中心に形成された権力者的伝統であって、秀吉から徳川幕府をへて現代の東京に至る系譜である。桂離宮と対置してタウトが激しく批判する東照宮は権力によって歪められた日本的伝統の象徴的な存在であるが、仏教や中国の影響、法隆寺をはじめとする寺院建築などもこの悪しき伝統の側に位置づけられることになる（「天皇－将軍なる日本の大きなアンティテーゼは又同時に道教－仏教なるアンティテーゼである」『ニッポン』五六頁）。こちらの系統の特色を表すタウトの言葉は、「装飾過剰」「俗悪」「濁り」「無趣味」「げてもの（キッチュ）」「バロック」「ハイカラ」「模倣」等々であった。

坂口安吾の「俗悪」と秀吉の評価をめぐる議論は、こうしてタウトによって否定された日本の「悪しき伝統」を救い出し、そこに日本人の本来的な生き方を位置づけようとしたものであった。もちろんそこには安吾の当時の「日本精神」や天皇制に対する激しい批判があってのことであるが、さすがの安吾もこの時代に天皇制批判を展開することはできない。*他方ブルーノ・タウトにおいては、彼の民衆的なものをめざす反権力的な思考が逆に天皇制とそのイデオロギーである神道を日本の真の伝統として発見するというパラドクスを生みだすことになる（「美的社会〈理想〉主義者」ブルーノ・タウトは、来日の前年に出されたコミンテルンの三二テーゼすなわち「日本における情勢と日本共産党の任務に関するテーゼ」――そこでは天皇制が第一の打倒目標とされている――をどう読んだのであろうか？）。

＊――坂口安吾は後に「天皇小論」（一九四六）、「天皇陛下にささぐる言葉」（一九四八）などを書いている。

文化の国境を越える

安吾はタウトの日本文化論に挑発され、思わず引きこまれるような形で秀吉の「俗悪」を弁護し、秀吉の「天下者」的性格を論じている。だがこの小論の主旨は「天下者」を論じることではなく、一人の卑小な人間にとっての日本文化の意味を論じることにあったはずだ。

安吾はこの章の終りで矛先を転じて、再び京都時代のわびしい心象風景とそこに生きている俗人たちの問題にかえっている。

俗なる人は俗に、小なる人は小に、俗なるまま小なるままの各々の悲願を、まっとうに生きる姿がなつかしい。芸術も亦そうである。まっとうでなければならぬ。寺があって、後に、坊主があるのではなく、坊主があって、寺があるのだ。寺がなくとも、良寛は存在する。若《も》し、我々に仏教が必要ならば、それは坊主が必要なので、寺が必要なのではないのである。京都や奈良の古い寺がみんな焼けても、日本の伝統は微動もしない。日本の建築すら、微動もしない。必要ならば、新たに造ればいいのである。バラックで、結構だ。

京都や奈良の寺々は大同小異、深く記憶にも残らないが、今も尚、車折神社の石の冷たさは僕の手に残り、伏見稲荷の俗悪極まる赤い鳥居の一里に余るトンネルを忘れることが出来ない。見るからに醜悪で、てんで美しくはないのだが、人の悲願と結びつくとき、まっとうに胸を打つものがあるのである。これは、「無きに如かざる」ものではなく、その在り方が卑小俗悪であるにしても、なければならぬ物であった。そうして、龍安寺の石庭で休息したいとは思わないが、嵐山劇場のインチキ・レビューを眺めながら物思いに耽《ふけ》りたいとは時に思う。人間は、ただ、人間をのみ恋す。人間のない芸術など、有るはずがない。郷愁のない木立《こだち》の下で休息しようとは思わないのだ。

俗人は俗人のままで小人は小人なりに各自の条件をせいいっぱいに生きること。——こうして安吾の俗人の生活主義ともいうべき反文化主義が、「京都や奈良の古い寺がみんな焼けても、日本の伝統は微動もしない」という安吾の『日本文化私観』のくりかえされる主題とともに表明されている。「坊主が必要なので、寺が必要なのではない」という主張は、後段では「人間は、ただ、人間のみを恋す」という安吾的人間主義の言葉によって補強されている。「俗なるまま小なるままの各々の悲願を、まっとうに生きる姿がなつかしい」——「なつかしい」、この最後の言葉は、そのような生き方に対する肯定でもなく否定でもなく、共感を表す。そしてこの「なつかしい」という文化論としてはいささか奇妙な表現に対応して、その安吾的な独自な意味を暗示しているのが、最後の行にこれもいささか唐突に現れる「郷愁」という言葉であろう。

「郷愁」とは帰るべき場所、すなわち「ふるさと」への思いである。だがこの「ふるさと」

はたんなる生れ故郷ではなく、『日本文化私観』を書いたほぼ一年前に安吾が同じく『現代文学』（八月）に発表した「文学のふるさと」で述べているような「ふるさと」であろう。このエッセーで安吾はシャルル・ペローの童話「赤頭巾」の教訓のないむごたらしい美しさから説きはじめて、「生存それ自体が孕んでいる絶対の孤独」について述べている。

おそらく安吾の「郷愁」の意味をこのような文脈で解しないかぎり、安吾の『日本文化私観』の第二章と第四章（最終章）とのあいだになぜ「家に就て」と題された短い章が置かれたかが理解できないであろう。このような題名の章が置かれたのは、まさしく家の専門家であるブルーノ・タウトに対する批判や挑戦の意味があるに違いない、そう考えて読みはじめた読者は、そこに日本の家屋のことも日本の家制度のことさえ書かれていないことを知って啞然とするだろう。外で酒を飲んだり女と戯れたり、時には何でもない旅から帰って来たりして、しばらくあけた家に帰ると、叱る母や怒る女房がいなくとも、いつも変な悲しさと、うしろめたさを感じるということが書かれているのだから。

「叱る母もなく、怒る女房もいないけれども、家に帰ると、叱られてしまう。人は孤独で、誰に気がねのいらない生活の中でも、決して自由ではないのである。そうして、文学は、こういう所から生れてくるのだ、と僕は思っている」と、安吾は書いている。これは一文学者のあまりにも個人的な感慨にすぎないのであろうか。私はそうは思わない。むしろ安吾の日本文化論のもっとも重要な主張がここにあると考えるべきであろう。安吾は一つの個としての人間が、自分自身、すなわち「生存それ自体が孕んでいる絶対の孤独」に直面すべき場所としての家について語っているのである。特定の集団の習俗や心性について語る文化論が本来的に持ちこんでいる欺瞞やうさんくささを、安吾は「文学のふるさと」から突いているのだ。文化とは究極的には伝統や国民性の問題ではなく、個々人の「絶対的な孤独」に根を下した個々人の生き方の問題ではなかったのか。——既成の文化論はこの問いに答えていない。

「美に就て」と題された最終章についてはもはや特別の説明を必要としないであろう。安吾はここで強い印象を残した三つの建造物、すなわち川岸の車中から眺めた小菅刑務所、聖路加病院の近所にあるドライアイス工場、それに加えて入江に停泊中の駆逐艦の美について語っている。これらの建造物は安吾を遥かな「郷愁」に導く力があった。何故か。安吾はこの三つに共通しているのは、必要なもの以外は何一つ加えられていないことだと考える。

この三つのものが、なぜ、かくも美しいか。ここには、美しくするために加工した美しさが、一切ない。美というものの立場から付加えた一本の柱も鋼鉄もなく、美しくないという理由によって、取去った一本の柱も鋼鉄もない。ただ必要なもののみが、必要な場所に置かれた。そうして、不要なる物はすべて除かれ、必要のみが要求する独自の形が出来上がっているのである。それは、それ自身に似る外には、他の何物にも似ていない形である。必要によって柱は遠慮なく歪められ、鋼鉄はデコボコに張りめぐらされ、レールは突然頭上から飛出してくる。すべては、ただ、必要ということだ。そのほかのどのような旧来の観念も、この必要のやむべからざる生成をはばむ力とは成り得なかった。そうして、ここに、何物にも似ない三つのものが出来上がったのである。

これは安吾の生活主義から導かれた美の定義であるが、安吾はここで桂離宮を評価したタウトと同じ機能主義の美学（「雑駁な功利主義の立場から見てさえ、ここでは機能主義が満たされている」『ニッポン』二六頁）におちいってしまったという皮肉には気がついていない。だが文化および日本文化のあり方にかんする安吾の最終的な結論はふたたび反タウト的である。共通の接点を持ちえたことが、安吾の反論をいっそう過激にしたという事情は十分考えられるであろう。

見たところのスマートだけでは、真に美なる物とはなり得ない。すべては、実質の問題だ。美しさのための美しさは素直でなく、結局、本当の物ではないのである。要するに、空虚なのだ。そうして、空虚なものは、その真実のものによって人を打つことは決してなく、詮ずるところ、有っても無くても構わない代物である。法隆寺も平等院も焼けてしまって一向に困らぬ。必要ならば、法隆寺をとり壊して停車場をつくるがいい。我が民族の光輝ある文化や伝統は、そのことによって決して亡びはしないのである。武蔵野の静かな落日はなくなったが、累々たるバラックの屋根に夕陽が落ち、埃のために晴れた日も曇り、月夜の景観に代ってネオン・サインが光っている。ここに我々の実際の生活が魂を下している限り、これが美しくなくて、何であろうか。見たまえ、空には飛行機がとび、海には鋼鉄が走り、高架線を電車が轟々《ごうごう》と駈けて行く。我々の生活が健康である限り、西洋風の安直なバラックを模倣して得々としても、我々の文化は健康だ。我々の伝統も健康だ。必要ならば公園をひっくり返して菜園にせよ。それが真に必要ならば、必ずそこにも真の美が生れる。そこに真実の生活があるからだ。そうして、真に生活する限り、猿真似を羞《はじ》ることはないのである。それが真実の生活である限り、猿真似にも、独創と同一の優越があるのである。

半世紀以上を経た現在、二つの『日本文化私観』を読みかえせば、二人が時代的な制約のなかで考えていたという印象はぬぐいがたい。例えば「工芸」にかんする記述に見られるように、タウトは「安かろう悪かろう」時代の日本の製品を念頭において、日本人の「輸出思想」と日本人の模倣について論じている。タウトの念頭には、西欧の文明は（文化はいうまでもなく）、非西欧人にはとうてい同じ段階に達しえないという判断があったであろう。模倣から出発した日本の先端技術がヨーロッパの技術をある領域では凌駕しようとしている現在、あるいは日本人やアジア人の指揮者や演奏家がヨーロッパで活躍しはじめた現在であれば、タウトは同じような論じ方をしたであろうか（この点では安吾の模倣論は先見の明があったといえるかもしれない）。

他方、第三世界の現状や環境破壊の恐るべき進行を目前にして安吾は、「必要ならば法隆寺をとりこわして停車場をつくればいい」といった言葉を同じようにくりかえしたであろうか（この点では簡素で調和的な伝統文化にかんするタウトの主張は現在いっそうの説得力をもっている）。

しかしながら二つの『日本文化私観』が現在なお凡百の日本文化論をこえて、現代的な意味を有しているのは、その原理的な徹底性とその結果として典型的な性格によるものであろう。

ブルーノ・タウトの日本文化論は、おそらく文化的相対主義の最良の例であった。前節ですでに述べたように、タウトは国民的な特性と国民精神の存在を疑わず、それにもとづいた国民固有の文化の価値の存在とその普遍性を固く信じている。タウトが西欧中心的な価値観の持主でなかったことは、桂離宮の評価の仕方ひとつを見ても明らかである。タウトがパルテノンをもちだすのは、西欧的な基準に即して桂離宮の美的水準を測るためでなく、二つのまったく異質な文化のなかで高度の完成に達した二つのまったく異なる表現がある種の共通性(古典的性格)を示すことを認めその事実に感動したからである。「芸術と云う創造物はすべて、あの普遍的な世界感情《ヴェルト・ゲフュール》といったものを与えてくれる」(二〇六頁)とタウトは「絵画」にかんする章で記している。世界各地の最高の水準に達した芸術はその様式や国籍のちがいをこえて、共通の理解をえられるというのがタウトの理想主義的な信念であった(ここで私が信念という言葉を使うのは、優れた個別性は普遍性をもつ、という考えが理論的には説明されていないからである)。逆にいえば世界的な普遍性が文化の独自性の証明となる。しかもタウトは後の『日本の家屋と生活』にいっそうよく表されているように、そうした独自な文化の生きた伝統を、いわゆる高級文化に属する文化遺産のみでなく、農村や漁村や一般大衆の現在の生活のなかにさぐろうとする。対象に対する共感と愛情があってはじめて可能となった批判であり讃美であった。

しかしながらタウトの日本文化論は、文化的相対主義の弱点と、西欧人の日本文化論、あるいは日本文化論そのものがおちこみやすい罠がなにであるかを示す点でもほとんど典型的な例といってよいであろう。自国にないものを他国に求めてそれを評価するというのは、それ自体好ましい態度であろう。だが西欧にない独自なものこそが日本的独自性であり日本的伝統であるという前提から出発した日本文化論が、結局は神道や天皇制を日本的な伝統の中核として再発見するという例は枚挙にいとまがない（念のために、私は神道や天皇制の再発見が悪いといっているのではなく、その前提自体を疑わないかぎり、タウトは結局は定められたレールの上を走らざるをえなかったということを指摘しているのである）。しかもタウトの念頭には東洋と西洋という二項対立の図式がつねに存在した。それも、『日本文化私観』の最終章（「第三日本」）に記されているように、「静」と「動」、「受動性」と「能動性」というきわめて単純な対立の図式である。タウトの「日本的なもの」はこの図式の中に位置づけられる。ここまではサイードの「オリエンタリズム」は「東洋《オリエント》」と（しばしば）「西洋《オクシデント》」とされるものとのあいだに設けられた存在論的・認識論的区別にもとづく思考様式なのである」というオリエンタリズムの定義が見事にあてはまる。だがナチスドイツから亡命した反人種主義者であり良識的な文化的相対主義者であるタウトは、サイードのもう一つのオリエンタリズムの定義(「オリエンタリズムとは、オリエントを支配し再構成し威圧するための西洋の様式《スタイル》なのである」)から逃れなければならない。それはいかにして可能であろうか。そこでタウトの提案した解決策が「第三日本」(西欧文化の同化吸収後に現れる調和的融合体)であり、その理論的な根拠は次のような一種の予定調和説である。

世界のロゴスが人類の本質の中にかくも相違した要素と、互に補足し合う要素を創造したことは、その最も偉大なる功績である。だがこれらの二要素はその唯一のロゴスの一部分たるに過ぎないがゆえに、二要素の優劣を定めたり、あるいはいずれか一方が不必要であり、それを抑圧打倒しても構わないと考えたりすることは愚も甚しき業である。

タウトのデウス・エクス・マキーナ Deus ex machina は「世界のロゴス」であった。だが最後に神をもちださざるをえないのは、文化相対主義の理論的破綻の告白であろう。

坂口安吾はタウトのこのような弱点をよく見抜いていた。文化理論に対する安吾の提言を要約的に示せば次のようになるだろう。

1、文化の空間的相対化――文化は交流する。純粋な国民精神、したがって日本精神は虚構であって現実には存在しない。安吾は『日本文化私観』を書く七年前にすでに次のように記している。「今日ヨーロッパ精神を指摘することは難しい。同様に我々の立場でも日本精神を独立した形において指摘し把握することは、今日甚だ難事である。日本精神も今日では必然的に世界精神に結びついている」(「日本精神」)。

2、文化の歴史的相対化――文化は変容を続けている。したがって純粋な文化のモデルや文化的アイデンティティを求めることは無意味であろう。

3、文化交流における「模倣」の意味の再検討――模倣を通じて発見へ。

4、文化とは生活の問題であり、究極的には個人の選択と決断の問題である。文化のもっとも深い根は、伝統にではなく個人の内面(自我の内奥すなわち存在の絶対的孤独)にある。

国境を越えて活躍した世界的建築家ブルーノ・タウトが既成の文化地図にしたがい、固定的な文化モデルに固執することによって、理論的には国境を越えられなかったのに対して、ネオンの巷に彷徨する無頼の徒、坂口安吾は、可変的な文化モデルを構想し、個に徹することによって国境を越える文化理論を準備していた。

〔後記〕

ブルーノ・タウトの『日本文化私観』の結論ともいうべき最終章「第三日本」に坂口安吾はまったくふれていない。一般に評価の高いこの章を安吾はなぜ無視したのであろうか。私はこの章を再読して、日本人に対する忠告としては意味があるが、理論的にはほとんど無残といってもよい印象をうけた。タウトは自分の所説に理論的な統一を与えようとして自分の弱点をさらけだす結果になっている。私が本論でこの章にあまり言及しなかったのは以上の理由による。だが二人の主張の記述に公平を期すためにも私は以下にこの章の要約を記し、さらにそのあとに安吾の「日本精神」の全文を引用したい。この短いエッセーは安吾の『日本文化私観』の原型ともいうべきものを伝えていると思う。

第三日本

この章で述べられている「第一の日本」とは、タウトによれば、前史文化の独自な吸収同化を行なった「大和」時代のことであり、その特徴は現在の伊勢神宮に認められる。「第二の日本」とは、朝鮮および支那文化を吸収していた当時の日本。その偉大な融和総合が成就したのは、支那文化の渡来後四‐六世紀を経た一〇〇〇‐一二〇〇年頃であった。今に残る絵画や彫刻、あるいは源氏物語の他に、タウトは平泉の金色堂をあげている。それ以後は文化破壊の時代であって、一七世紀に至り小堀遠州やその他の詩人、画家たちによってようやく第二日本の復興が実現したのである。だがその後再び政治が文化的発展を妨げる。「徳川幕府の権力政策は文化的統一を破壊した」とタウトは論じている。

では「第三日本」とは何か。「それは西欧の、したがって地球上ほとんど正反対の位置にある世界の文化の吸収同化の後に現われる一つの渾一《こんいつ》体である」とタウトは書いている。だがタウトによれば、そのような文化の国日本の曙光はまったく見えてはいない。日本は徳川期以来の文化的混乱状態にあり、その混乱は西欧文明の導入以来いっそう悪化している、とタウトは考えているようであるが、タウトがそう考える根拠の一つには、当時の「国際外交上における日本人の公然たる自讃」があった。

ヨーロッパ文化はその深さにおいて、到底支那文化に比せらるべくもないが、在来の日本文化とは正に対蹠の状態にあるものなるが故に、日本はそれを同化吸収するには、非常な長期間

――おそらく百年の時日も短かしと思われる程の時間を要するであろう。

この「百年」という文字は、明治百年をすでに経たわれわれにはある種の感慨をもよおさせる。またこのような文章は、一見、欧化主義を肯定するかのような印象を与えるかもしれない。じっさいこの章におけるタウトはそれまでの伝統主義者的側面が強調されているタウトとは異なり、コスモポリット的側面が表面に出ている。だがここで注意しなければならないのは、例えば「同化吸収」という語にこめられた意味は、けっして欧化の許容ではなく、あくまでも日本化であり、また雑種文化論的発想はここにはないということである。じっさいこの後でタウトが強調するのは文化の精神性であり、東洋文化と西洋文化の本質的な差違である。

タウトは、人種的な差違や国家間の日常生活における習俗のちがいを強調することには否定的であるが、精神的な差違にかんしては逆にそれを強調する。

人が、自分は他人と異《ちが》うのだと云い張る時、それは常に自己の弱さの現われである。民族間でもそれは全然同じことだ。「自己の特殊性」の強調される背後に隠されているものは、劣等感や喪失せる自意識の心理的な煩悶であり、特色を失った顔に歪んだ仮面を被《かぶ》せているのである。

商取引の場合に、自国風習の特殊性を楯《たて》に取ることは、不正邪悪を行わんとする時に好んで用いられるトリックである。

文章の前半は明らかにナチズムの人種差別や日本人の国粋主義に対する批判であろうが、後半の部分は、日米経済摩擦の交渉の場におけるアメリカ代表の発言を思わせる。タウトはさらに「日本とヨーロッパのあいだの相違のみに重きを置く者は何かしら悪意を抱いている人である」とつけ加えている。だが精神にかんしてはまったく別の論理が使われる。

精神的な点では、これに反して、相互間の差違を誤解したり、見ぬ振りをしようとするのは、明らかに罪悪であろう。精神文化というものは、たとえそれが差違を認めようとするものであっても、その背後に潜《ひそ》む「意図」が少なければ少ないほど、ますます力強くなるものである。このような場合には、他の世界のかかる精神文化の産みだす精華《せいか》からこそ、真の知識人は興味を抱くに到るのである。

こうしてタウトはアジアとヨーロッパの精神生活における差違を強調するに至る。では東洋と西洋の本質的なちがいはどこにあるのか。タウトは次のように答えている。

東洋——それは、ヨーロッパ人にとっては、静の境地である。静寂と宇宙観的瞑想《めいそう》の境地である。東洋人の精神的活動は、先ず対象の全体を静観し、じっと決定が自然に盛り上って来るのを待機するという受動性から生れてくるものである。

ヨーロッパは、東洋人にとっては動の境地である。大系的な分析綜合、方法論的な思考法と活動、個人の能動性の境地である。

このように対照的な東西の思考法は、タウトによれば相補的なものであるが、日本にかんしていえば、西洋の皮相的な模倣が文化的な混乱をまねいている。したがって「第三日本」のとるべき道は物質的（文明）ヨーロッパではなく精神的ヨーロッパ（文化）ということになるであろう。

西欧文化の所産、機械や機械製品を単に表面的にのみ採用することは、もとより正道ではない。その場合には日本の良き伝統にたいする罅隙《かげき》はますます拡大されるが故に、この道を取るのは誤りである。

第三日本への道はまことに精神的ヨーロッパに通じているのである。……
日本人が精神的ヨーロッパに到達する為には、何よりもまず精神的日本から出発しなければならない。同様にヨーロッパ人が精神的日本に到達するには、精神的ヨーロッパから出発しなければならないのである。

ところで、世界にはなぜ東洋と西洋が存在し、その特色は静的と動的であらねばならないのだろうか。タウト的な文化的相対主義の体系の要石《かなめいし》は、「世界のロゴス」であった。

世界のロゴスが人類の本質の中にかくも相違した要素と、互に補足し合う要素を創造したことは、その最も偉大なる功績である。だがこれらの二要素はその唯一のロゴスの一部分たるに過ぎないがゆえに、二要素の優劣を定めたり、あるいはいずれか一方が不必要であり、それを抑圧打倒しても構わないと考えたりすることは愚も甚しき業である。

日本精神
ヨーロッパ精神は実在するか、また実在するとせば如何なるものがそれであるか、ということが西洋の思想界でもだいぶ問題になっているということで、私もヌーヴェル・リテレールのアンケートで同じ質問の解答を読んだ記憶がある。ヴァレリイとかロマン・ローラン、クロオデル等というフランス文壇の大御所達が顔を並べて答えていたが、個々の意見は記憶にない。概してヨーロッパ精神はすでに実在しない。実在するとせば世界精神としてであろうという意見が多いように思われた。

このことは我々にも常識的に考えられることであり、また常識的ならざる立場からでも一応は否定できないことであって、今日ヨーロッパ精神を指摘することは難しい。同様に我々の立場でも日本精神を独立した形において指摘し把握することは、今日甚だ難事である。日本精神も今日では必然的に世界精神に結びついている。また結びつかざるを得ないのである。

我々の生活にしても、日本的であるとともに甚だ世界的でもありそういう自然の流れから引離して特に日本的であろうとすれば、形のために却《かえ》って自然の精神を失い概念的な日本人でしかありえなくなる。一日本精神の問題ではなく一般に「祖国精神」というものは今日世界精神の形の中で再生しなければならないのだ。

文学にも日本精神にかえれという声があるが特に日本精神を意識することは危険である。恰《あたか》も小説を書くに当って特に自己を意識することが甚だ危険であることと同然である。我々は小説を書くに当って自我を意識する結果、小説は自我によって限定され、自我の領域と通路の中でしか物がいえない状態になる。もともと我々は如何に自我に無意識であろうとも、結局小説の最後においては自我を語っているのである。そうして、小説を制作した後において小説の結果として自我を発見する方が、芸術本来の非限定性、発展性、自由性に添うことであり、かくあらねばならぬことなのだ。

日本精神の場合においても同断であって、制作に先立って日本精神を意識することは徒《いたず》らに限定を与えるにすぎない。我々は日本精神に無意識であっても結局小説の結果においては日本人であることを暴露せざるを得ないのである。

伝統にも当然発展があるべきで発展なき伝統に限定しようとすることほど文化の憎むべき敵はない。外形的に西洋かぶれをすることも自然の流れであってみればやがてそこにも日本精神の必然的な自律性が加わるだろう。元来外国かぶれをすること自体が日本精神の一特質であるのかも知れないのである。これは冗談や自嘲ではない（「新潟新聞」昭和一一年一二月三日、『坂口安吾全集 14』ちくま文庫、二二六－二二七頁）。

Ⅵ　補論——一九九〇年代をふり返って

10――グローバリゼーション・多文化主義・アイデンティティ

――「私文化」にかんする考察を深めるために

一〇年前に執筆された『国境の越え方』と現在の私（あるいは私たち）を結びつけるのが本章の目的である。私は、グローバリゼーション、多文化主義、アイデンティティという、文化の現在的な状況を表す三つのキーワードを選ぶことにした。現在広く流布しているこの三つの用語は、『国境の越え方』ではすでにかなり意識はされているが、ほとんど用いられていない。今日この三つのキーワードについて記すことは、『国境の越え方』の現代性を問うとともに、それ以後の時代と私の思考の歩みについての自注的な説明にもなるのではないかと思う。私にとって最も重要な関心事を表す用語を並べてみたら、それがいずれも仮名書きの英語である（多文化主義も本来はマルチカルチュラリズムと書くべきだろう）という事態をどう考えればよいのであろうか。これらの用語に対する私の共感と違和を含む複雑な感情を十分に説明できたら、本章の目的は達せられたと言うべきであろう。

グローバリゼーションとは何か

グローバリゼーション（globalization）という用語は九〇年代の初めには、英語圏の文献に登場しはじめているが、日本ではまだ一般化していない。現在ではグローバリゼーションという用語で示す現象を、一〇年前には多くは「国際化」と呼び、時には「地球化」や「地球時代」という、日本語としてはあまり熟していない翻訳語が用いられていた。グローバリゼーションは、以下に扱う多文化主義やアイデンティティと同様、英語圏から普及した用語であって、そうした用語の普及自体がグローバリゼーションという現象の一環であり、日本におけるそうした用語の急速な普及は、日本のアカデミズムやジャーナリズムがいかにアメリカの強い影響下にあるか、いわばある種の知的植民地状況を物語るものでもあるだろう。

フランス語でも地球はグローブ（globe）であるが、グローバリザシオン（globalisation）には、もともと「全体化」「総合化」の意味があり、いわゆるグローバリゼーションに対応する語としてはモンディアリザシオン（mondialisation＝世界化）が使われていた。グローバリザシオンがグローバリゼーションの意味で使われることには強い抵抗があり、この語がマスコミで使われはじめたのはようやく最近二、三年のことである。それは例えばエマニュエル・トッドの、「アングロサクソン流に言えば、グローバリゼーションが、この歴史的運命を動かす動力であろう（La mondialisation ── globalisation selon la terminologie anglo-saxonne ── serait la force motrice de cette fatalité historique）」（『経済幻想』邦訳、一六頁）[*] といった表現にも示されている。一九九八年に出版されたトッドのこの書物が激しいグローバリゼーション批判であることからもわかるように、フランスやEU諸国におけるグローバリゼーションに対する抵抗は強い。私自身はトッドに共感しているわけではないが、この用語をなるべく使いたくないという気持があって、これまで可能な限り他の言葉で言い換えていた。だが、これだけ普及してしまえば、使わずにすませることはもはやできないだろう。同じことは用語としてのマルチカルチュラリズムやアイデンティティ、あるいはカルチュラル・スタディーズについても言える。

＊──Emmanuel Todd, L'illusion économique, essai sur la stagnation des sociétés développés, Gallimard, 1998（エマニュエル・トッド著、平野泰朗訳『経済幻想』藤原書店、一九九九）。

もっとも、グローバリゼーションという用語を使わないことは必ずしも、グローバリゼーションという用語が示している現象に無関心であることを意味しない。私の国民国家論にグローバル化に対する視座が欠けているという指摘をうけたとき、[*]私は半ば納得する一方で、少しちがうなと感じた。半ば納得したというのは、その年に出た『国民国家論の射程――あるいは〈国民〉という怪物について』（柏書房、一九九八）をも含めて、私の国民国家論には現在のグローバリゼーションをまだ正面から受けとめる作業ができていなかったのは事実であるし、また「グローバル化の暴力性に対する国民国家」というような受けとめ方はしていなかったからである（この点にかんしてはあとで述べたい）。少しちがうなと感じたのは、『国境の越え方』以後の私の仕事のすべては、広義のグローバリゼーションに対する私なりの考察と意見の表明であったからだろう。

＊――岩崎稔「グローバル化と国民国家への問い」（岩波書店『世界』編集部編、『書評の森 '97 - '98 この本を読もう』一九九八年一一月）。

『国境の越え方』のカバー装画が神戸市立博物館所蔵の南蛮屛風の一つである「世界地図屛風」であったことを思いだしていただきたい。これは直接には第一章の「世界地図のイデオロギー」を念頭に置いての選択であったが、この絵を選んだ理由の説明はこの本では書くことができず、続篇の『地球時代の民族＝文化理論』の序章（「南蛮屛風の語るもの、あるいは世界システムと国民文化について」）に記されている（ついでながらこの本のカバー装画も南蛮屛風か

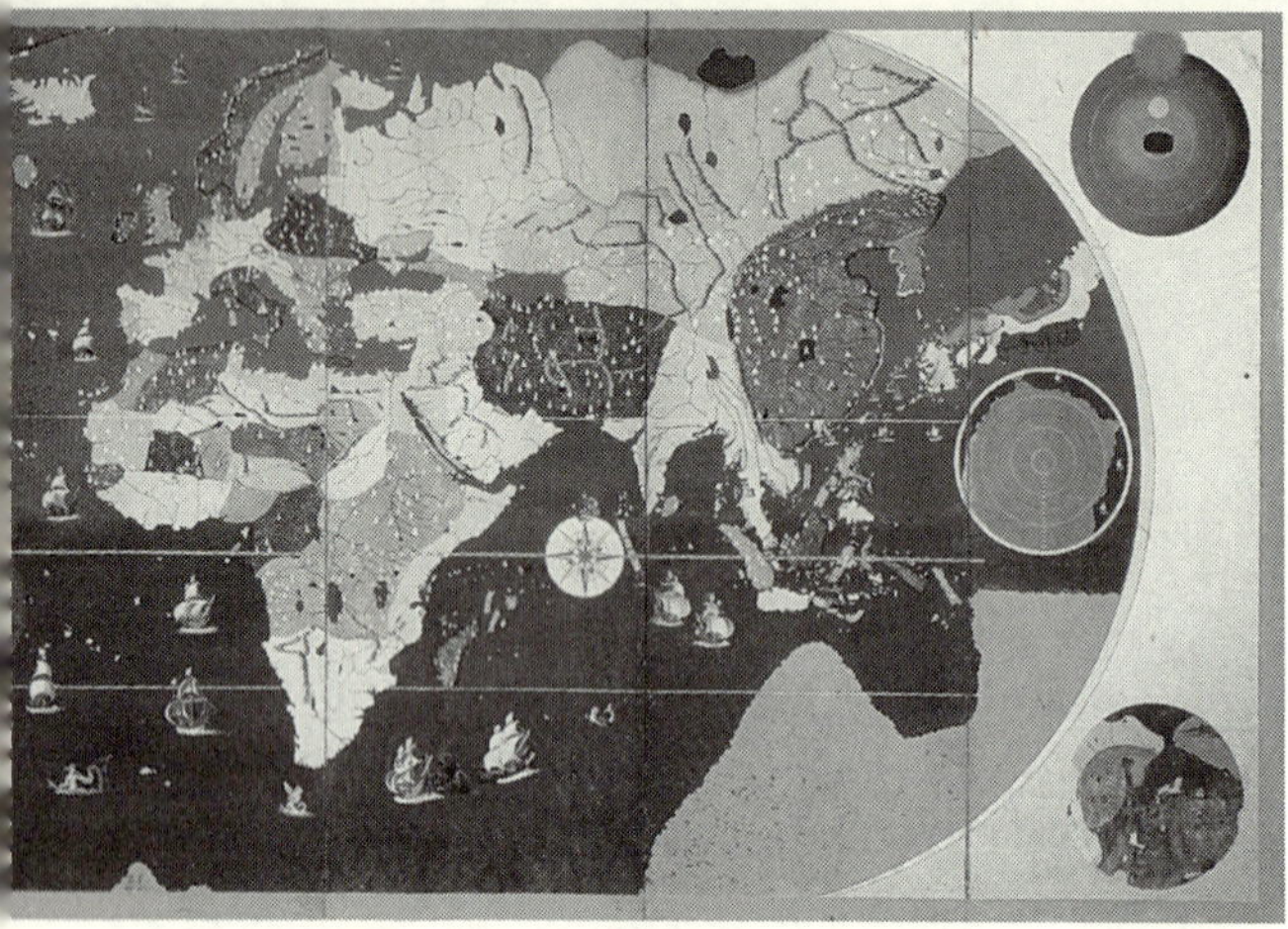

らとられている)。この南蛮屏風へのこだわりは、ありえたかもしれないもう一つの近代への私の夢につながるものであった。ちょうどこのとき(一九九二年二-三月)神戸市立博物館でおこなわれた南蛮屏風の特別展(「南蛮見聞録——桃山絵画にみる西洋との出会い」)を見て、私は単純に、その美しさに圧倒されたのである。南蛮屏風-世界地図屏風には、いわゆる三国(本朝、唐、天竺)の世界に閉ざされていた日本人がポルトガル人の種子島漂着(一五四三年九月)以来、地球大の新世界を発見してゆく喜びと、その発見された世界にかんする最新の情報が風俗画という美的な様式のなかで見事に表現されていた。感動のあまり、私は

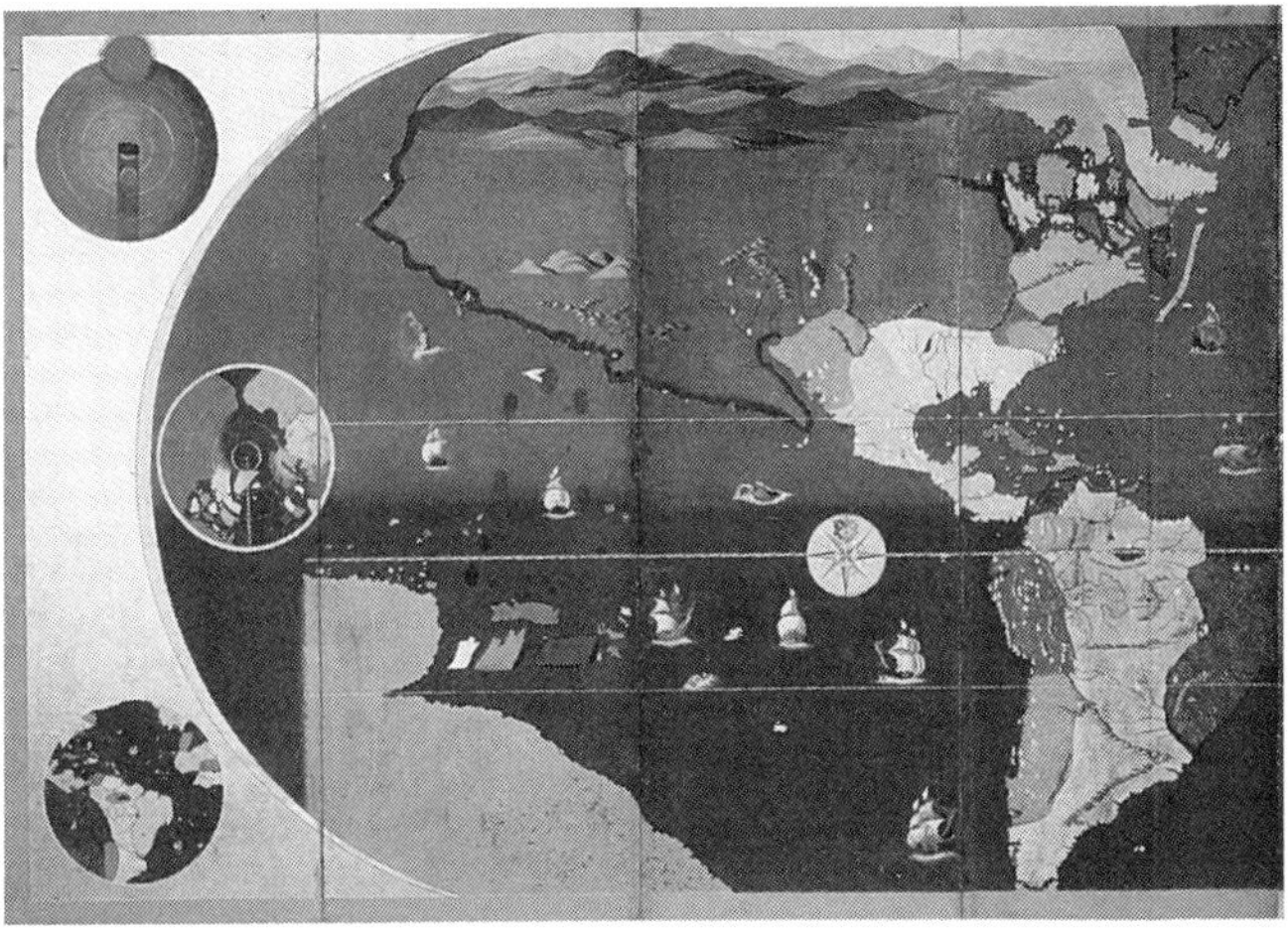

図10 世界地図屏風（神戸市立博物館所蔵）

「世界に開かれたあの豊かな感性は、どのようにして抑圧されたのであろうか。この感性をとりもどすにはどうすればよいのであろうか」、と書いている。

もっとも南蛮屏風を、当時の世界情勢のなかに置き、あるいはその後の世界の歴史の進展を念頭においてあらためて眺めてみると、このような南蛮屏風の見方は実に甘く、一面的でしかないことに気付くだろう。南蛮屏風の作者たちは、コロンブスの第一回航海以後に「発見」された島嶼や大陸で起きている恐ろしい事態については全く知らず、彼らがヨーロッパ人から得た世界地図が果たした役割についても全く無知であって、ただひたすらに新しく開かれた世界への好奇心と交易の喜びの表現に専念しているかのように見えるからである。* このような現実認識の甘さと、現実を直視せず美的形式や固定的な観念のなかに閉じこめてそれで満足しようとする傾向は、その後の日本の歴史のなかでくりかえし現れていることもたしかだろう。後に日本帝国のはじめた戦争や植民地支配がこのような美的形式で表現され、観念的な言語で賛美されることは十分にありうることであった。だがいずれにせよ、これが世界システムに初めて引き入れられたときの日本における対応の際立ったひとつの形であった。南蛮屏風はさまざまな多義性のなかで読み解かれる必要があるだろう。

＊――石原保徳『世界史への道――ヨーロッパ的世界史像再考』（丸善ライブラリー、一九九九）前篇、七四頁以下を参照されたい。

南蛮屏風はある意味では歴史に裏切られたのであった。じっさい時代はたちまち暗転する。キリスト教が厳しく禁圧され迫害と殉教が続き、やがて鎖国が完成する。鎖国は南蛮屏風とは対照的な、グローバリゼーションに対するきわめて現実的な対応であった。そして鎖国が解けたとき、列島の住民たちは南蛮屏風が描かれた時代のあの異文化に対するおおらかで繊細な感受性を失っていたのではないか。それは幕末－明治初期（したがって日本的国民国家の成立期）に異人を描いた風俗画（錦絵）と南蛮屏風を見くらべたときに感じることでもある。

南蛮屛風についての私の思いを記した『地球時代の民族＝文化理論』の序章の第二節に、私は「旧植民地につながる〈白い道〉」というタイトルをつけている。要約のかわりに引用を二つお許しねがいたい。

大航海時代はやがて世界を、文明化された地域と未開の地域に二分する。そして文明化された地域は新旧の国民国家群によって区分され、文明諸国によって未開と断定された広大な地域は文明化の口実のもとに列強によって植民地化される。こうして世界地図は自由な交通を許さない国境によって区分されて、地球の相貌は一変する（二二頁）。

こうして国民国家の時代の世界の交通は、国境と領海によって限られるとともに、海路も陸路も、同じ一つの道が別の二つの意味をもつことになる。富がもたらされる栄光の道は、同時に富が収奪される貧困の道であり、権力が伝達される支配の道は同時に抑圧がもたらされる服従の道である（二四頁）。

この節のタイトルにある「白い道」は徐京植氏のスペインとフランスの国境の入管で受けた経験を述べたエッセー（『私の西洋美術巡礼』みすず書房、一九九一、一四五－一四六頁）から借りたことばであるが、このとき私の念頭にあったのは、とりわけ移民の問題であり、私はグローバリゼーションの問題を移民の問題から考えようとしていた。そしてそのことは今も変わらない。

グローバリゼーションを短い言葉で分かりやすく説明するには、どうすればよいのだろうか。「世界は狭くなりましたなあ」(学術用語に翻訳すれば「時空の圧縮」になるのだろうか)といった会話的表現は、案外グローバリゼーションの本質をついているのかもしれないが、それですますわけにもいかないだろう。グローバリゼーションの説明の仕方の一つは、それに関連した用語や現象を列挙してみることだろう。思いつくままに並べてみよう。——情報化、情報技術革命、コンピュータ、インターネット、テレコミュニケーション、マルチメディア、グローバル・スタンダード、グローバル・ガバナンス、トランスナショナリゼーション、マルチナショナリゼーション、多国籍企業、自由化、規制緩和、ビッグバン、投機、世界的投機集団、金融危機、IMF、開発、観光、遺伝子組み替え、バイオテクノロジー、アグリビジネス、ポストハーベスト、人口問題、環境問題、エコロジー、民族紛争、国連、NGO、NPO、先住民、難民、移民、労働力移動、市場経済、市場化、市場主義、ネオリベラリズム、ネオナショナリズム、リージョナリズム、格差、差異化の拡大、福祉国家、国家の退場、ポストコロニアリズム、ネオコロニアリズム、ネオ帝国主義、アメリカ化、原理主義、ジーンズ・ファッション、グローバル・カルチャー、カルチュラル・スタディーズ、ワールド・ミュージック、エスニック料理、コカ・コーラ、テロリズム、麻薬、マフィア、エイズその他の病疫、等々。多文化主義やアイデンティティを含めてまだまだ列挙を続けることができるだろう。だがこれらすべての事項をいかに関連づけ、統一的に説明できるだろうか。

グローバリゼーションは、地球上で現在進行中の急激で複合的な変化を指しているので、それについて十分な説明をくわえることはまず不可能だろう。文化や文明の定義が何百もあるように、グローバリゼーションの説明も立場によってさまざまであり、一見客観的にみえる説明もきわめてイデオロギー的である。そのことを承知の上で、あえて定義らしきものを求めるとすれば、〈世界システムの崩壊と再編の混沌とした状況を世界化の観点からとらえようとする試み〉、とでも言ってみてはどうだろう。後に述べるように私にとっては世界システム論的な説明がいちばん分かりやすいと思う。だがここでは、文明と文化を問題化した本書のコンテクストにそって、〈グローバリゼーションとは文明化の最終局面である〉、という仮説をはじめに出しておきたい。

私がここであえて文明（化）という言葉をもちだすのは、文明（化）が普遍、進歩、全体化、科学技術の発達だけでなく、グローバリゼーションと呼ばれる現象の諸要素、諸側面（例えばアンソニー・ギデンズの「グローバル化の諸次元」やそれに対抗して出されているローランド・ロバートソンのグローバル化の「四つの基本的要素」――図11、図12を参照）のいずれにもかかわる抱括的な概念であり、またとりわけグローバリゼーションと植民地主義の関連に注目したいからである。現在のグローバリゼーションは長期的なグローバル化の流れのなかで理解されねばならないと思う。長期的なグローバリゼーションの起点をどこに置くかについてはさまざまな立場がありえよう。人類史を巨視的に眺めようとする文明史家は古代の諸文明から説きおこすかもしれない。古典的な国際関係学者は近代の主権国家システムが成立したとされるウェストファリア条約（一六四八年）以後を考えるであろう。より漠然と近代以降、あるいは西欧で文明という語が作りだされ普及した一八世紀後半から、フランス革命や一八四八年革命以後を考えることもできる。一九世紀末からの帝国主義、さらには世界の政治経済が実質的により一体化する第一次大戦以後、あるいはアメリカの覇権が確立する第二次大戦以後を主張する立場もありうる。私はここでは、そうしたグローバル化のさまざまな契機と変容を視野に入れつつ、その起点を、西欧列強の植民地支配が始まるコロンブスのアメリカ大陸「発見」（一四九二年）に置きたい。そうすることによって現在のグローバリゼーションの植民地主義的な側面がより明確に意識されるだろう。言うまでもなくそれは外貌を変えた植民地主義である。

だれもあまりやらない言葉の遊びであるが、civilization＝文明（化）とglobalization＝

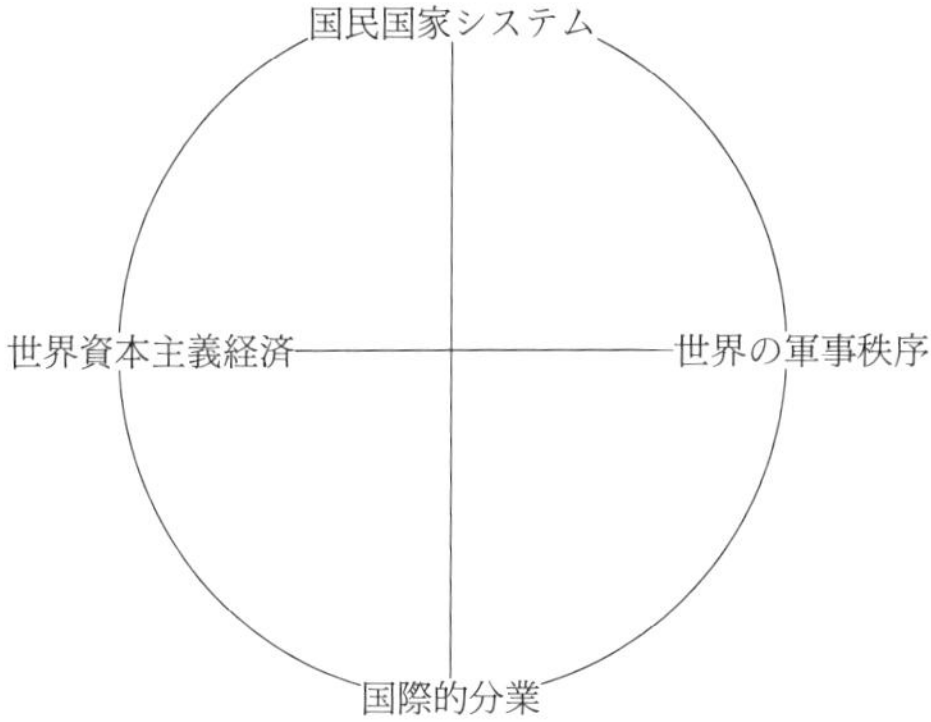

図11　グローバル化の諸次元

A．ギデンズ『近代とはいかなる時代か？』邦訳，p. 92.

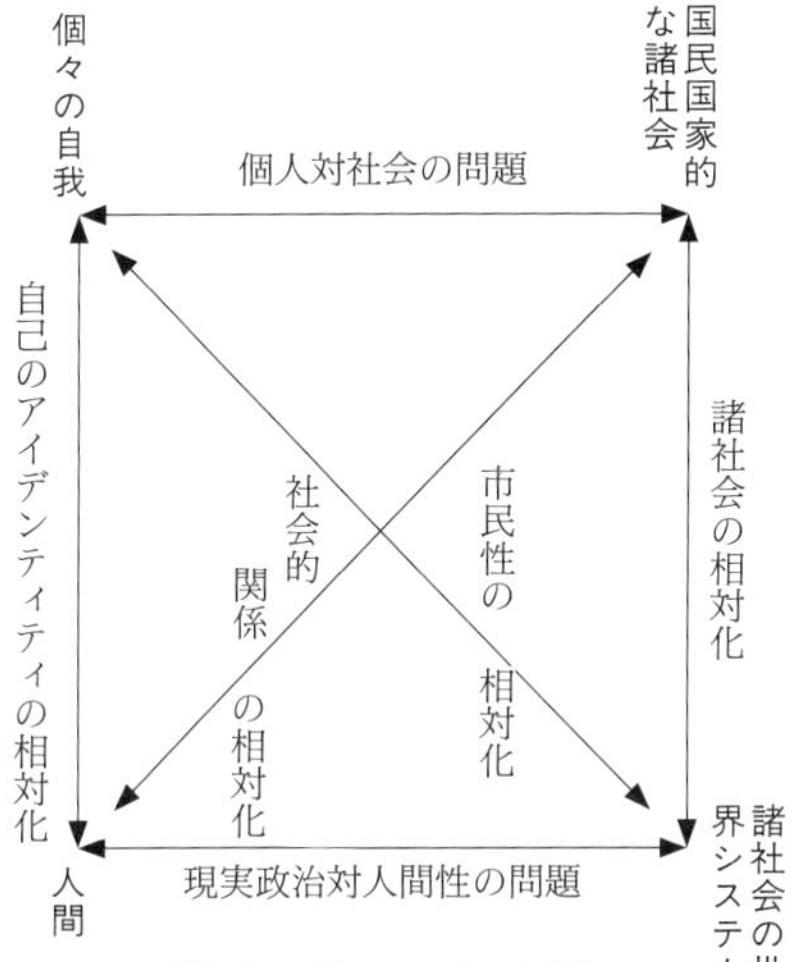

図12　グローバルな場

R．ロバートソン『グローバリゼーション』邦訳，p. 57.

地球化＝グローバリゼーションとを並べてみると、二つの語の類似に気付くはずである。いずれもcivilあるいはglobalという形容詞の名詞化された、行為を表す名詞である。二つの形容詞にはいずれももとになる特定の空間を示す名詞があった。civilizationについてはすでに本書でくわしく説明したように、その語源はラテン語のcivitas、つまり古代ギリシア・ローマの都市国家と市民のイメージを秘めている。文明（化）＝civilizationの語は一八世紀の後半にフランスで新語として普及し、当時形成されつつあった先進的国民国家の到達目標を示すイデオロギーとなった。人類の進歩と普遍性を主要な内容とするこの概念は、人類とその居住区域を文明と未開に区分し、その語の誕生当時からすでに植民地主義を支えるイデオロギー（「文明化の使命」）として機能してきた。文明をめぐる言説は表面的な形は変わってもその本質は今も変わらない。そのことは、第二次大戦後の覇権国アメリカの世界政策を見ても、あるいはサミュエル・ハンチントンの『文明の衝突』を読んでも、容易に納得されることであろう。

しかしながら文明（化）の時代は終焉をむかえようとしている。徐々に進行しつつあった時代転換を何年からと明確に言うことはむずかしいが、それが決定的に現れた年として一九八九年をあげることはむしろ常識的な判断だろう。もちろんその徴候はかなり以前から現れており六〇年代の末には予感されていた。そしてそれはグローバリゼーションという用語が登場しはじめる年代であるが、同時にアイデンティティやマルチカルチュラリズムの用語が登場し普及していく年代でもあった。

グローバリゼーションが空間性を強く意識した言葉であることは、それに応じてただちにローカルが意識され、グローカリゼーションという用語が作られるところからも容易に推測される。だがグローバリゼーションの真の意味は、シヴィリゼーションと対照したときにいっそう明らかになるだろう。文明（化）の時代が終焉をむかえようとしているのは、その時代を支えていた資本主義と国家システムの均衡と相互依存的関係がくずれたからである。科学技術の急激な発達がその崩壊を加速させている。そしてそのような事態が決定的になったのは、まことに皮肉なことに、ソ連と東欧の社会主義圏が自壊し、自由主義諸国が勝利を祝ったときである。このことは逆に、世界資本主義のシステムがある種の均衡と調和を保ちえたのは、戦争をも含めて、国家間の強い対抗関係があったからだということを証明している。社会主義もまた文明概念に支えられたグローバリゼーションのイデオロギーを秘めていた。だが社会主義国が競って市場主義を採り、社会主義という対抗イデオロギーが衰退してゆくとき、ネオリベラリズムという野方図な資本主義と混沌とした無秩序が現れる。

自由主義の一方的な勝利が自由主義の終焉を準備するという歴史のパラドクスを逸早く指摘したのはイマニュエル・ウォーラーステインである（『アフター・リベラリズム』一九九五〈邦訳一九九七〉）。国家という制約と保護を失った資本主義がその最期をむかえるというのも理の当然であろう。ウォーラーステインは世界システムの崩壊について次のように述べている。

現在われわれは三つの意味で転換期にある。世界資本主義は長期にわたる利潤の圧迫に直面しており、世界資本主義の最大の制度的な支えである近代国家は厳しい攻撃にさらされている。この資本主義的世界システムのなかで生産され、そのシステムの知的支柱となってきた知の構造もまた同様に厳しい攻撃にさらされている。またシステムの国家間の枠組は周期的な再構造化の一つを経験しているが、その結果としてシステムが維持される可能性は、不安定化する可能性と同程度である。要するに、現時点は現存するシステムの枠内での修正という平常の状態にあるのではなく、むしろ移行期であり、一つのシステムの崩壊期であり、懐胎期なのである。

ウォーラーステインがここで言わんとしていることは明快であり、私はすでに他の論考でこの文章についてのコメントを加えているので、くわしい説明は省略したい。*またグローバリゼーションについてさらにくわしい説明を加える余裕もないので、以下にグローバリゼーションと呼ばれる現象と概念を考えるにあたって、ぜひとも必要であると思われる観点を、いくつか指摘しておきたいと思う。

*――拙著『国民国家論の射程』一一三頁以下を参照されたい。ウォーラーステインのこの講演「社会科学、そして二一世紀のための国際関係」は、立命館大学国際関係学部創立一〇周年記念のシンポジウムで行なわれ、会場には英文原稿と仮の訳文が配布された。

第一は文明（化）とグローバリゼーションの関係、つまりグローバリゼーションは文明化の最終局面である、という仮説について。誤解のないようにつけ加えると、私はグローバリゼーションが文明（化）に代わるものとして出現したと言っているのではなく、文明化の最終段階ではないか、と言いたいのである。現在グローバリゼーションという用語で述べられているほとんどすべての現象は、科学技術の発達からグローバル文化や世界の単一性に至るまで、文明概念のなかですでに明示されているか、予感されているものであった。またとりわけ経済的側面に注目するとき、「文明化の使命」が植民地主義のイデオロギーであったと同様に、グローバリゼーションが第二の植民地主義、つまりポスト・コロニアル時代の新しい植民地主義を意味していることは明らかだろう。それは同時にグローバル化が「アメリカ化」と呼ばれる側面でもある。

もっとも「アメリカ化」という用語の曖昧さについては注意が必要だろう。この複雑で多様な地域にかんして、何が「アメリカ」であり、何が「アメリカ的」であるかについては誰もわかりはしない。だがそれにもかかわらずこうした言い方にある種のリアリティがあるのは、現在のグローバリゼーションが直接にはアメリカの経済再生策として出発しており、他の諸国にとっては、アメリカの政府と巨大企業によるアメリカ的基準とアメリカ的合理主義の押しつけであり、覇権国による支配と強制と感じとられているからだろう。超国家資本による収奪と支配は、政治的経済的基盤の弱い後発諸国には破壊的な影響を及ぼす。そしてそれは、日本ではせいぜい黒船の再来といった比喩にとどまるとしても、より大きな荒廃がもたらされた地域では、コロンブス以後の野蛮な征服や略奪、それ以後長く続いたラテンアメリカやアフリカやアジアの植民地支配が改めて思いだされるだろう。他方、この「アメリカ化」は同時にアメリカ合衆国の住民に対しても猛威をふるい、アメリカの「アメリカ化」が行なわれ、その結果、貧富の格差が拡大していることも忘れてはならないだろう。

第二に、グローバリゼーションは文明化の発展と同時に限界（つまりは地球という限界）を示している。右の引用文でウォーラーステインが、「資本の長期にわたる利潤の圧迫」を指摘するとき、それは大航海時代以来、搾取と余剰価値を求めて世界に拡大していった資本主義が、植民地時代を終えてついに地球の限界に突き当ったことを意味している（これ以上だれを搾取しどこに余剰価値を求めようというのか）。また「国家が厳しい攻撃にさらされている」と言うとき、それは国民国家が自己のシステムを維持するために行きついた、福祉国家が限界に達したことを意味している（これ以上だれが税金を払いどこから予算を引きだしてくるのか）。一九世紀と二〇世紀を特徴づけた生産力主義の破綻はだれの目にも明らかだろう。だが、生産を伴わない資本の暴走は破滅以外に何をもたらすのだろうか。資本と国家が困難に直面する度に解決策としてくりかえされてきた戦争は、もはや役立たないどころか自己の死滅を招くことも明らかだ。地球上に残り少なくなった未開の地域の開発と、科学技術の発達によって、文明化の時代をいくらかはひき伸ばすことができるかもしれないが、その先は知れている。こうしてグローバリゼーションは、環境破壊とともにエコロジスムの意味をあらためて大きく浮上させることになるだろう。

第三に、グローバリゼーションが世界システムの崩壊と再編、ウォーラーステインの言葉を借りれば、一つのシステムの「崩壊期」と「懐胎期」を同時に含むものであれば、われわれは崩壊してゆくものの姿を直視するとともに、生まれつつあるものについての考察を怠ってはならないだろう。これは理論的にも実践的にもきわめてむずかしい問題である。ウォーラーステインが言うように、世界システムに対応する「知の構造」が疑われているとすれば、旧制度の知識や学問を頼りにして崩壊しつつあるものと生まれつつあるものを識別することは、おそらく不可能だろう。またグローバリゼーションは反グローバリゼーションの対抗運動を呼びおこすが、ナショナリズムや民族再興の運動の現状が示すように、対抗運動はすでに過去のものとなった体制や文化へのノスタルジックな回帰を伴いがちである。

だがグローバリゼーションは、それを否定しようと肯定しようと、すでにわれわれ自身の現実に浸透し現実を変えつつある。グローバリゼーションの進行によって見えてくるものも多い。かつて僻地や僻村と呼ばれていた地域は荒廃し、廃村とならない場合でもすっかり形を変えてしまった。一見孤立したように見える地域でも、情報化社会と無縁でありえず、衣食住のすべてにグローバリゼーションの波が押し寄せている。一〇年前に「日常生活の国際化」と呼んだものを今は「グローバリゼーション」と呼ぶことができるだろう。グローバリゼーションは個人の感性や好みを変え、家族形態を変え、地域を変え、職場を変え、人々の生活形態の全体を変えつつある。人々の生活圏は重なり交錯し、流動的、多元的となり、ローカルなものや市民社会と呼ばれるものの意味や形態も変化しつつある。そしてそこで問われる文化やアイデンティティの意味も変わらざるをえない。

だがこれらは全く新しい事態であろうか。たしかにわれわれは人類の歴史のなかで最も大きく急激な変化に直面していると言えるだろう。しかしながら、生活の流動性やアイデンティティの重層性は、国民国家形成の当初からすでに予感され部分的に実現されていたことを忘れてはならないだろう。日清日露戦争をはさんで日本が帝国（すなわち「完成」した国民国家――もっとも国民国家に安定と完成はありえないというのが私の意見であるが）の形をととのえる一〇〇年前の世紀転換期、日本列島では「国語」や「国民文学」が形成される一方で、人口の大移動の時期をむかえていた。それは中央集権的な国内の再編（中央と地方）に伴う移動だけでなく、新たに獲得した植民地（朝鮮、台湾、満州など）への移動（入植）、植民地からの移動、さらにはアメリカ大陸への移動（移民）などを含み、そうした移動の波は列島の周辺の村々の姿をも変えていったのである。同じような例は、国民国家形成期にある世界のさまざまな国で観察されたはずである。世界システムの中で国家間システムの一環として形成される国民国家は、国境によって国を閉ざす一方で、世界との交流を余儀なくされている。国民性や国民文化論によって代表される国民統合のイデオロギーは、そうした地域や住民の多様性と移動の実態を覆い隠す役割をはたしていたのである。*

＊――この問題にかんしては拙稿「帝国の形成と国民化」（西川長夫、渡辺公三編『世紀転換期の国際秩序と国民文化の形成』（柏書房、一九九九）を参照されたい。なお同じ年に近代の移動の問題を扱った興味深い研究が、私が知りえた限りでも二つ出ている。――花森重行「移動の中のテクスト――国木田独歩と移動する人々」（一九九九年度立命館大学国際関係研究科修士論文）。中村牧子『人の移動と近代化――「日本社会」を読み換える』（有信堂、一九九九）。

第四に、経済のグローバル化が世界の各地で呼び起こしているナショナリズムについて。「グローバル化の暴力性に対する国民国家」という問題の立てかたは正しいだろうか。私は部分的局地的に正しいことはありうるが、基本的には誤っていると思う。グローバル化を押し進めているのは資本主義だけではなく、国民国家もまたその共犯であったのだから。資本主義と国民国家の関係はまだ十分に解き明かされていない。だが国民国家の歴史をふり返れば、あるいは国家間システムの原理を追究してゆけば、国民国家は帝国を志向する、という命題がおのずと導きだされることだろう。植民地主義や世界戦争は国民国家のグローバル化への欲望の際立った表現であって、それを資本主義だけの責めに帰するわけにはいかない。一方でナショナリズムを煽りたてながら他方でグローバル化を推進するというのは、政治的経済的危機に直面した国民国家の政府がとる常套手段である。そのことはアメリカや日本や中国やロシアやインドやマレーシアや……要するにグローバリゼーションに直接間接にかかわっている各国の現在の政権を思い浮かべれば納得のできることであるし、またそのような状況のなかで「グローバル化の暴力性に対する国民国家」という言説がどのようなイデオロギー的役割を果たすことになるかも、おのずと明らかだろう。日本やヨーロッパの保守主義者や極右政党の主張はさておき、ここでは良心的でよりソフィスティケイトされたフランスの共和主義者の発言を引用しておきたい。これはグローバリゼーションを考えるために、さまざまな意味で興味深いテクストである。

現状においては、知識人や組合、市民団体の批判的なたたかいは、まず第一に、国家の消滅に反対することに向けられなければなりません。国民国家は今、外からは金融勢力によって、内からはそれら金融勢力の共犯者たち、すなわち金融業界、高級財務官僚などによって、その土台を掘り崩されています。被支配層は国家を、特にその社会福祉的側面を、擁護しなければならない、と私は考えています。この意味での国家擁護はナショナリズムに発するものではありません。国民国家とたたかうことはありえます。しかし、国民国家が果たしている「普遍的な」機能――そして、超民族国家もまた同じく果たしうるであろうような「普遍的な」機能――は擁護しなければなりません。ドイツ連邦銀行が金利の操作をつうじて様々な国の財政政策を左右するという事態を望まないのならば、超民族的な国家の建設のためにたたかわなければならないのではないでしょうか？　国際金融経済勢力と国内政治勢力から相対的に自律した、そしてEU連合の諸機関の社会政策的機能を強化することができるような超民族国家の建設です。一例を挙げますが、労働時間の短縮をめざす政策は、EUによって採択されヨーロッパのすべての国において施行されるのでなければ、十分な成果を挙げることはできないでしょう（「『グローバリゼーション』神話とヨーロッパ福祉国家」、ピエール・ブルデュー著、加藤晴久訳『市場独裁主義批判』藤原書店、二〇〇〇、七四-七五頁）。

私はブルデューのグローバリゼーション批判の個々の論点にかんしてほぼ全面的に賛成である。だがそれがこのような形で文章化され広く流布されることには首を傾げざるをえない。

このような言説に力をえて、反グローバリゼーションを口実として、「国家を守れ！」というナショナリズムの合唱が始まりそうな予感がするからである（現にフランスやアメリカや日本における一部知識人たちの愛国心の高揚は、最近目立ちはじめた傾向であり、革命の国フランスでは「共和主義的反動」とでも呼びたい流れが観察される。ブルデューをも含めて、レジス・ドブレ、エマニュエル・トッド、ピエール・ロザンバロンなど、それぞれに思想も立場も異なる知識人がいっせいに共和国擁護に立ちあがるさまは、やはり注目に値するだろう）。

右の引用文からも明らかなように、ブルデューの立場はもちろん国家主義でもナショナリズムでもない。ブルデューはその数ページ前で国家の両義性を指摘し（六四頁）、国家が支配層から完全に独立しておらず、中立的な機関ではないことを認めている。しかしながらブルデューによれば、「国家は、古ければ古いほど、強ければ強いほど、重要な社会的征服の成果をその機構のなかに組み込んでいればいるほど、それだけますます大きな自律性を持っている」（六四頁）。この指摘が世界の二五〇ほどの国民国家のどれだけに該当するかここでは問わない。ブルデューはその国家の「自律性」に期待し、それを先の引用文では「国民国家が果たしている『普遍的な』機能」と言いかえ、さらにそれに続く文章では、「歴史的には、国家は合理化を推し進める力でした。それが支配勢力に奉仕する機関とされてしまったのです」（七五頁）と述べる。正直いって、私はこの言葉を読んで愕然とした。ブルデューほどの人がどうしてこういう無神経な発言をするのだろうか。

「歴史的には」とあるが、それはいつのことだろう。国民国家が問題になっている以上、そして社会政策が問題になっている以上、それはフランス革命以後のことだろう。二つの世界大戦と度重なる戦争、ラテンアメリカやアフリカやアジアにおける植民地支配は、国家の押し進める「合理化」であったのか。国家は最近のグローバリゼーションによってようやく「支配勢力に奉仕する」機関とされてしまった、とでも言うつもりなのか。国民国家の時代は戦争と革命、収奪と殺戮の時代であり、フランス共和国の加担した悪行は枚挙にいとまがない。エメ・セゼールの『植民地主義論』や「ベトナム民主共和国独立宣言」やあるいはアルジェリアでフランス共和国の兵隊に虐殺された住民たちの叫び声が、こうした言葉を発するブルデューの脳裏に、よぎることはなかっただろうか。旧植民地の住民にとって国民国家の「普遍的な」機能とは何であったのか。ブルデューは、「国家は抗争の場です」（六四頁）と言いながら、グローバリゼーションに対抗するために、国家の肯定的側面を強調することになる。国民国家論におけるこのようなシフトこそ、グローバリゼーションが仕組んだ罠ではないだろうか。

ブルデューのこのテクストでは、グローバリゼーションは、「野放しの、しかし合理化された、そしてシニックな資本主義への回帰」(六七頁)、「少数の支配的な国々による制覇がすべての金融市場に拡大すること」(七一頁)等々、と記されているが、ここで最も重視されているのは、この「神話」が「福祉国家の成果に対するたたかいの主要な武器」である(六五頁)ということだろう。グローバリゼーションによって「人類のもっとも貴重な文化的成果の経済的・社会的基盤が破壊されつつある」といった表現もあるが、このテクストで護るべき国民国家は福祉国家と言い換えられている。グローバリゼーションが福祉や社会政策を後退させている現象は、到る所で認められる。それは重大な憂慮すべき問題である。だが福祉や社会政策はグローバリゼーションがなければ、はたして後退しなかったであろうか。ここで国民国家とは何か、福祉国家とは何かを改めて問う必要があるだろう。福祉国家は博愛や人道主義の結果ではない。第二次大戦後のイギリスの例が典型的に示しているように、福祉国家は第二次大戦という総力戦の一つの結果として誕生する。総力戦は国政に参加すべき国民の基盤をひろげ、もはや貧民や労働者や女性を無視して国政を維持することは不可能になったからである。だが世界システムが経済的な搾取と格差の上に成立し、国家間システムが国家間の格差と国民のあいだの差別を前提として成立している以上、福祉や社会政策がいずれ限界につきあたることは必至であろう。福祉国家は、特定の歴史的条件のなかで闘いとられたものであると同時に妥協の産物であって、国民国家のなかで完成したその全き姿を現すことはできないだろう。国民国家の衰退、福祉国家の衰退は、グローバリゼーションのせいばかりではない。グローバリゼーションの圧力が、実現するはずもない福祉国家を美化している。福祉国家擁護の観点からグローバリゼーション批判を続けることは、国民国家にアリバイを与え、ノスタルジックな見果てぬ夢をたどることになるだろう。

このテクストのもう一つの興味深い論点は、「国民国家」の維持を主張しながらも「超民族国家」(ここではEU)を擁護し、「新たなインターナショナリズム」の創出を唱えていることである。したがって同じようにグローバリゼーションを批判し、共和国の再建を呼びかけるにしても、EUの解体を予言し、移民の同化を主張するトッド(『移民の運命』『経済幻想』)の場合とは基本的に異なっている。もっともブルデューの言う超民族国家は、国民国家が果たしていた「普遍的な」機能(社会政策的機能)を託された国家であって、それをはたして国家と呼ぶべきなのか、国民国家と超民族国家の本質的な違い、両者の関係、あるいは国民国家から超民族国家への移行などの問題は、ここでは全く問われていない。ここでは護るべき国家は括弧に入れられたままで、それに見合う機関としての「国際金融経済勢力と国内政治勢力から相対的に自律した、そしてEU連合の諸機関の社会政策的機能を強化することができるような超民族国家の建設」が求められているのであり、また相手（グローバリゼーション）が超国家的規模で行動している以上、それに対応した超国家規模の組織（ここではヨーロッパ的規模で行動する労働組合）が必要とされている。

「ネオ・リベラリズムと真の意味で対決しうる真の批判的インターナショナリズムの組織的基盤を創り出さなければなりません」（七六頁）というのがこのテクストの主旨であろう。ギリシア労働者総同盟での発言（一九九六年一〇月）ということもあって、この論理はこびは、おそらくは最初のグローバリゼーション批判であったマルクスの『共産党宣言』（一八四八）の「万国の労働者団結せよ！」に至る論理を思わせる。だがそのような結論に至るために、「現状においては、知識人や組合、市民団体の批判的なたたかいは、まず第一に、国家の消滅に反対することに向けられなければなりません」と言うことから始めなければならないところに、今日の反グローバリゼーション運動の困難と危うさがあるのではないかと思う。国民国家や福祉国家へのノスタルジックな回帰を主張するだけではグローバリゼーションに対抗することはできない。グローバリゼーションと国民国家の共犯関係を指摘するサスキア・

サッセンの文章を以下に引用しておきたい。

理論的かつ政治的に重要な含意は、経済的グローバリゼーションが、事実上、国民国家のある種の要素を強化してきたということである。多くのものが弱体化した場合ですら、とくに顕著なのは財務省のような国際銀行機能と結びついた要素が強化されたことである。こうした事実を国民国家の重要性の衰退に関する一般的な見解の下に隠蔽するならば、われわれは、国民国家自身が、いかに経済的グローバリゼーションによって引き起こされた民主主義の欠陥に貢献しているかを見失うことになる（サスキア・サッセン著、伊豫谷登士翁訳『グローバリゼーションの時代——国家主権のゆくえ』平凡社、一九九九、三三－三四頁）。

最後に、とりわけ日本において強く感じとられるグローバリゼーションの圧倒的なイデオロギーの力に抗して、グローバリゼーションの本質を見極めるためには、そのイデオロギーの発信地であるアメリカ合衆国やイギリスやドイツやフランスや日本といった、中核にある覇権国やその近辺の国々ではなく、グローバリゼーションが及ぶ末端の周辺の地域から考察を続ける必要がある、ということを強調しておきたい。先に、日本の僻村についてふれたが、タイやバングラデシュやボリビアやメキシコや南アフリカ、等々の周辺でグローバリゼーションの結果として何が起こっているか、あるいは何が起こっていないかを考察することが、われわれにグローバリゼーションに対する正しい判断をもたらすだろう。グローバリゼーションの大きな欺瞞の一つは、グローバル化の名のもとに「アメリカ」化が進行し、世界の不平等と断片化が進められていることだろう。それはかつて「国民」化の名のもとに、国民の均質化と平等ではなく、階層化と差別が進められたことを思わせる。

私が移民（ここでは難民や亡命者、移住労働者、等々も含めて広い意味で移民という言葉を使いたい）にこだわるのは、一つにはアメリカやヨーロッパやあるいは日本における移民研究の大部分が、移民を受け入れる受け入れ国（多くは旧宗主国）の、いわば国益の側からの研究であって、移民の側からの観点が弱く（マイノリティの権利を主張するキムリッカでさえ、移民は自由意志であこがれの国にやって来たことになっている）、植民地主義やグローバリゼーションのもたらしたものについて無関心であることに苛立ちを感じてのことであるが、もう一つはそのようにして故郷を離れて移動を余儀なくされた人々の経験のなかに、次の時代の可能性が読みとれるからである。先住民の存在と彼らの主張が、大航海時代以来の西欧中心的な世界史の書きかえを呼びかけるものであるとすれば、増大する移民の存在は、ポスト国民国家時代の人々の生き方に深い示唆を与えるものであると思う。二一世紀の新しい人間関係や人間典型として「移民」を考えることができるだろう。[*] 後に述べるように、移民性は現代の複合社会の住民の特性でもある。

＊——この問題にかんしては拙著『フランスの解体？——もうひとつの国民国家論』に収められた、「多文化主義の観点からみたヨーロッパ統合——地域と移民の問題を中心に」「欧州連合と文化摩擦」「多文化主義とアジア」などの論考を参照いただきたい。なお最近読んだ書物のなかで深い示唆を受けたものに、島田雅彦の『ヒコクミン入門』（集英社文庫、二〇〇〇）がある。この軽妙で深刻なエッセー集には「移民になるための初級レッスン」といった一篇があり、また「国家を市民を閉じこめておく機関としてではなく、移民を送り出し、受け容れる機関として捉え直したら……」（二〇六頁）といった興味深い提案がある。また「移民」の強烈な実践者として『無境界の人』（小学館、一九九八）や『無境界家族』（集英社、二〇〇〇）の著者である森巣博のような存在もあることをつけ加えたい。

最近の先端的発言の一角が女性の移民、とりわけアジア系の人々によって占められていることはよく知られている。トリン・T・ミンハ（『女性・ネイティヴ・他者』『月が赤く満ちる時』）、ガヤトリ・C・スピヴァク（『文化としての他者』『ポスト植民地主義の思想』『サバルタンは語ることができるか』）、レイ・チョウ（『ディアスポラの知識人』『プリミティヴへの情熱』）、サラ・スレーリー（『肉のない日』『修辞の政治学』）等々。これはグローバル化時代の際立った特色を示すものであろう。だが表現の方法をもたない下層の移民たちの言葉をいかにしてききとることができるのだろうか。

多文化主義の可能性

私が多文化主義について関心をもちはじめたのは、一九八四年モントリオール大学に客員教授として招かれて、カナダのフランス語系の学生たちに接したことが直接のきっかけであるが、多文化主義について本気になって考えはじめたのは、本書『国境の越え方』で「私文化」を提唱してからではないかと思う。『国境の越え方』以後今日に至るまで、私は「私文化」という用語をなるべく使わないようにして、もっぱら多文化主義について書いてきた。それは「私文化」に否定的になったからではなく、「私文化」についてより深く考えるための一種の迂回作戦であった。

このままであれば「私文化」は単に「国民文化」に対立する図式的な概念として受けとら

れかねない。だが一見、国民や国家に対立する「私」や「個人」という概念自体も、国民国家形成の過程のなかで生みだされた「国民」や「市民」と一対の、国民国家を支える概念であって（そのことについてはアイデンティティにかんする次節で少し異なる角度から改めて論じたい）、そのような形での「私」や「自我」や「個人」を拠り所として真に国家に対抗することはできないはずである。最も個人主義的といわれるフランスの場合でも、フランス人のいわゆる個人主義はフランス共和国の強力な中央集権と一対一体のものであり相互補完的なものであることは、私にとってはすでに証明ずみのことであった。またそうした国家論の枠組みとは別のところで考えるとしても、「私」が歴史的文化的合成物であることは否定できないであろうし、また「私とは他者である」というランボーの詩句を引きだすまでもなく、「私」の他者性を無視して言語や文化を論じることはできない。

そういったさまざまなことが念頭にありながらも、私がこの書物であえて「私文化」という用語をとりだしてきたのは、文明や文化にかんするさまざまな言説を読み進めていくうちに、それらの大部分は伝統や習俗や集団のルールにかんする記述であって、そのなかに生きる個々人の選択や決断、つまり最終的な生き方については無関心であることが、異様に感じられたからである。国粋主義者や伝統主義者は、国家や文化という、自己の外にある基準や権威に自己を従わせることにどうして満足していられるのだろうか、どうしてそれを屈辱とは感じないのであろうか（もっともそう感じること自体が、彼らに言わせれば個人主義に救い難く毒されていることになるだろう）。文明の普遍性に対して個別的価値を強調する文化概念に、もし救いがあるとすれば、それは、文明と異なり、文化が、その定義に反して、個の内面に深くかかわる可能性を残していることであろう。『国境の越え方』の最終章で私が坂口安吾の「生存それ自体が孕んでいる絶対の孤独」という言葉を引用したのは、文化の問題を、そうした個人の内面のぎりぎりの地点における、最終的な選択と関連させて論じたかったからであり、それが「私文化」のおそらくは本心であった。だがそのような文化論は下手をすれば主観的な信条告白におちいり普遍性を失うだろう。「私文化」の概念をもういちど現実の人々の生活のなかで再考し、鍛えなおすために、多文化主義は私にとってきわめて魅力的なテーマであった。

多文化主義（マルチカルチュラリズム multiculturalism）は、ひとつの理念であると同時に歴史的現実である。多文化主義の語は一般に、ある単一の社会や集団のなかに複数の文化が共存している状態を示すとともに、そのような多文化共存の状態を好ましいと考え、積極的に共存の推進を図ろうとする、政策や思想的立場を指すものとされている。多文化主義は一九六〇年代の半ばに、文化的多元主義(cultural pluralism)に代わる言葉として登場した新語である。一九三〇年代から用いられていた文化的多元主義が主としてヨーロッパ系の移民間の平等や文化的多様性の主張であったのに対して、多文化主義は先住民や黒人や非ヨーロッパ系の住民、あるいは性差別やあらゆる身体的社会的差別に苦しむ人々の権利擁護や文化的多様性の主張を意味するようになり、多文化主義政策はついに一九七一年にはカナダの、続いて一九七三年にはオーストラリアの国是として採用される。多文化主義政策が、カナダとオーストラリアという国民国家としては若い、未来を期待される二つの大国(カナダはロシアに匹敵する世界最大の領土をもち、オーストラリアはヨーロッパ全体を覆う広さである)の国是として採用され、さらには多国籍企業の戦略として喧伝されたことは、多文化主義をめぐる言説に矛盾と混乱をもたらした。多文化主義は、なつかしい私たちの国家の秩序を乱し破壊するものとして、つまりは国民統合の攪乱者として、保守主義者によって危険視され忌み嫌われる一方で、国民統合の、つまりは国民的な抑圧の、より欺瞞的な新しい形態として、自由と解放を求める被抑圧者たちからも疑いの目で見られることになるからである。

多文化主義は、一言語‐一文化‐一民族(国民)といった古典的な国民統合の理念に、一見して明らかに対立する。だがそのことは多文化主義が国民国家を否定することを必ずしも意味しない。カナダやオーストラリアにおける多文化主義の歴史や、現に行なわれている多文化主義政策を分析してみれば、多文化主義は、古典的な原理ではもはや維持できない、機能不全におちいった国民国家を再生させるために創出された、国民統合の新たな形態である、ということが明らかになるだろう。多文化主義政策が新たな国民（国家）統合の形態であるということは、カナダやオーストラリア政府の公式文書にも明記されている。だが問題はそこで終わらない。そのような形態の国民統合によって維持された国民国家は、一見して国民国家の形態を残しつつも異質なものに転化しているのではないか。世界を支配するかに見えるグローバリゼーションが、実は世界システムの最期の姿を映しているように、多文化主義は国家の解体と国家の時代の終焉を予告しているのではないか。そうした疑念は、多文化主義の支持者よりも、むしろ強力な反対者（例えば、アメリカの「英語強化法案」の提案者たちや、『アメリカン・マインドの終焉』、『アメリカの分裂』、『文明の衝突』、あるいは『移民の運命』の著者たち――それぞれアラン・ブルーム、A・シュレジンガーJr、サミュエル・ハンチントン、エマニュエル・トッド）の胸裏を深くよぎったことであろう。どちらの側に立つにせよ、多文化主義は国民国家の危機を表している。

多文化主義を、カナダやオーストラリアやあるいはEUの多文化主義政策からのみ判断するのは一面的である。それらの国々に滞在したことのある人々は、連邦や州の政策としての多文化主義と地域や住民に浸透している多文化主義のあいだに隔たりを感じるはずである。大量に出かける留学生や旅行者の若者たちは、そこで根強い人種的偏見に出会うこともあるが、多くの場合は彼らを受け入れてくれた地域の住民たちの、異文化や外国人に対する開かれた対応に強い感銘を受けて帰ってくる。とくに日本のような依然として閉ざされた国からの旅行者は、その違いに驚くことが多い。それは多文化主義政策のひとつの結果であるかもしれないが、むしろ逆に、住民たちのあいだにすでに存在している多文化主義的感性や習俗を背景にして多文化主義政策が成り立っていると考えた方がよいかもしれない。それに多文化主義政策を固定的に考えてはならないだろう。国際的国内的状況によって、それはさまざまな変化を余儀なくされるからである。現にオーストラリアのハワード政権による反動は際立っている。だがＥＵを解消して、ヨーロッパがそれ以前の相対立する主権国家の集りに戻ることが考えられないように、カナダやオーストラリアが国是としての多文化主義を放棄して、イギリス系住民の独占的な支配や白豪主義に戻ることはありえない。多文化主義は国民国家の不可逆的な変化の方向を指し示している。

　多文化主義の可能性にかんする判断は、多文化主義的な現実を深く見極めることによってしか得られないだろう。だがこの作業が十分に行なわれているとは思えない。政治理論における多文化主義の射程を考えてみよう。近代の主流をなす、そして現在も支配的な自由主義的政治理論においては、「人権」の名の下に市民（あるいは国民）の個人的な諸権利が保障される、民族的・文化的・宗教的に中立的な国家が前提とされている。これに対して多文化主義的政治理論では、市民の基本的な諸権利が守られている限りでという留保はあるものの、「人権」とは異質の「民族的文化的価値」が、時には「人権」に優越する価値として主張される（テイラーが「承認をめぐる政治学」で提起し、マイケル・ウォルツァーが整理してみせた二つの自由主義――「自由主義I」と「自由主義II」――を参照されたい）。これは従来の政治理論を根底から覆しかねない考え方である。

*――チャールズ・テイラー、ユルゲン・ハーバーマス他著、佐々木毅他訳『マルチカルチュラリズム』（岩波書店、一九九六）一四五頁以下。他に、テイラーに対するインタヴュー「多文化主義・承認・ヘーゲル」（『思想』一九九六年七月）を参照されたい。

テイラーと同じカナダのケベック州出身の、おそらく一世代若い政治哲学者キムリッカは、「マイノリティの権利」という観点から多文化主義的政治理論をさらに一歩進めている。キムリッカによれば、近‐現代は国民国家の時代であるが、あらゆる国民国家の国民形成は、つねに多数派民族の少数派民族に対する支配と抑圧を伴っており、中立的な国民国家はあり得ない。したがって少数民族の権利は正義（公正と相互性）の立場から守られ保護されねばならないのであるが、他方、少数民族の不満や反抗（民族問題）が国民国家の最大の不安定要因となっている以上、国民国家を維持し続けるためにも少数民族の権利は尊重されなければならないのである。キムリッカの理論は、自由主義と国民国家の維持を大前提として組み立てられている以上、「伝統的な人権理論をマイノリティの権利に関する理論で補完する」*という目的の域を越えず、また目指すべき国家形態は「多民族連邦制」の段階にとどまる。

＊――ウィル・キムリッカ著、角田猛之、石山文彦、山崎康仕監訳『多文化時代の市民権――マイノリティの権利と自由主義』（晃洋書房、一九九八）。

しかしながらキムリッカが自己抑制的に歩みを止めた限界を越えて、われわれは探究の歩みを続けることができるだろう。キムリッカの言う「国民形成」（nation-building）の過程をさらに仔細に観察すれば、国民形成は単に多数派民族による少数派民族の抑圧によって進行したのでなかったことは直ちに理解される。人種的、民族的、文化的、言語的、宗教的、階級的、地域的、社会的、性的、年齢的、等々、ありとあらゆる差異が総動員されて、単一な国民と単一な文化を目指す国民統合が行なわれてきた。国民国家のこのような差別的抑圧的構造が現に機能しているからこそ、多文化主義は人種的・民族的な問題を越えて、たちまちにして性差や階級、同性愛者や障害者の問題など、あらゆる差異と差別の問題にひろがっていったのである。またさらにつけ加えれば、国民形成に際してはあらゆる差異が動員されただけでなく、差異と差別が必要とされ、必要であるがゆえに作りだされたのであった。中核に対して周辺が、中央に対して地方が必要であったように、マジョリティの形成には劣位の他者としてのマイノリティが必要とされる。愛国的なフランス人の形成には外国人やユダヤ人やハイチ人やドミニカ人、等々が必要であったように、ワスプの形成には黒人やヒスパニックや先住民が必要とされ、日本人の形成のためには、沖縄人や台湾人や朝鮮人やアイヌや被差別民の存在が必要であった。単一の文化と平等均質な国民という幻想は、差別と差異化の構造によって生みだされ、それを生みだした差別と差異化の構造を覆い隠す。もし国民国家がそのような構造を内含し、それによって生き続けているのであれば、その基本的な構造を残したままでマイノリティの「保護」にあたり、エスニック文化の「包摂」を試みることは何を意味するだろうか。キムリッカが試みているように、マイノリティの権利を主張することは、やがてはそのような国家の構造を問い、それを危うくしかねないであろう。

すでに述べたように文化は、文明と同様、もともと国民国家とともに形成された概念であり、国民国家を支えてきたイデオロギーであるが、ここではさらに文化が国民国家にとらわれた概念であることを指摘する必要があるだろう。タイラーの歴史的な定義（本書一五七、二一一頁）をはじめ、さまざまな文化の定義に目を通して直ちに気付くことであるが、特定の集団の独自性と他の集団との差異を強調し、集団内部における統一性と均質性を強調する文化の概念は、国境という境界の内部における主権と、国民の統一、平等と均質性を主張する国民国家のありようを映している。文化の古典的な定義にとらわれている限り、多文化主義は、国民国家の形成期に現れた民族自決の原理の現代版であり、民族と文化の数だけの分立したミニ・ネイションを意味することになる。多文化主義がそのような傾向を内包していることは認めなければならない。だが他方で多文化主義的現実が、そのような文化概念を変えつつあることも忘れてはならないだろう。抑圧された少数派民族の解放運動が、自己の民族的な独自性の発見と民族的な誇りの強調に向かうのは自然の成り行きだろう。だがこの運動はそこで止まりはしない。かつて奴隷として暴力的に拉致された黒人たちの解放運動は、公民権運動のように市民としての平等な権利を求める一方で、自己の民族的な独自性（ネグリチュード）とルーツ探しに向かうであろうが、ルーツをたどって行きついた民族的独自性の虚構にいつかは気付き、現在のあるがままの自分たちの姿に真の価値を見出すことになるだろう。カリブ海のクレオール主義はその典型的な例である。アメリカのフェミニズム運動が多文化主義を介してジェンダー研究に向かうのは*、多文化主義の可能性を示すもう一つの例である。

＊――有賀夏紀「多文化主義とフェミニズム――女性史からジェンダーへの歴史へ」（油井大三郎、遠藤泰生編『多文化主義のアメリカ』東京大学出版会、一九九九）。

だがここでも多文化主義の変容と多文化主義の可能性を最も鮮明に印象づけているのは移民の存在である。リサ・ロウはアジア系アメリカ人の民族的なアイデンティティの追求が、彼らの異質性と同時に彼らの雑種性と複数性の発見に至ることを記しているが*、そのような事態はすべてのマイノリティ移民の上に起こりうることであろう。戦争によって、あるいはグローバリズムという新しい植民地主義によって故国からはじきだされ、やむなく多文化主義の表象を担うことになった移民たちは、彼らが直面する苦難のなかで、未知の新しい時代を生き始めている。

＊――リサ・ロウ「アジア系アメリカ――異質性・雑種性・複数性」（『思想』（一九九六年一月）。リサ・ゴウ、鄭暎惠『私という旅――ジェンダーとレイシズムを越えて』（青土社、一九九九）。

最後に多文化主義のイデオロギー性について次の二点を指摘しておきたい。一つは、多文化主義はグローバリゼーションのイデオロギーであるとする否定的な言説について。もう一つは先住民からの問いについて。

第一点。ビル・レディングズはこの問題について次のように書いている。「超国家企業の感性の訓練においてであろうが、グローバルな経済に自分たちも仲間入りしようとしているカナダや欧州連合のような超国家の連邦政策においてであろうが、多文化主義は、世界経済のために、国家的文化政策に取って代わるものである。このことを別の表現で言えば、多文化主義の議論は、『アメリカ化』のもう一つの形態になる可能性があり（……）」[*]（一五六頁）。この批判は的確だと思う。第一に、多文化主義政策はグローバリゼーションの一環であるという認識は正しいだろう。第二に、国民国家の文化政策が国民文化の育成であるとすれば、それに対応するグローバリゼーショの文化政策が多文化主義となることは十分ありうることであり、それは現に行なわれていることである。第三に、移民の国アメリカでは、全国民が多様な文化をになう移民であることを強調することによって、差異による均質化、つまりは多文化主義による国民統合が可能になる（ただし先住民の犠牲において）。これもレディングズは次のように正しく指摘している。「一般には、多文化主義の効果は、規範から同等に逸脱したものとして、差異を必然的に均質化することにある」(二五五頁)。

＊——ビル・レディングズ著、青木健、斎藤信平訳『廃墟の中の大学』(法政大学出版局、二〇〇〇)。

だが私たちは同時に次のような事実も想起すべきであろう。それにもかかわらず当のアメリカでは、多文化多言語主義は激しい争点ではありえても、カナダやオーストラリアのように国是とはなりえず、いまだに多数派によって抑圧されていること。またたしかに多文化主義はグローバル経済のイデオロギーでありうるが、利潤以外にそれ自体のイデオロギーをもたない資本は、つねに時代のイデオロギーを身にまとう。かつて「民族資本」という言葉が誇らかに発せられた時代があった。ブルジョア国家にも、社会主義国家にも、ナチズムにも資本は姿を変えて適応しえたことを、いま思い出すのは無駄ではないだろう。たしかに多文化主義は商品化される。エスニック・フード、エスニック・ファッション、エスニック音楽、等々。だがあらゆる差異が商品化されるのは資本の固有性であって、多文化主義のせいではないだろう。多文化主義は多国籍企業の戦略である。だがそれは市場の拡大と安い労働力や資源の獲得のためであって、多国籍企業がマイノリティの権利や文化それ自体を尊重しそれに特別の関心を抱いているわけではない。多文化主義とグローバリゼーションが複雑にからみあった状況に注目することは必要である。だが他方で、多文化主義がグローバリゼーションのイデオロギーであるとする批判的な言説が、「グローバリゼーションに対抗する国家」というノスタルジックな国家主義的イデオロギーに手をかしていることも忘れてはなるまい。「多文化主義はもはや時代おくれである」とか「多文化主義は×××のイデオロギーである」といった単純なきめつけによって、複雑な現実のなかで生みだされているものを直視する努力を怠ってはならないと思う。多文化主義は矛盾にみちた、多義的両義的イデオロギーであり現実でもある。私はここで二つのことを提案したい。第一は、多文化主義の名の下に争われ闘われているものが何であるかを、個々の局面で観察し、見極めることである。そこからは巨大な歴史的転換の姿が浮かびあがってくることだろう。第二は、多文化主義が提起した理論的な問題をこの歴史的転換期のなかで究極の地点にまで追いつめて考えることである。そこでは根底的な何かが変わりつつあることが認められると思う。

第二点。多文化主義にかんして最後に指摘しておきたいのは、多文化主義政策や多文化主義をめぐる言説のなかで、最も大きな欺瞞は、〈われわれの土地や文化の横奪者たちはそのことの不正を認めながらも、いまなお何の権利があってこの土地に踏み止まりこの土地を支配しているのか〉、という先住民からの問いに、正面から答えようとしていないということとである。多文化主義は、旧植民地の入植者やその子孫たちが、いまなおその地に留まることを正当化するための巧妙な便法ではないか、という疑念もある。アメリカやカナダやオーストラリアの歴史を、先住民の物語から書きはじめることは、かつてはヨーロッパ人の入植から書きはじめられたヨーロッパ中心的歴史観を根底からくつがえすものである。だがそれはだれのための歴史であろうか。同じ問題を別の角度から、多文化主義をめぐる言説は、なぜアジアやアフリカを対象としようとしないのか、という問いで言い換えることができるかもしれない。* 英語で始められた多文化主義が、アメリカやカナダやオーストラリアやあるいはヨーロッパよりも、言語的文化的民族的にはるかに豊かで多様な、多文化主義が理論ではなく日常生活で実践されている地域のそれぞれの言語で語られはじめるとき、多文化主義は様相を一変させるであろう。

＊──この問題にかんしては拙稿「多言語・多文化主義をアジアから問う」（西川長夫、姜尚中、西成彦編『二〇世紀をいかに越えるか』平凡社、二〇〇〇）を参照いただきたい。

アイデンティティの政治性

グローバリゼーションが主として政治的・経済的な側面から注目される用語であり、多文化主義が主として政治的・文化的側面から注目される用語であるのに対して、アイデンティティは哲学的・心理学的用語であり、とりわけ精神分析学的用語として知られている。それぞれ領域を異にして一見無縁であるかに見える三つの用語が二〇世紀末の世紀転換期において、ほとんど三位一体といってもよいような役割を果たしていることは興味深い。なかでもアイデンティティのような学術用語が、たちまち世俗化して世界に普及し、またナショナル・アイデンティティという用語が示すように、たちまち政治化していったことをどのように考えればよいのであろうか。

アイデンティティという用語と概念は、フロイトとE・H・エリクソンという二つの名前に結びついている。* エリクソンの著作活動は早く、一九五〇年には『幼児期と社会』が出版されているが、『アイデンティティとライフサイクル』(邦訳『自我同一性』一九七三)が出版されたのは一九五九年であり、その後一九六〇年代に入ってアイデンティティの用語は急速に普及する。アイデンティティの語が普及する当時のアメリカの時代背景に目をやれば、ベトナム戦争(とその敗北)、経済的不況と失業、好況期における貧富の格差の増大、消費社会における社会的規範の動揺と不安、アノミー的状況、家族の崩壊、政治的腐敗と国家の威信の低下、黒人解放、公民権運動、マイノリティ集団の自己主張、フェミニズム、学生運動、対抗文化、等々、多文化主義の背後にある社会的要因とほぼ重なるだろう。またそうしたアメリカ社会の危機的な状況や、その大きな変貌と転換を示すさまざまな徴候は、日本やヨーロッパにおいても類似の現象が見出されるであろう。それはまさしくアイデンティティの危機と呼ぶにふさわしい社会的状況であった。

＊――ユルゲン・ハーバーマスはアイデンティティ論の三つの領域を次のように要約している。「自我―同一性の概念をめぐって整理される発達の問題は、三つの異なった理論的伝統のなかで取り扱われてきた。分析的自我心理学（H・S・サリヴァン、エリクソン）、認知的発達心理学（ピアジェ、コールバーグ）、それに象徴的相互行為論によって規定された行為理論（ミード、ブルーマー、ゴフマン）の三つがそれである」（清水多吉監訳『史的唯物論の再構成』法政大学出版局、二〇〇〇、七二頁）。本論では問題の本質をより明快に示すために問題の領域を限定して論じたい。また多文化主義との関連から論じはじめるのは、ハーバーマス的自我－同一性の概念とコミュニケーション論では処理しきれない歴史的現実が現れていることを示したいと考えているからである。

アイデンティティ概念が果たした役割を、グローバリゼーションや多文化主義をめぐる議論のなかにさぐることができる。グローバリゼーションやとりわけ多文化主義をめぐる言説のなかにはアイデンティティの用語が頻出する。アイデンティティ概念が活躍する二つの代表的な領域と言ってもよいだろう。もっともグローバリゼーション論と多文化主義論では、アイデンティティ概念の使われ方や現れ方が異なることは指摘しておかねばならない。グローバリゼーションをめぐる議論では、かつて文明概念が対抗的な概念として文化や民族を呼びだしたのと同じような道筋が読みとれる。グローバルとローカル、普遍と個別の関係がそこではあらためて問われざるをえないからである。これに対して多文化主義をめぐる議論では、形を変えたアイデンティティ論、あるいはアイデンティティ論そのものと言ってもよい場合が多い。新語としての多文化主義は、アイデンティティ概念に支えられ、ようやく普及しはじめたアイデンティティの語とともにひろがっていったのである。

カナダにおける最初の多文化主義宣言とも言うべき、一九七一年一〇月八日のトルドー首相の連邦議会における演説には、次のような一節が含まれている。

　国家的統合というものが深く個人的な感覚においてなんらかの意味をもつとするならば、それは各個人のアイデンティティに対する安定感を基礎として築かれるべきであろう。（中略）強力な多文化主義はこうした原初的安定感を生み出す助けになるだろう。それは万人にとって公正な社会を建設する際の土台となりうる（日本カナダ学会編『史料が語るカナダ』有斐閣、一九九七、二五七頁)。

トルドーの演説は、国家統合(国民統合と言い換えてもよいだろう)と個人的な感覚(内面)を直接結びつけることに一定の留保を示しながらも、結論的には国家統合の基礎としての個人のアイデンティティと個人の選択の自由を考えており、そこに自由主義の論理を認めることができる。だが従来の国民国家の論理を読み慣れた者にとっては、ここで示された論理には驚くべき新しさがあった。従来の国民国家の論理(「一言語 - 一文化 - 一国民」「単一不可分の共和国」「メルティング・ポット」等々)では、均質な国民の単一性が国家を支え、国家の単一性(統合)が国民のアイデンティティを保証していたのであるが、ここ(多文化主義)においては、国民の多様性が国民のアイデンティティを保証し、国家の統一と安定をもたらすというように、論理の逆転が行なわれていたからである。国民の多様性が不安と分裂を生みだすのではなく、「原初的な安定感」を生みだすという論理は、新しい時代の到来を予想させるものであった。

オーストラリアの多文化主義の実践的な目標を定めた「多文化国家オーストラリアのための全国計画」にも次のような一節がある。

次々と入ってくる移民を、ほとんど社会的な摩擦なしにオーストラリア社会の成員として、また労働者として統合したことは、特筆すべき成果である。多文化国家オーストラリアの現実の生活で、すべてのオーストラリア人は、家族の一員や、友人や、会社の同僚や隣人に、驚くほど多様な血筋を引く人を持っている。移民も含め大多数は、オーストラリア人として認められ、またオーストラリアの政治・法制度の枠組みを遵守することを望んでいる。けれどもこれが我々の生活に意義づけを与えているさまざまな文化的伝統を維持することの妨げにならない、という認識が高まっている。我々の多様性がつくりだす活力と、異なる文化間の相互作用が、今日のオーストラリアの他に類をみないアイデンティティに大きく寄与している（多文化社会研究会編『多文化主義——アメリカ・カナダ・オーストラリア・イギリスの場合』木鐸社、一九九七、二三〇頁）。

多文化主義政策が国民（あるいは国家）統合の新たな形態をめざすものである以上、アイデンティティ概念から抜けだすことはできないが、同時に古いアイデンティティ概念に止まることもできない。右の引用にある「他に類をみないアイデンティティ」という表現には、多文化主義がアイデンティティ概念の支えを必要としているという側面と、多文化主義がアイデンティティ概念を拡大し、あるいは破壊しかねない側面の双方が示されている。「多様性がつくりだす活力」や「異なる文化間の相互作用」には、文化や民族の境界を越えた、さまざまな文化や民族の出会いと融合が、アイデンティティの思いがけない変容や構造変化をもたらす可能性が予想されるであろう。

チャールズ・テイラーの「承認」をめぐる政治哲学を支えている中心的な概念の一つはアイデンティティである。テイラーは『承認をめぐる政治』の冒頭で、「現代の政治の多くの要素は、承認（recognition）の必要、時にはその要求をめぐって展開している」ことを指摘し、その例としてナショナリズムやフェミニズム、多文化主義、等をあげ、その後で次のように述べている。

> 後者（フェミニズムや多文化主義）の諸事例における承認の要求は、承認とアイデンティティの間に結びつきが想定されることによって、緊急性を帯びたものになる。ここではアイデンティティとは、ある人々が誰であるかについての理解、すなわち彼らが人間として持つ根本的な明示的諸性格についての理解といったものを意味する。ここには次

のような想定が存在している。すなわち、我々のアイデンティティは一部には、他人による承認、あるいはその不在、さらにはしばしば歪められた承認(*misrecognition*)によって形作られるのであって、個人や集団は、もし彼らをとりまく人々や社会が、彼らに対し、彼らについての不十分な、あるいは不名誉な、あるいは卑しむべき像を投影するならば、現実に被害を被るというものである。不承認や歪められた承認は、害を与え、抑圧の一形態となりうるのであり、それはその人を、偽りの、歪められ切り詰められた存在の形態のなかに閉じこめるのである(テイラー『マルチカルチュラリズム』三七-三八頁)。

テイラーがここでフランツ・ファノンを思いだしていることは、これに続く文章で、家父長制的社会における女性や、アメリカの白人社会における黒人とともに、一四九二年以後のヨーロッパ人による植民地支配にふれていることによっても推測されるが、さらに数十ページ後(八九頁)に『地に呪われたる者』にかんする言及がある。だがテイラーは「承認」とアイデンティティの問題を、ひとまず西欧の政治哲学史の文脈に置きなおす(ルソー、ヘルダー、ヘーゲル、カント等)。テイラーが「承認をめぐる政治」をアイデンティティの定義から始めているのは、近代的な民主主義や自由主義の根幹にある、人間の「尊厳」(dignity)や「真正さ」(authenticity)はアイデンティティによって保証され、あるいはアイデンティティと等価なものとして認識されているからである。テイラーによれば「近代的なアイデンティティの概念が、差異をめぐる政治を生み出した」(五四頁)のである。

テイラーは「真正さ」を「個人化されたアイデンティティ」(an *individualized* identity)と呼んでいる(四一頁)。前近代のアイデンティティが、旧制度における階層秩序のなかに位置づけられたいわば集団的アイデンティティであるのに対して、近代的な個人的アイデンティティが述べられているのであるが、しかしこれ(「個人化されたアイデンティティ」)は自我形成の問題から出発した心理学的アイデンティティ概念から見れば、あまりにも当然なことであり、同語反復であろう。だが、「承認」の政治学をアイデンティティ概念によって基礎づけるためには、アイデンティティ概念を拡大=変容させねばならない。自民族中心的な自閉的アイデンティティ(独白的アイデンティティ)に対して、テイラーは「対話的アイデンティティ」を主張する。テイラーによれば、「私自身のアイデンティティは、私と他者との対話的な関係に決定的に依存しているのである」(五〇頁)。

キムリッカの場合は、テイラーのようにアイデンティティ論にのめりこむことはないが、理論化の最もむずかしい中核的な部分にアイデンティティ概念がかかわっている点では同様である。キムリッカは「自己アイデンティティ」(self-identity) の基礎としての「ナショナル・アイデンティティ」(national identity) という考え方を認めている。ただしこの場合の「ナショナル・アイデンティティ」は一般に言われているような国民(国家)単位のアイデンティティではなく、民族(多くの場合は少数民族)のアイデンティティである。キムリッカによれば自由主義の核となる「自己アイデンティティ」は、「民族《ナショナル》アイデンティティ」を通して形成されるがゆえに尊重されねばならない。だが逆に民族は「自己アイデンティティ」の桎梏にならないだろうか。また仮に民族という枠組みが変わらないとしても、現代社会における文化の変容は著しい。キムリッカはアイデンティティ形成の場として、「社会構成的制度」に対応する「社会構成的文化」(societal culture) という新しい文化概念を提出する。

社会構成的文化とは、公的領域と私的領域の双方を包含する人間の活動のすべての範囲――そこには社会生活、教育、宗教、余暇、経済生活が含まれる――にわたって、諸々の有意義な生き方をその成員に提供する文化である。この文化は、それぞれが一定の地域にまとまって存在する傾向にあり、そして共有された言語に基づく傾向にある

（キムリッカ『多文化時代の市民権』一一三頁）。

キムリッカがいわゆる伝統文化や民族文化とは異なる現在の社会生活に対応した文化概念を構想しようとしていることは理解できるが、同じ書物の別のページでは「社会構成文化は民族文化であることが多い」（二一八頁）という指摘もあり、社会構成文化の概念がキムリッカ自身のなかで揺れ動いている様が見てとれる。マイノリティの権利を正面にかかげ、マイノリティによる「対抗的国民形成」（competing nation-building）を肯定的に評価しようとするキムリッカには、対抗的なアイデンティティ形成が自文化中心的な閉鎖性をおびてしまうという難問題をかかえこむ一方で、「多民族連邦制」が必要とする多民族間の「アイデンティティの共有」の道を摸索しなければならないが、これについての明確な解答はいまだ出ていない。

以上、テイラーとキムリッカに限って、多文化主義とアイデンティティ概念のかかわり方を考察してみた。その他の言説に触れることができないのは残念であるが、読者はほとんどすべての多文化主義論のなかにアイデンティティの文字を見出されるだろう。こうしてアイデンティティ探究の道は多文化主義が普及し変容してゆく道に重なることになる。多文化主義をめぐる言説に現れた、形容詞付きのさまざまなアイデンティティを、思いつくままに数えあげてみよう——個人化されたアイデンティティ、自己アイデンティティ、集団的アイデンティティ、排他的アイデンティティ、独白的アイデンティティ、対話的アイデンティティ、公民的アイデンティティ、地域的アイデンティティ、エスニック・アイデンティティ、民族的アイデンティティ、ナショナル・アイデンティティ、文化的アイデンティティ、宗教的アイデンティティ、対抗的アイデンティティ、多元的アイデンティティ、重層的アイデンティティ、複合的アイデンティティ、流動的アイデンティティ、等々。

アイデンティティ概念の普遍性と歴史的役割を知るためのもう一つの有効な方法は、世界におけるその概念のひろがり方と、その概念を輸入した国々における受容と抵抗の過程を観察することであろう。アイデンティティという語の普及が多文化主義やグローバリゼーションのひろがりと重なっているであろうことは容易に想像される。非英語圏の先進諸国における受容と抵抗の歴史もある程度は知られている（結局は受け入れられたのだ）。各国における精神分析医の数と分布図がわかれば、ある程度の相関関係が示されるだろう。またアイデンティティ概念を受け入れようとしない国々や地域も多いことを忘れてはならないだろう。こうしたことについて、いま詳しく論じることはできないので、ここでは日本の場合について箇単にふれておきたい。日本のアイデンティティ概念受容の歴史は注目に値する。

エリクソンの研究に早くから注目していた土居健郎や小此木啓吾のような精神医学の専門家たちの学界における研究や紹介を別として、アイデンティティの語が日本の一般的な公衆＝読者の目にふれたのは、私の知る限り一九六六年から六七年にかけて『文藝』に連載された江藤淳の『成熟と喪失』においてであった。これは江藤のアメリカ留学直後の作品であり、読者はそれを江藤のアメリカ土産として読んだのである。それは安保闘争後の戦後日本社会の大きな転換期にあたり（高度成長とネオ・ナショナリズム）、江藤自身はこの作品によって、「日本回帰」を強く印象づけた。江藤の転換は、アイデンティティ概念の導入とともに行なわれたと言ってよいだろう。日本におけるアイデンティティ概念の普及は、アメリカの影の下、日本の政治的経済的「成熟」のなかで進行する。つまり個人の主体的な自我形成の問題であったアイデンティティ概念は、はじめからナショナル・アイデンティティ論への方向を含んでいたのである。

日本におけるアイデンティティ概念の導入は、いくつかの領域でさしたる抵抗もなく行なわれた。伊東章子が見事に論証しているように、それはつねに「新しさ」と「差異化」を求める「アイデンティティの問い」として消費社会のイデオロギーとなった。*

＊――伊東章子「イデオロギーとしてのアイデンティティ――一九七〇年代の消費社会に即して」(『立命館言語文化研究』第一二巻三号、二〇〇〇年一一月)。

アイデンティティ概念は、精神分析学の他に社会・心理学の領域に導入され、例えば歴史的転換期における青年のアイデンティティ・クライシスの問題に照明をあてることに成功した。アイデンティティ概念は、歴史学に導入され、ナショナリズムや少数民族、あるいは社会的マイノリティと差別の問題に適用されている。アイデンティティ概念は、文学や評論の領域に普及し、とりわけ日本文化論はもともとアイデンティティ概念の領域であった。アイデンティティ論は保守的国粋主義的な政治家によって活用されているが、左翼の側がこれを敬遠しているふうにはみえない。また、暗黙の了解がありながらも、だれもあまり明確に語ろうとしないアイデンティティ論の領域として、天皇制がある。天皇制こそは、アイデンティティ概念の中核をなす、「自己の連続と不変性」、つまりはナショナル・アイデンティティという自我同一性を具現していることは、否定しようのない事実であろう。*

＊――花崎皋平『増補 アイデンティティと共生の哲学』(平凡社ライブラリー、二〇〇一)の第一章を参照されたい。

アイデンティティという用語は日本では通俗化しているとはいえ、いまだ限られた階層と限られた領域でしか使われていないが、アイデンティティ概念は日本国中のあらゆる地域とあらゆる領域に普及し滲透している。なぜならそれは国民国家のイデオロギーであるからだ。そしてそのことが国民国家の危機の時代におけるアイデンティティ概念の普及と普遍性を説明するだろう。アイデンティティ概念が国家のイデオロギーであるという、このあまりにも自明な事実を明確に指摘し説明した文章は意外に少ない。私の知る限り、そのことを最も的確に言い当てているのは、栗原彬の次の短い文章である。とりわけ後半の一節に注目していただきたい。

アイデンティティという言葉は異なる意味をもっている。⑴「私」ないし自我が生の経験の全体を通して同一に保たれている事実。⑵理性の地平でルールとして同一なもの、つまり論理的普遍性としての思考。⑶あらゆる思考の対象にそなわるA＝Aという事実。⑷認識に主観と客観が合致すること。「私」の同一性が成り立たなければ、少なくとも現行の法体系においては、契約も所有も権利も義務もその根拠を失うことになる。同一性の問題は、人格、神、世界の根拠ばかりか、人々の日常的実践にも深く関わっている。

近代の国民国家も同一性の原理によって構成されている。国民、領土（国境）、主権の概念は同一律と排中律によって規定されていて、そのために国民国家は、一国語・一民族・一国家の神話に傾斜しやすい（『岩波哲学思想事典』一九九八、「アイデンティティ」の項）。

国民国家は国籍によって国民を同定し、国境によって国土を同定し、国民の文化や言語を統一することによって国民統合を図るだけでなく、納税や徴兵や教育やあるいは犯罪の主体である個人を特定し管理することによって国家を維持しなければならない。パスポート、カルト・ディダンティテ（carte d'identité）やIDカード、そして国民総背番号制は国民国家の行きつく理想を示している。だが国民国家はそうした制度に限らず、個人の思考や感性やイデオロギーにおいても同一性原理の支配を理想としてきたのである。国民国家とはまさにアイデンティティの原理が支配し猛威を振う領域であった。

ここで国民国家の形態と国民国家における思考（思想、イデオロギー、科学、等々）の構造上の類似という現象に注意をうながしておきたい。国民国家の時代における国家と観念の相同性（ホモロジー）とでも言えばよいだろうか。国家と家族の相同性は最も分かりやすい例であろう。伝統的な政治学は、あるいは現代の政治家たちも、理想的な国家のあり方を、家族のイメージによって語ることを好む。私はこれまでにいく度か文化の概念が国家のイデオロギーであることを強調してきたが、それは単に文化が国家を支えるイデオロギーであるというだけでなく、国家と文化の形態と構造上の類似を意味している。比較文学や比較文化論はそうした国家と文学、国家と文化の相同性を前提として成立した学問であった。ロマン主義運動における近代的自我の構造が、ありうべき国民国家の構造を映していることは言うまでもない。マイネッケは、ドイツ・ロマン主義を代表する詩人ノヴァーリスの「あらゆる文化は、一人の人間の国家にたいする関係から生じる」という言葉を引用しているが、ドイツにおける文化国家から国民国家への移行というマイネッケのテーゼは、こうした文化や近代的自我と国民国家との相同性を前提として成立している。

ここまでくれば自我の形成にかかわる精神分析学が国民国家の原理や形態と無縁でありえないことは明らかだろう。フロイトの精神分析学の政治性や家父長制的性格については、これまでもたびたび指摘されてきた。ルネ・ジラールはフロイト理論を政治的共同体（国家）形成の理論として読み解いた。ルネ・ジラールを援用しながら、フロイトとエドマンド・バークの理論の類似性を指摘し、フロイトの『トーテムとタブー』（一九一三）を一種の社会契約論として解読し、フロイトを手がかりにフランス革命における政治的共同体（共和国）形成の反フェミニズム的特徴を指摘したリン・ハントの研究*は、そうした系列の優れた仕事の一つであるが、ここであらためて国民国家と精神分析学の相同性を指摘することによって、そうした研究のもつ意味がより明快に理解されるのではないかと思う。

＊——リン・ハント著、西川長夫、平野千果子、天野知恵子訳『フランス革命と家族ロマンス』（平凡社、一九九九）。

現代におけるアイデンティティ概念のもう一つの強力な源泉となっているユングの理論のもつ政治性についても、同じ観点からの考察が可能であろう。二〇世紀の後半になってフロイト理論の一つの側面を強調して展開することになったエリクソンの場合には、精神分析学のもつ政治性や歴史的役割についての認識はより明確であったはずであるが、アイデンティティ概念はエリクソンの予想をはるかに超えて普及し、通俗化する。だがその深い理由は、国家イデオロギーとしてのアイデンティティ概念自体のなかにあったのである。

以上の考察によって、アイデンティティ概念が急速にナショナル・アイデンティティに転換した理由はほぼ説明できたのではないかと思う。ナショナル・アイデンティティの概念は初めからアイデンティティ概念のなかにセットされていたのである。だがそのことはアイデンティティが保守的反動的概念であることを必ずしも意味しない。もちろん、現にアイデンティティ概念がナショナリズムや国民国家の再生をめざす運動に大いに活用されていることは否定できない。その点でアイデンティティ概念の政治的役割は明らかである。だがこれまで見てきたようにアイデンティティ概念が全く逆の働きをしている場合のあることも確かである。本稿は主として多文化主義との関連でアイデンティティ概念の働きを考察してきたためにアイデンティティ論としてはかなり偏ったものになっているかもしれない。多文化主義は、アイデンティティ論を、同質＝同化の基軸から差異＝多様性の基軸に移動させる決定的な役割を果たしている。だが、多文化主義は流動性の強い移民社会を対象としながらも、他方で固定的な文化的民族的アイデンティティを強調するという矛盾を内在させており、多くの場合、統合の観点から議論が行われているからである。だが国民統合の側からでなく、そこに生活する移民＝住民の生活の側から見ればアイデンティティの別の側面が見えてくるだろう。アイデンティティ概念をより広い場において検討するために、最後に二つの例を出しておきたい。

例えばステュアート・ホールがカリブの「文化的アイデンティティ」について語るとき、アイデンティティ概念はナショナリティを越え、文化的国境を破壊する武器となりうるだろう。ディアスポラ・アイデンティティとは「常に自己を新たなものとして、変換と差異を通じて生産／再生産する」からである。[*] 同じ論考でアイデンティティ論として重要な部分を以下に引用しておきたい。

*――ステュアート・ホール著、小笠原博毅訳「文化的アイデンティティとディアスポラ」（『現代思想』一九九八年三月臨時増刊「総特集＝ステュアート・ホール」）一〇一－一〇二頁。他に Stuart Hall and Paoul du Gay, *Questions of Cultural Identity*, SAGE Publications, 1996 を参照。

> おそらくアイデンティティを、すでに達成され、さらに新たな文化的実践が表象する事実として考えるのではなく、そのかわりに、決して完成されたものではなく、常に過程にあり、表象の外部ではなく内部で構築される「生産物」として考えねばならないだろう。こうした考え方が問題化するのは、「文化的アイデンティティ」という言葉が依拠している権威と真正性そのものなのである（九〇頁）。
>
> 文化的アイデンティティとは、歴史と文化の言説の内部で創られるアイデンティフィケーションの地点、アイデンティフィケーションや縫合の不安な地点である。それは本質でなく、一つの位置化（positionning）である。したがって問題のない超越的な「起源

の掟」（Law of Origin）に絶対に保証されることなどないアイデンティティの政治、位置が常にあるのである。（中略）

もしもアイデンティティがどこか固定化された起源からまっすぐ続く線に沿って生まれてこないとしたら、私たちはその編制をどのように理解することができるのだろうか。そこで、ブラック・カリビアンのアイデンティティを、二つの機軸／ベクトル――類似性と継続性のベクトル、差異と断絶のベクトル――が同時に作動することによって「形作られる」ものとして考えてみよう。カリビアン・アイデンティティはこれら二つの機軸の対話的関係という点から考察されなければならないのである（九四頁）。

いわゆるナショナル・アイデンティティに対抗する魅力的なアイデンティティの概念である。だが右の引用文からも見てとれるように、ステュアート・ホールは、交流し変容する、私の用語で言えば、「動態的文化モデル」にふさわしいアイデンティティ概念を追究しているのであるが、まだ十分につきつめられているとは思えない。そのような印象を与える理由の一つは、ホールが（そしてこれはカルチュラル・スタディーズ一般に言えることであるが）文化やアイデンティティの概念を根底から疑うよりは、既成の概念の枠内で概念を変容させようとしているからであろう。

もう一つの例はアルベルト・メルッチの『現在に生きる遊牧民《ノマド》』のなかで展開されているアイデンティティ概念である。メルッチは、現代の複合社会における定住民の移民性とでも言うべきものを照らしだしている。紛争や社会運動など、今日の集合行為においては、アイデンティティの可変性や現在性が問われるからである。* 例えば「集合的アイデンティティ」にかんする次の文章。

* ――アルベルト・メルッチ著、山之内靖、貴堂嘉之、宮崎かすみ訳『現在に生きる遊牧民《ノマド》――新しい公共空間の創出に向けて』(岩波書店、一九九七)。

> 集合的アイデンティティとは、相互に交流している諸個人によって生み出される、相互作用的であり、共有された定義である。そのような人々は、自らの行為の方向性に関心を持ち、それと同時に、その行為が起こる機会やその拘束の現場に関心を持っている。(中略)要するに集合的アイデンティティとは、行為者が共通の認知フレームワークを生み出すプロセスであり、それによって行為者は環境を査定し、その行為の損得を計算することができるようになる。彼らが形成する諸定義は、相互交渉や互いに影響しあっ

た関係の結果でもあるし、感情的な認識の結果でもある（二九－三〇頁）。

このように定義された「集合的アイデンティティ」は、テイラーやキムリッカの「集団的アイデンティティ」とは異なり、「不確実性」「変化」「差異化」を特色とする現代の複合社会の日常生活におけるアイデンティティの不安定や、紛争や社会運動に参加する人々のアイデンティティ形成の過程（メルッチは「個人化 individualization」という用語を使っている）を照し出し、解体－再編されつつある社会の流動性を描きだす。社会変動が加速してゆくなかで個人がかかわる組織は多様化し、個人が手にする情報も増大するために、かつてのアイデンティティの拠り所となっていた諸集団の権威が弱体化した結果として、個人のアイデンティティは危機に直面する。「現在、パーソナル・アイデンティティは『故郷喪失状態』となり（Berger, Berger and Kellner, 1979）、たえまなしに変貌する状況や出来事に対応して、個人は自己の『故郷』を絶えず再構築し続けなければならない」（一三二頁）。これはきわめて分かりやすい説明だろう。だが、このような変化のなかで社会的経験に統一性を与えるためにどのような解決策が考えられるのか。

このような変化のなかで継続性を求めるためには、メタモルフォーゼこそが最善の対応策であるように思われる（Baumgartner, 1983）。言い換えれば、個人的経験の統一性や連続性は、特定のモデルやグループや文化との固定的なアイデンティフィケーションによって確保されるものではないということである。むしろそれは「アイデンティティの形を変え」、現在という時点においてアイデンティティを再定義し、意志決定と同盟をくり返し変更する内的キャパシティに基礎づけられねばならない。しかし、そうなると現在は、各人が自己実現していく中での、繰り返しの効かない無比の経験として、かけがえのないものになる（一三三頁）。

アイデンティティの可変性と現在性は、紛争や社会運動の形態のなかにも現れる。次に引用するのは、本書のタイトルの由来が記された文章である。

今日の紛争には計画性も、将来的ヴィジョンもない。この点は、批判者が意図した意味においてではないが、真実である。先行する行為者とは違って、現代の行為者は普遍的な歴史の筋書きにより導かれているのではない。むしろ、彼らは「現在に生きる遊牧民《ノマド》」に似ている。理論的な術語で表現すれば、「現在」が今日の紛争の場面なのである（五八頁）。

今日の社会運動にかんしても同じことが言えるだろう。メルッチは「複合社会における社会運動は、限定された地域、限定された期間内でのみ展開する」（七七頁）と書いている。この文章は、人々が運動に動員されることによって、それまで水面下に隠されていたネットワークが可視化されることを指摘する文脈のなかで記された文章であるが、それを逆に、動員される個々人の側から読めばどういうことになるだろう。水面下のさまざまなネットワークを通じて動員され運動に参加する個人は、そこで出会った人々と短い期間、一種の共同体を形成するが、その期間が終われば元の場に戻るかあるいはまた別の運動に入ってゆく（つまりメタモルフォーゼが行なわれる）。この「瞬間の共同体」とでも言うべき人々の結合関係は、これまで言われていたような中間集団や民族や市民社会、あるいはゲマインシャフトやゲゼルシャフトとは全く異なる、移動の時代の新たな共同体のモデルを提供するだろう。

残念ながらメルッチには、エンツェンスベルガーの言うような「国際大移動」の観点は弱く、また「社会運動」という観点が移民労働者の問題を見えなくさせているという印象も否めないのであるが、現代の社会運動の特色の一つとして「地球的レヴェルでの複合社会という意識の芽生え」をあげていることを最後に指摘しておきたい。

この「地球的《プラネタリー》」意識は労働者の階級運動が掲げていた、より限定的な「インターナショナリズム」よりも広汎なものです。人間および自然が完全に相互依存している世界システムの中で、人間種という一員として生きているのだという、そうした意識をこれは伴っているのです(二七二頁)。

国民国家はアイデンティティ形成の装置であった。国民文化は国民国家のアイデンティティであり、国民のアイデンティティである。人々が国民国家に安住し、国民文化にとらわれている限り、文化もアイデンティティも問題化されない。アイデンティティが問題化され、アイデンティティの語が普及するのは、アイデンティティを形成する国家装置が機能不全を起こしているからである。文化が問題化されるのも、同じ理由によって説明できるだろう。多文化主義は国民統合の危機の表現であった。文化を問題化するカルチュラル・スタディーズについても同じことが言えるだろう。文化を対象化し問題化できるのは、文化がもはや私たちを全的に拘束する力（かつての国民文化のように）を失って、断片化し周辺化されているからである。* それは国民国家が脱自然化されることによって国民国家論が可能になった状況と類似しており、その意味でカルチュラル・スタディーズと国民国家論は呼応しているのではないかと思う。だがそのような状況をいかなる言語で記述し、理論化できるだろうか。国民国家の崩壊現象を、私たちは国民国家の言語で論じるという困難につきまとわれている（文化や国民という用語を用いずに国民文化を論じることはむずかしい）。国民国家のなかで形成された諸概念はつねに両義性をもち、私たちはその両義性のなかで生きている。私たちの手持ちの概念がつねにそのような概念である以上、私たちにできるのは、変化してやまない現実のなかでその両義性を自らの目で見極め、限界にまで追いつめられた概念の変容と自己展開のなかに未来の可能性を探ることでしかないだろう。外部から突然もたらされる光明や解決策がいかに疑わしく危険なものであるかを、私たちは私たちの、つまりは国民国家の時代の歴史的経験から十分に知っているはずである。

*――この問題にかんしては、ビル・レディングズの前掲書『廃墟のなかの大学』の、とりわけ第七章「文化闘争とカルチュラル・スタディーズ」を参照されたい。そこには私の知る限り、カルチュラル・スタディーズに対する最も厳しい批判が記されているが、カルチュラ

ル・スタディーズの研究者はこれに答えなければならないと思う。

以上、「私文化」が、グローバリゼーションと呼ばれる世界システムと国民国家の崩壊期において、複合的な多文化社会のなかでいかなる形をとりうるかについて考察してきた。交流し変容し、融合し分離する動態的文化概念を担う「私文化」が、国民国家をモデルにした古典的な静態的文化概念をはみだし否定するものであることは言うまでもない。「私文化」にあっては他者との境界の設定（国境と国民性）や同一化が問題ではなく、他者とのかかわり方とその時々の共同性のなかでの自己変容と選択の能力（メルッチの言葉を借りればメタモルフォーゼと現在性）が問われることになるだろう。もちろん、われわれは今なお前近代の文化的遺産を受け継いでおり、例えば言語（国語）ひとつをとっても、近代の国民国家の時代の文化的遺産を無視することはできない。だがそうしたものにたいする個々人の対し方が根本的に異なってくるはずである。二一世紀的文化とは何かという問いにあえて答えるとすれば（あえてと言うのは、歴史の方向性を前提とした問い自体が一九－二〇世紀的であるからだが）、私は二一世紀の「私文化」を表象するのは広義の「移民」であると思う。だが「移民」の文化を押し進めるとき、領域的な国家や文化概念は変容し、あるいは解体せざるをえないだろう。

参考文献

以下のリストは、網羅的ではなく、本論と直接関連があり、現在も容易に参照できる文献のなかから主要なものを選んでいる。

Ⅰ 日常のなかの世界感覚

長田弘、高畠通敏、鶴見俊輔『日本人の世界地図』潮文庫。

織田武雄『地図の歴史——世界篇』『地図の歴史——日本篇』講談社現代新書。

堀淳一『地図——「遊び」からの発想』講談社現代新書。

堀淳一『地図のイコノロジー』筑摩書房。

ジョン・ノーブル・ウイルフォード著、鈴木主税訳『地図を作った人びと』河出書房新社。

R・A・スケルトン著、増田義郎、信岡奈生訳『図説 探検地図の歴史』原書房。

金関義則「世界地図の歴史」、『講座・コミュニケーション』(3 世界のコミュニケーション)研究社、所収。

栗原彬『歴史とアイデンティティ——近代日本の心理=歴史研究』新曜社。

我妻洋、米山俊直『偏見の構造――日本人の人種観』ＮＨＫブックス。

日本人研究会編『日本人研究』（№5、特集＝日本人の対外国態度）至誠堂。

Ⅱ　ヨーロッパのオリエント観

エドワード・Ｗ・サイード著、浅井信雄、佐藤成文訳『イスラム報道――ニュースはいかにつくられるか』みすず書房。

アンワール・アブデル＝マレク著、熊田亨訳『民族と革命』岩波書店。

アヌワール・アブデル＝マレク「日本とアラブ世界における文明・文化・近代化」、臼井久和、内田孟男編『多元的共生と国際ネットワーク』有信堂、所収。

ブライアン・Ｓ・ターナー著、樋口辰雄訳『イスラム社会学とマルキシズム――オリエンタリズムの終焉』第三書館。

Ｐ・Ａ・コーエン著、佐藤慎一訳『知の帝国主義――オリエンタリズムと中国像』平凡社。

シュテファン・コッペルカム著、池内紀、浅井健二郎、内村博信、秋葉篤志訳『幻想のオリエント』鹿島出版会。

彌永信美『幻想の東洋――オリエンタリズムの系譜』青土社。

彌永信美『歴史という牢獄』青土社――第一章に、「問題としてのオリエンタリズム〈内なるオリエンタリズム〉――サイード批判の視点」が収められている。

杉原達『オリエントへの道――ドイツ帝国主義の社会史』藤原書店。

なおくわしい文献については、板垣雄三、杉田英明監修、今沢紀子訳『オリエンタリズム』平凡社の訳書に付された原注、杉田英明氏の解説「『オリエンタリズム』と私たち」、今沢紀子氏の「訳者あとがき」を参照されたい。

III 日本における文化受容のパターン

萩原朔太郎『日本への回帰』、新潮社版『萩原朔太郎全集』第四巻、他。

梅棹忠夫、多田道太郎編『日本文化の構造』（論集・日本文化(1)）講談社現代新書。

加藤周一『加藤周一著作集』（7 近代日本の文明史的位置）平凡社。

山本新「欧化と国粋」、神川正彦、吉沢五郎編『周辺文明論――欧化と土着』刀水書房、所収。

近藤渉『〈日本回帰〉論序説』JCA出版。

岸田秀、K・D・バトラー『黒船幻想』リブロポート。

青木保『「日本文化論」の変容』中央公論社。

磯田光一『鹿鳴館の系譜』講談社文芸文庫。

『伝統と現代』（特集＝日本回帰）伝統と現代社。

IV 文明と文化

A. L. Kroeber and Clyde Kluckhohn, *Culture, a critical review of concepts and definitions,* Vintage Books. 〔クローバー、クラックホーン『文化——概念と定義の批判的検討』〕——その第一部「文化という言葉の歴史」が『立命館大学 国際研究』第四巻の2（一九九一）に訳出されている。

Civilisation—Le Mot et L'Idée, exposés par Lucien Febvre, Emile Tonelat, Marcel Mauss, Alfredo Niceforo, Louis Weber. (La Renaissance du Livre) 〔リュシアン・フェーヴル、マルセル・モース他『文明——言葉と観念』〕。

Philippe Bénéton, *Histoire de mots : Culture et civilisation,* Presse de la Fondation nationale des sciences politiques. 〔フィリップ・ベネトン『言葉の歴史——文化と文明』〕。

Fernand Braudel, *Grammaire des Civilisations,* Arthaud-Flammarion. 〔フェルナン・ブローデル『諸文明の文法』〕。

コンドルセ著、渡辺誠訳『人間精神進歩史』（第一部、第二部）岩波文庫。

フランソワ・ギゾー著、安士正夫訳『ヨーロッパ文明史』みすず書房。

E・R・クゥルツィウス著、大野俊一訳『フランス文化論』みすず書房。

ノルベルト・エリアス著、赤井慧爾、中村元保、吉田正勝訳『文明化の過程』（上・下）法政大学出版局。

ダニエル・ベル著、林雄二郎訳『資本主義の文化的矛盾』（上・下）講談社学術文庫。

アラン・フィンケルクロート著、西谷修訳『思考の敗北あるいは文化のパラドクス』河出書房新社。

O・シュペングラー著、村松正俊訳『西洋の没落』（第一巻、第二巻）林書店。

アーノルド・トインビー著、長谷川松治訳『歴史の研究』〈サマヴェル縮冊版〉1－5巻、社会思想社。

アルフレート・ウェーバー著、山本新、信太正三、草薙正夫訳『文化社会学』創文社。

A・クローバー著、堤彪、山本証訳『様式と文明』創文社。

フィリプ・バグビー著、山本新、堤彪訳『文化と歴史――文明の比較研究序説』創文社。

山本新『文明の構造と変動』創文社。

堤彪『比較文明論の誕生』刀水書房。

福沢諭吉『文明論之概略』岩波文庫。

丸山真男『「文明論之概略」を読む』（上・中・下）岩波新書。

陸羯南『陸羯南集』（近代日本思想大系 4）筑摩書房。

三宅雪嶺『三宅雪嶺集』（近代日本思想大系 5）筑摩書房。

小山文雄『陸羯南――「国民」の創出』みすず書房。

田中彰校注『開国』(日本近代思想大系 1)岩波書店。

加藤周一・丸山真男校注『翻訳の思想』(日本近代思想大系 15)岩波書店。

『明治文化全集』(第五巻 雑誌篇)日本評論社。

内藤湖南『日本文化史研究』(上・下)講談社学術文庫。

J・A・フォーゲル著、井上裕正訳『内藤湖南 ポリティクスとシノロジー』平凡社。

南博編『大正文化』勁草書房。

梅棹忠夫『梅棹忠夫著作集』(第五巻 比較文明学研究)中央公論社。

伊東俊太郎『比較文明』東京大学出版会。

上山春平『日本文明史の構想――受容と創造の軌跡』(『日本文明史 1』)角川書店。

H・マルクーゼ著、田窪清秀、井上純一他訳『文化と社会』(上・下)せりか書房。

ミシェル・ド・セルトー著、山田登世子訳『文化の政治学』岩波書店。

ジンメル著、阿閉吉男編訳『文化論』文化書房博文社。

T・S・エリオット著、深瀬基寛訳『文化とは何か』清水弘文堂書房。

ホイジンガ『汚された世界』(ホイジンガ選集 5)河出書房新社。

V　文化の国境を越えるために

川田順造、福井勝義編『民族とは何か』岩波書店。

『文化人類学』２「特集＝民族とエスニシティ」。

ベネディクト・アンダーソン著、白石隆、白石さや訳『想像の共同体――ナショナリズムの起源と流行』リブロポート。

C・ダグラス・ラミス著、加地永都子訳『内なる外国「菊と刀」再考』時事通信社。

河村望『日本文化論の周辺』人間の科学社。

青木保『文化の否定性』中央公論社。

山崎正和『文化開国への挑戦』中央公論社。

山崎正和『日本文化と個人主義』中央公論社。

加藤秀俊『文化の社会学』PHP研究所。

ブルーノ・タウト著、森儁郎訳『日本文化私観』講談社学術文庫。

ブルーノ・タウト著、平居均訳『ニッポン』明治書房。

ブルーノ・タウト著、篠田英雄訳『日本の家屋と生活』岩波書店。

土肥美夫『タウト　芸術の旅』岩波書店。

土肥美夫、J・ポーゼナ、F・ボレリ、K・ハルトマン著、生松敬三、土肥美夫訳『ブルーノ・タウトと現代』岩波書店。

高橋英夫『ブルーノ・タウト』新潮社。

坂口安吾「日本文化私観」、『坂口安吾全集 14』ちくま文庫、所収。

『現代思想』(特集=坂口安吾――堕落の倫理)一九九〇年八月、青土社。

VI 補論

(a)『国境の越え方』刊行以後の自著と共編著書

西川長夫『地球時代の民族=文化理論――脱「国民文化」のために』新曜社、一九九五。

西川長夫『国民国家論の射程――あるいは「国民」という怪物について』柏書房、一九九八。

西川長夫『フランスの解体?――もうひとつの国民国家論』人文書院、一九九九。

竹内実、西川長夫編『比較文化キーワード』(1・2)サイマル出版会、一九九四。

西川長夫、松宮秀治編『「米欧回覧実記」を読む――一八七〇年代の世界と日本』法律文化社、一九九五。

西川長夫、松宮秀治編『幕末明治期の国民国家形成と文化変容』新曜社、一九九五。

西川長夫、渡辺公三編『世紀転換期の国際秩序と国民文化の形成』柏書房、一九九九。

西川長夫、姜尚中、西成彦編『二〇世紀をいかに越えるか――多言語・多文化主義を手がかりに』平凡社、二〇〇〇。

西川長夫、宮島喬編『ヨーロッパ統合と文化・民族問題』人文書院、一九九五。

西川長夫、渡辺公三、ガバン・マコーマック編『多文化主義・多言語主義の現在——カナダ・オーストラリア・そして日本』人文書院、一九九七。

西川長夫、渡辺公三、山口幸二編『アジアの多文化社会と国民国家』人文書院、一九九八。

西川長夫、原毅彦編『ラテン・アメリカからの問いかけ』人文書院、二〇〇〇。

（b）『国境の越え方』刊行以後に出版された書物のなかから
アンソニー・ギデンズ著、松尾精文、小幡正敏訳『近代とはいかなる時代か？——モダニティの帰結』而立書房、一九九三。

フェルナン・ブローデル著、松本雅弘訳『文明の文法』（I・II）みすず書房、一九九五、九六。

イマニュエル・ウォーラーステイン著、松岡利道訳『アフター・リベラリズム』藤原書店、一九九七。

サミュエル・ハンチントン著、鈴木主税訳『文明の衝突』集英社、一九九八。

E・W・サイード著、大橋洋一訳『文化と帝国主義』みすず書房、一九九八。

姜尚中『オリエンタリズムの彼方へ——近代文化批判』岩波書店、一九九六。

酒井直樹『死産される日本語・日本人』新曜社、一九九六。

子安宣邦『近代知のアルケオロジー』岩波書店、一九九六、
田口富久治、鈴木一人『グローバリゼーションと国民国家』青木書店、一九九七。

上野千鶴子『ナショナリズムとジェンダー』青土社、一九九八。

小熊英二『単一民族神話の起源――〈日本人〉の自画像の系譜』新曜社、一九九五。

小熊英二『〈日本人〉の境界――沖縄・アイヌ・台湾・朝鮮　植民地支配から復帰運動まで』新曜社、一九九八。

駒込武『植民地帝国日本の文化統合』岩波書店、一九九六。

伊豫谷登士翁、酒井直樹、テッサ・モリス＝スズキ編『グローバリゼーションのなかのアジア』未來社、一九九八。

スーザン・ストレンジ著、櫻井公人訳『国家の退場』岩波書店、一九九八。

花田達朗、吉見俊哉、コリン・スパーク編『カルチュラル・スタディーズとの対話』新曜社、一九九九。

吉見俊哉『カルチュラル・スタディーズ』岩波書店、二〇〇〇。

ビル・レディングズ著、青木健、斎藤信平訳『廃墟のなかの大学』法政大学出版局、二〇〇〇。

ジョン・トムリンソン『グローバリゼーション――文化帝国主義を超えて』青土社、二〇〇〇。

R・ロバートソン『グローバリゼーション――地球文化の社会理論』東京大学出版会、一九九七。

サスキア・サッセン著、伊豫谷登士翁訳『グローバリゼーションの時代――国家主権のゆくえ』平凡社、一九九九。

A・D・キング編、山中弘、安藤充、保呂篤彦訳『文化とグローバル化――現代社会とアイデンティティ表現』玉川大学出版部、一九九九。

チャールズ・テイラー他著、佐々木毅他訳『マルチカルチュラリズム』岩波書店、一九九六。

三浦信孝編『多言語主義とは何か』藤原書店、一九九七。

ウィル・キムリッカ著、角田猛之他訳『多文化時代の市民権――マイノリティの権利と自由主義』晃洋書房、一九九八。

H・M・エンツェンスベルガー著、野村修訳『国際大移動』晶文社、一九九三。

S・カースルズ、M・J・ミラー著、関根政美、関根薫訳『国際移民の時代』名古屋大学出版会、一九九六。

エマニュエル・トッド著、平野泰朗訳『経済幻想』藤原書店、一九九九。

エマニュエル・トッド著、石崎晴美、東松秀雄訳『移民の運命――同化か隔離か』藤原書店、一九九九。

油井大三郎、遠藤泰生編『多文化主義のアメリカ――揺らぐナショナル・アイデンティティ』東京大学出版会、一九九九。

関根政美『多文化主義社会の到来』朝日新聞社、二〇〇〇。

小林誠、遠藤誠治編『グローバル・ポリティクス——世界の再構造化と新しい政治学』有信堂、二〇〇〇。

アルベルト・メルッチ著、山之内靖、貴堂嘉之、宮崎かすみ訳『現在に生きる遊牧民《ノマド》——新しい公共空間の創出に向けて』岩波書店、一九九七。

ウィリアム・E・コノリー著、杉田敦、斉藤純一、権左武志訳『アイデンティティ/差異——他者性の政治』岩波書店、一九九八。

花崎皋平『増補　アイデンティティと共生の哲学』平凡社ライブラリー、二〇〇一。

細見和之『アイデンティティ/他者性』岩波書店、一九九九。

エメ・セゼール著、砂野幸稔訳『帰郷ノート・植民地主義論』平凡社、一九九七。

パトリック・シャモワゾー、ラファエル・コンフィアン著、西谷修訳『クレオールとは何か』平凡社、一九九五。

ジャン・ベルナベ、パトリック・シャモワゾー、ラファエル・コンフィアン著、恒川邦夫訳『クレオール礼賛』平凡社、一九九七。

エドゥアール・グリッサン『全‐世界論』みすず書房、二〇〇〇。

伊豫谷登士翁『グローバリゼーションとは何か——液状化する世界を読み解く』平凡社新書、二〇〇二。

あとがき

本書に収められている九つの試論は、いずれも私が五年ほど前から担当している「比較文化論」の講義でとりあげたテーマにかんするものである。この講義に私は「地球時代の異文化交流」といういささか気恥しい副題をつけたのであるが、それはこれまで一般に受けいれられている「比較文化論」とは異なるかたちの講義をしたいと考えたからであった。

これまでの「比較文化論」は世界の文化圏の地図を念頭において、さまざまな言語や宗教、あるいはさまざまな伝統文化や生活様式のなかから、いくつかの典型的なタイプを取りだして比較し、その独自性や差異を強調する、といったかたちのものが多かったと思う。そうしたやり方は意識的無意識的に、世界には純粋な文化のいくつかの型が存在し、また明確に区別される民族や国民性が存在するという前提に立っている。このようなかたちの比較文化論は、方法的、あるいは倫理的にはそれぞれの文化に固有の価値を認める文化相対主義をよりどころにしているが、結局は、文化を静的固定的にとらえることによって文化の国境を強化し、流動し変化する世界の現実とは異なる文化の世界地図を提供するばかりでなく、時にはその意図とは反対に、民族的偏見や差別意識を助長することになりかねない。

比較文化論のこのような陥穽をまぬがれるためにはどうすればよいのであろうか。いく度かの試行錯誤をくりかえした後に、私が行きついた結論は、ほぼ次のようなものであった。まず第一に、文化（したがって比較文化）という概念のもっているイデオロギー性自体の認識からはじめなければならない。文化は国民国家が形成されてゆく過程のなかで形成された概念であり、国民国家の時代の世界観を表している。われわれは今なお文化という言葉と概念を用いざるをえないが、しかし国民国家の原理とシステムが崩壊し変容しつつあるなかで、文化という言葉と概念を使って世界を認識しようとすることは、矛盾に満ちた時代錯誤的行為であることを自覚することからはじめる必要があるだろう。私が本書で文明と文化の概念の歴史的考察に多くのページをさいたのはこのような理由からである。

第二に私が強調したいのは、文化を常に変化し移動する動的なものとしてとらえるという観点である。世界が政治的経済的に根本的な再編成の時代に入っているということは、同時に世界が文化的な動乱の時代にあるということを意味するだろう。「比較文化論」に期待される役割があるとすれば、それはそのような文化的混乱のなかで生きてゆくための道案内のようなものではないだろうか。さまざまな文化が入り混じり、時には融合し時には排除しあいながら急激な変化を続けている一方では、新しい文化的領域の拡大があり古い文化的領域が死滅している。現代世界のいわば文化的混沌の海に乗り出すための新しい探検地図としての「比較文化論」、というのが講義を通じての学生諸君との対話のなかで次第にふくらんでいった私の新しい「比較文化論」のイメージであった。

もちろん、おそらく歴史はじまっていらいの大変動期に人類が直面している現在において、道案内となるような既成の地図があるはずもない。かつて航海者たちのよりどころとなった世界地図も、現在ではむしろわれわれの目を欺き方向を狂わせる役にしか立たないだろう。新たな大航海時代の地図は、まったく別のやり方で画きなおさなければならない。世界は急激に変わりつつあり、その中で世界を見ている自分自身も動き変化している。世界を観察するための既成の方法や学問は、すべてその根底からゆるがされているのに、いまだに学問的権威主義がはびこっているのは笑うべきことだ。結局はめいめいがそれぞれのやり方で自分自身のための探検地図を作らなければならない。私が「文化」という言葉にいくらかの愛着をもっているのは、「国民文化」に対して「私文化」という造語法を許す可能性を「文化」という言葉がいまだに残しているからではないかと思う。

本書を書きはじめてから三年に近い時間がたってしまった。本書は私のおくればせの宿題である。私のつたない講義を熱心に聞いてがまん強く対話の相手になってくれた学生諸君にお礼を言いたい。また大幅におくれた執筆に苦情も言わず、つねに有益な助言とはげましの言葉をおしまなかった編集部の勝股光政さん、その他ここで名前を記すことはできないが執筆にかんしてお世話になった方々に心からの感謝の気持を記させていただきたい。

私ははじめ本書の表題を「世界地図のイデオロギー」とするつもりであった。「国境の越え方」という表題を考えてくれたのは編集者の勝股さんである。このタイトルは本書の内容には立派すぎるが、勝股さんは私が比較文化論を通して考えていたのは、結局は、文化の国境をいかに越えるかという問題であるということを、この表題によって指摘してくれたのだと思う。この書物が編集者と著者の共同作業であったことの証しとして、私はこの提案をよろこんで受けいれることにした。次の機会にはこの表題にふさわしい、もう少し具体的でポジティブな文章を書きたいが、今の段階ではここで筆をおくしかないと思う。

一九九一年一一月九日

西川長夫

平凡社ライブラリー版 あとがき

本書に収められている九篇の論考は、一九八九年から九一年のあいだに書かれているが、それに先立つ数年間の講義ノートが母胎となっており、一九八九年の歴史的な諸事件に直接ふれたものはない。近代の二〇〇年、あるいはさらに広くとってこの五〇〇〇年の人類の歴史のなかでも、おそらく最も大きな転換期であった一九八九年以後の一〇年間を経て、本書はなお再読に値するだろうか。そうした不安というよりは一種の恐怖心を抱きながら、今回あらためて本書を通読して私のえた結論は、再読に値するか否かは読者の決めることであるが、少なくとも私にとって、一九八九年以後の世界で生きてゆくためには、この九篇を書く必要と必然性があったということである。本書『国境の越え方』は同時代に対する私の精一杯の対応であり、さまざまな意味でその後の私の歩みの出発点をなすものであった。今回ほぼ一〇年後に増補改訂版を出すにあたって、本書がいかなる意味で私の現在の出発点であり、またその後の歩みがどの地点にまで達しているかについて要約的に記しておきたい。

『国境の越え方』は私自身に対する問題提起の書でもあったから、それ以後の一〇年、私はそこで提起されている諸問題に答えるために没頭してきたような気がする。その結果としておそらく二つの方向が見えてきた。一つは国民国家論と呼ばれる領域であり、もう一つは国民国家をのりこえるための試みとして多文化主義論、あるいはより広い意味での文化論の領域である。

もう少し具体的に記すと、『国境の越え方』で最も大きなページ数を占めているのは、文明と文化の概念の形成と変容をめぐる考察であるが、この章の執筆当時は膨大な資料に埋もれて格闘しているようなところがあり、細部へのこだわりもあって、おそらく書き方に問題があったのだろうと思う。書評などでも「文明・文化の用語史としての成果」というような私にとっては意外な評価があって、言いたかったことが十分に伝えられていないなという反省があった。そこで雑誌『思想』に執筆の機会が与えられた折に、この部分を大幅に書き直し、「国家イデオロギーとしての文明と文化」(『思想』一九九三年五月)というタイトルで発表した。一八世紀の後半から国民国家とともに形成され、国民国家を支える役割をはたしてきた文明・文化の概念がここであらためて問題にされなければならないのは、なによりもそれが国家の、そして国民国家の時代の支配的なイデオロギーであるからであって、最終的に問われなければならないのは国民国家の存在自体であると考えていたからである。

したがって『国境の越え方』の第四章「文明と文化——その起源と変容」に収められた三篇を「国家イデオロギーとしての文明と文化」に書き改める作業は、はじめは自分の意図をより明確な伝達可能な形にしたいという願いから始められたものであるが、そのような再検討と自己意識化の作業は、結局は自分自身を国民国家論の方向に押しやることになったと思う。「国家イデオロギーとしての文明と文化」の後でその続篇として、「民族」と「文化」の問題に焦点を当てて「地球時代の民族＝文化理論」（『立命館国際研究』第六巻四号、一九九四年三月）を書いたのも、そうした内的必然（衝動と言うべきだろうか）に駆られてのことであった。

『国境の越え方』に収められた他の諸篇についても同じようなことが言えそうである。第三章「日本における文化受容のパターン」に収めた「欧化と回帰」にかんする考察、さらには第五章「文化の国境を越えるために」に収められた二篇に続くものとしては、「日本人論・日本文化論を問う」を書くことになった。これは、立命館大学国際関係学部の「基礎演習共通教材集」のために書いた文章を本に収めるにあたって、ほぼ三倍くらいに書き改めたものである。もっとも先に述べた「地球時代の民族＝文化理論」の後半部はこの第五章に呼応するような形をとっている。こうして一つの文章が次々に次の文章を生みだしてゆくというのは、論理的必然というよりも、ものごとにこだわり続ける私の性癖のせいであるかもしれないが、もうひとつ重要な現実的理由があった。それは私の最初の読者、つまり私が自分の考えを進めるための最初の対話者が、教室の学生諸君であったということである。時代の先端部を生きている若者たちの質問は、多様で鋭く、教員として私はそうした問いに納得のいくような説明をしなければならなかった。たいへんありがたい貴重な経験であった。

以上に記した『国境の越え方』以後の文章は、すべてその三年後に出版された『地球時代の民族＝文化理論――脱「国民文化」のために』（新曜社、一九九五）に収められている。したがってこの書物は、『国境の越え方』の注釈とさらに一歩を進めるための摸索と準備作業といった性質のものとなっている。その後私は少しずつ領域をひろげながら、数冊の自著や編著を出しているが（巻末の参考文献 VI補論(a)を参照されたい）、私の意識のなかではそれらは『国境の越え方』からの一続きの作業であった。

国家装置や国家イデオロギーの問題を、私はフランス革命と明治維新の比較検討から始めたのであるが、それを進めるためには、その問題を理論的に深める一方で、国民国家形成をめぐる同じ問題が日本やフランスに限らず、ヨーロッパの他の国々やとりわけアジア、アフリカ、ラテンアメリカなど、私がこれまでほとんど知らなかった地域について指摘できることを証明する必要があった。また現在の国民国家の変容とそれをのりこえる可能性について、したがって『国境の越え方』で提出した「私文化」についてより深く考えるために選んだのは、多言語・多文化主義の問題であった。

こうした自分の専門を越えた広範な領域の問題について、私がこの一〇年間である程度のイメージと認識をもちえたのは、私が所属していた研究所（立命館大学国際言語文化研究所――この研究所の設立は一九八九年であった）の共同研究とそこに集った同僚や友人たちのおかげである。いまは感謝の気持でいっぱいであるが、同時にそのようなことが可能でありえたこと自体、転換期としての時代の特徴を物語っているのでないかという感慨も否めない。もう一度始めても同じようにはいかないだろう。

補論（「グローバリゼーション・多文化主義・アイデンティティ――「私文化」にかんする考察を深めるために」）は、一〇年前に執筆された『国境の越え方』のテーマのいくつかを発展させ、一〇年前の私と現在の私をつなぐために、新たに書いた文章であるが、自著に対する一つの解釈にもなっていると思う。相変わらずの摸索が続いていることを示す文字通りの試論である。一九九〇年代という二〇世紀末の最後の一〇年が、私たちにとって何であったのか。読者の御意見と御批判がいただければ幸いである。

本書を増補改訂版の形で平凡社ライブラリーに入れていただけることになったのは、私にとって大きな喜びである。『国境の越え方』は、読書会や授業のテクストに使われることも多く、第一章が高校の教科書に収められたこともあって、私の著書のなかではおそらく最も多くの読者をえた本であるが、私にとっては特別の思い入れのある書物であり、なるべく多くの、特に若い人に読んでほしいという願いがあった。私のようにジャーナリズムの中心から遠い距離にある者にとっては、最近は単行本の定価の高さがバリヤーになって、ますます読者との距離が遠くなるという印象が強い。

ただライブラリーに入れていただくについて一つだけ問題が起こった。編集部から、副題の「比較文化論序説」を「国民国家論序説」に改めてはどうだろうかという提案をうけたことである。おそらくこの提案の原因となったのは、私の「補論」の文章ではないかと思う。たしかに私は本書を自分の国民国家論への第一歩として位置づけており、比較文化論は主題からは消えていたからである。もともと「比較文化論序説」という副題を付したのは、この書物が比較文化論という科目の授業をもとにして書かれていたからであるが、本書でも、またじっさいの講義でも、私は現在の比較文化論は比較文化論批判でしかありえないことを強調しており（同じことは他のほとんどすべての科目やディシプリンについても言えるだろう）、その意味でも「比較文化論序説」という副題は適切でないだろう。私は編集部の提案に同意せざるをえなかった。だが一方では、旧著のカバー装画やタイトルの活字には強い愛着があり、旧著に対する裏切行為のように思えて心が痛むことも事実である。

増補改訂版を出すにあたって、もうひとつ嬉しかったのは、私の尊敬する上野千鶴子さんが多忙の時間をさいて解説を書いて下さったことである。フェミニズムは最もラジカルな国民国家批判が行なわれている領域であるが、本書は私の国民国家論がまだ明確な形をとる以前の作品であり、ましてやフェミニストの書物ではない。私は最高の批判者に解説を書いてもらう名誉をえたことになるだろう。心からの感謝の気持を記させていただきたい。

今回の出版に際しては、平凡社の編集部の関正則さんにたいへんお世話になった。ちょうど増補改訂版の作業をはじめたときに、私は再度、緑内障の激しい発作に襲われて、視力と体力の衰えた最悪の状態で本書の補論の執筆と校正を続けなければならなかった。なんとか危機を脱して本書をまとめることができたのは、ひとえに関さんのおかげである。また増補改訂版の出版に際しては、編集者として初版の産婆役をつとめていただいた勝股光政さんにも改めて御礼を申しあげたい。本書には長い年月にわたる勝股さんとの対話の思い出が秘められている。本書もまた実に多くの方々のお世話になったことを、仕事の終わりになって思い浮かべている。ひとりひとりのお名前を記すことはできないので、最後に感謝の気持ちだけを記させていただきたい。

西川長夫

二〇〇〇年一二月一三日

解説──「国民国家」論の功と罪
──ポスト国民国家の時代に『国境の越え方』を再読する

上野千鶴子

1．ポスト国民国家の時代に

本書を読んで、わたしは九〇年代のはじめ、「国民文化会議」というところに招かれて、見田宗介さんたちと同じ壇上に立ったときの強烈な違和感を、あざやかに思い出した。「国民文化会議」とは、一九五五年に設立され、高畠通敏さんや日高六郎さんら、戦後リベラル左派知識人──革新派とも呼ばれた──を糾合した集まりだが、わたしは「国民文化会議」という名前が保守系団体の集まりのように響いて居心地が悪く、わたしのような者が、と場違いな思いを味わった。それとともに「国民文化」という言葉が、戦後の一時期に革新系知識人にとって希望のシンボルでありえたことを知り、その時代と世代の落差に目のくらむ思いがした。

「国民文化」とは「国民国家の自意識」であり「国民統合のシンボル」である、という西川長夫さんの議論を聞いて、当時のわたし自身の違和感の理由に納得がいった。本書の初版の刊行年は一九九二年。ほぼ同時期に、「国民文化」が肯定的な意味と否定的な意味とに、こうも異なる見方で論じられていることを知れば、その違いをたんに時代と世代に還元することはできない。

九〇年代の西川さんは、矢継ぎ早の著作の刊行や講演やシンポジウムの組織化を通じて、「国民国家」という新しいパラダイムを日本に確立し流通させた「国民国家」論の立て役者としての活躍で知られる。西川さんの存在がなければ、九〇年代の日本の知的状況はずいぶん違ったものになったことだろう。わたし自身も西川さんの仕事を通じて「国民国家」という理論的なパラダイムに触れ、影響を受けた。このパラダイムは、「そうだったのか」と積年の謎を次々に解いてくれた。

本書を読みながら、だが、わたしは時間が逆流する奇妙な思いにとらわれた。『国境の越え方』と題された本書は、九〇年代の国民国家論の前にではなく、後にくるべき書物ではないのか？　九二年に刊行された書物を、著者のそれ以降の仕事を知った上で、その一〇年近く後になって評するとはどういう意味を持つだろう？　事実、本書はポスト国民国家の時代と言いうる九〇年代をはさんで、それ以前とそれ以後、という時代の刻印を帯びている。本書は九〇年代を席巻した「国民国家」論を予見しているだけでなく、逆説的なことに、九〇年代の国民国家論が持たないある種の楽天性を持っている。それがなぜか、を問うことは、九〇年代とは――歴史にとっても、西川さん自身にとっても――何だったのか、を腑分けする道筋になるだろう。

2.「国民国家」パラダイムの効果

パラダイムとしての「国民国家」論の、成立とは言わないまでも、流行には、八九年のベルリンの壁の崩壊とそれにひきつづく東欧革命、そして決定的には九一年のソ連邦の崩壊が関係している。わたしたちは自然視されてきた国家が人為的な仕掛けにほかならず、それが成立することもあれば目の前で崩壊することもあることを、つまり他の人為的な装置同様、国家には耐用年数があることを目の当たりにしたのだ。したがって九〇年代は、ポスト冷戦のみならず、ポスト国民国家と初めて言いうる時代となった。民族紛争の続発するアフリカやコソヴォで、国家が統治機構として機能しない泥沼のような現実を見るいっぽうで、国家のない／国家の後の世界をかいま見る構想力をもまた、与えられたのだ。人間の想像力にはつねに限界がある。現実の国家がゆらぎを見せることで初めて、歴史がそれ以外でありえた可能性に対して目が開かれる。九〇年代に「国民国家」論が、流通という以上に、流行したのは、そう考えれば納得できる。国家が宿命でなくなってからはじめて、その起源についての謎が解かれ、自分たちを縛っていた国境が何だったかが相対化される。

だが、本書には、九〇年代以前と以後とを画する現実の世界史的な事件は、ほとんど言及されていない。というより、西川さんの「国民国家」論には、現実の歴史的な変化に直面して突然目を覚まさせられたという以上の、理論的な淵源がある。西川さんにとっては八九年のベルリンの壁の崩壊よりも、同じ年のフランス革命二百年の方が、理論的にはもっと深い影響を持っていることだろう。ということは彼がたんにポスト冷戦という二〇世紀末の出来事ではなく、三世紀にわたる近代（と国民国家）の歴史を射程に置いているということを意味する。

日本のフランス史研究者として、西川さんは、あまりにも当然のことだが、明治維新をフランス革命と比較する、というプロジェクトに引き入れられる。ところで明治維新が「不完全な市民革命」であったかなかったか、という問いは、戦前の社会科学者を「講座派」と「労農派」とに二分する大きな問いであった。明治維新が不完全な市民革命であったとすれば、それ以降成立した明治国家は近代国家とは言えず、したがって革命後のフランスと比較すべくもないことになる。もちろんここにある前提は「近代」「市民」「国家」の範型をすべてフランス（もしくはイギリス）にとり、それからの距離をすべて「逸脱」と見なす西欧中心主義である。

西欧を範型とする前提を破棄すれば、歴史の見え方――これをパラダイムという――が変わってくる。近代におけるすべての国家は、互いに相手に似せて自らを形成し、実定法とその法的主体――フーコーの言うとおり、「主体sujet」でもあり「隷従sujet」でもある――たる国民を創出し、国民教育と国民軍とを備え、排他的帰属を要求し、国境によって地表をくまなく分割する……こういう存在を「国民国家」と呼べば、明治国家が国民国家でないはずがない。そうなれば「自由・平等・博愛」のような「特殊フランス的」な諸価値を近代の指標にしなくても、近代の政治機構は「国民国家」の名において比較できるようになる。ひるがえってヨーロッパ近代のなかの固有性や多様性もまた、分析の組上に載せることが可能になる。

「国民国家」パラダイムが可能にしたのは、こういう比較の視座であった。「近代」という同時代に成立した国家は、いずれも「国民国家」である。なぜなら、西川さんが言うとおり、「国民国家の形成とはたんにひとつの国家の形成だけではなく、同時に世界の国民国家のシステムへの加入を意味する」からである。その意味で近代以降——西川さんにならってもう少し歴史限定的に言えば——フランス革命以降成立した国家で、この「世界的な国家システムへの参入」に非関与でありえた国家はない。それは伝播主義とも流出論とも違う。成立の時期に早い遅いはあるが、それは「進んだ／遅れた」という評価軸を意味しない。どの国民国家も、ただそれが成立した世界史的な文脈の固有性を刻印されているというだけのことであり、したがって一般的な「西欧モデル」というものは成立しえない。

3．「文明」と「文化」の脱構築

国民国家の形成が「世界の国家システムへの参入と国内における国民統合」という二面性を持っていることを、西川さんは「時に相矛盾する」と言うが、矛盾と見えるものはその実みせかけにすぎず、この楯の両面がひとつのイデオロギー装置で説明できることを、西川さんの「文明／文化」論ほど、強力に立証してくれた議論はない。わたしは彼の「国家イデオロギーとしての文明と文化」と題する論文を『思想』(八二七号、一九九三年五月、岩波書店)誌上で読んだときの興奮を忘れない。本書の中心部を占める「文明」と「文化」という概念をめぐる詳細な議論は、のちに簡潔で刈り込まれた『思想』論文の、序奏だったのだと知れる。彼の議論は、「文明」と「文化」の概念をめぐる語源学的かつ衒学的な探究と見せながら、その実、みごとに知の系譜学としての脱構築の実践となっている。

「文明とはフランス人の国民意識である」──「文明」について、これほど明晰で納得できる定義に、出会ったことはあるだろうか。そうか、そうだったのか、とわたしは目から鱗が落ちる経験をした。そう考えれば「文明」や「文明史」「文明学」にまつわるさまざまな謎がいっきょに解ける。なるほど「市民」とは「文明化された人々」の集合であり、「文明」の普遍主義は、どんな人間でも「文明化されうる」ことを可能にしかつ要請し、したがって「文明化途上にある人々」を序列化し、差別と植民地主義の正当化のイデオロギーとなる。だれもがフランス市民になれる、ということは裏返せば、市民に一級市民、二級市民……の序列があることを意味する。一国民国家にすぎないフランスが「文明」のような普遍主義を国家イデオロギーとして持っていることを「矛盾」と考える必要はない。それはフランスの中華思想と拡張主義のあらわれである。

同じように「文化とはドイツ人の国民意識である」。ここで「ドイツ」とは、「遅れて成立した国民国家」の別名であり、「遅れて」というのは、「(先だって成立した国民国家である)フランスの脅威のもとで」という歴史的事情の言い換えにすぎない。「文明」という普遍主義を押しつける強大な隣国の陰で、まだ国民形成さえ実現していなかった「後発国民国家」が採用しえたイデオロギーが「文化」だった。「文化」はその成り立ちの最初から普遍性に対する固有性の主張を伴っており、「普遍性」に対する「補遺」もしくは「残余」として、すなわち移転や同化の不可能な精神性として構築され、したがって排他性と人種主義を正当化するイデオロギーとなる。だからこそ、「後発国民国家」のひとつである明治国家が、フランス流の「文明」ではなくドイツ流の「文化」に親和性を感じ、それを自らの国家イデオロギーに採用した理由も納得がいく。そして「固有文化」——「文化」に「固有文化」以外のものがあるだろうか——の内容の空虚さに空威張りしながら、普遍主義の前に劣等感を抱きつづけてきた歴史も理解できる。

著者がノルベルト・エリアスを引いて「西欧の自意識」と呼ぶものに、この「文明」と「文化」の二類型があり、それぞれがフランスとドイツの国民意識に対応している、という議論は、目がさめるような「逆転」ホームランであった。「文明」という普遍主義をフランスが僭称している、とフランスを羨望する代わりに、「文明」とはもともとフランスという国民国家の発明品だったのだと、「おまえはただのフランスの国民意識にすぎない」と、その概念が誕生した歴史の文脈へとさしもどしてやること——わたしはこの脱構築を、フランスに魅了されフランスに翻弄されフランスに差別されつづけた日本人のフランス研究者による、フランスに対する愛憎両価的《アンビヴァレンツ》な「復讐」と呼びたいくらいだ。この脱構築は、サイードが、オリエンタリズムを「東洋についての知」ではなく、「東洋を支配し再構成し威圧するための西洋の様式」と「逆転」してみせたことに匹敵する。そう考えれば、本書のサイードに対する共感も、よく理解できる。

4.「国民国家」論の流行

九〇年代の「国民国家」論の流行とその功罪に、西川さんは責任があるだろうか。「国民国家」論は、魅力的なパラダイムとして受け入れられ、あっというまに流通し、仕掛け人の思惑を越えた流行現象を起こし、そして日本の他の知の流行と同じく、その概念が充分に咀嚼され成熟しないうちに、またたくうちに飽きられた。「国民国家」パラダイムは、どこを切っても金太郎飴のように、「またか」という声をもって迎えられるようになった。

西川さんがサイードについて書いている次のような批判は、そのまま「国民国家」論にもあてはまる。

「あたかも籠の中で輪をまわすリスを見ているような印象を与えはしないだろうか。二つの理由が考えられる。第一は、議論の方向性が明確でつねにひとつの結論に導かれること。第二は議論に出口が用意されていないこと。」(本書一一五‐一一六頁)

よくできた理論というものは、それ自体自己完結性を持つ傾向があるが、「国民国家」論が説明能力を持てば持つほど、「何でも国民国家」という「一つの結論」が用意されていると見なされるようになったことが、「国民国家」論が飽きられる原因のひとつに挙げられよう。そして国民国家を相対化するための理論であったはずのものが、かえって国民国家の拘束力の大きさを証明する結果になり、「出口なし」の印象を与えるという逆効果を持つに至った。

もちろん、それは「国民国家」論の単純な理解や安直な適用の効果であって、西川さんの責任ではない。マルクスがマルクス主義者の横行に対して苦々しげに「わたしはマルクス主義者ではない」と言ったという故事にならえば、西川さんも「わたしは国民国家論者ではない」と言いたい気分かもしれない。だが、西川さん自身の議論にも「出口なし」の傾向はないだろうか。

なるほど「文明」と「文化」の種明かしは圧倒的だが、近代という時代は、自らが作りだした概念そのものによって、裏切られ、足元をすくわれ、揺さぶられているとは言えないだろうか。「文明」はその普遍主義によって、発明者の意図を越えて諸権利を要求する二級市民、三級市民の自己主張をひきだす効果を持った。他方、「文化」はその固有性によって、他者の文化の固有性をも同時に認めざるをえなくなる。「多文化主義」は論理矛盾というほかないが、「文化」概念はそのような「鬼子」もまた産みだすに至る。「文明」「文化」は国民国家の自己意識である、という命題は明晰だが、イデオロギーを個々の歴史的文脈においてみれば、概念が矛盾し、輻輳し、自己を越え出ていくプロセスを見ることも可能だろう。

たとえば西川さんは「国民主義と国家主義とは盾の両面にすぎず、国民主義は国家主義に回収される運命にあった」と指摘する。丸山真男批判を示唆したこの指摘は、国家主義から国民主義を区別して、後者に希望をつないだ革新系知識人のかくれたナショナリズムをも撃つことで説得的だが、それならどんな選択肢があるのか、という問いに答えない。また国民国家形成後のナショナリズム（強者のナショナリズム）と国民国家形成前のナショナリズム（弱者のナショナリズム）とを区別して、前者は悪だが後者は善だと擁護したがる帝国主義国家の知識人のひよわな贖罪意識にも、西川さんは無縁である。「ナショナリズム」が反帝国主義と植民地解放闘争のシンボルであった時代もあったことを考えれば、「国民国家」論が、ナショナリズムを擁護すべきものから批判の対象へと転換した功績は大きい。「女性（という二級市民）の国民化」をめぐる陥穽を論じてきたわたしにとって、ナショナリズムが、「上から」であれ「下から」であれ、解放を求めるもののゴールにはなりえない、という西川さんのメッセージは、抗しがたい魅力をもっていたが、それではナショナリズムを拒否したあとの代替案を示せと迫られる。菊の紋章がついたパスポートを破り捨てずに「国民国家」批判をすることは、特権者の傲慢だと責められ、在日やパレスチナ人民の「ナショナリズム」への批判はタブー視される。国民主義も国家主義もしょせん国民国家の自己意識の裏表という議論も単純化だが、強者のナショナリズムは抑圧的で弱者のナショナリズムは解放的という二分法も教条的である。そのどちらでもない議論の仕方が求められているのだろう。

5．脱国家の思想

「国民国家」論の最良の果実のひとつというべき小熊英二さんの『〈日本人〉の境界』（新曜社、一九九八年）には、沖縄復帰をめぐって、戦後知識人の「革新ナショナリズム」についてのみごとな分析があるが、かれは「被抑圧者のナショナリズム」については、もう少し注意深く留保の多い論じ方をしている。おそらく「国民国家の自己意識」として登場したナショナリズムもまた、近代が産んだ他の多くの概念同様、文脈に応じて異なるあらわれ方や効果を持つ、と見なすべきなのであろう。小熊さんが紹介している沖縄反復帰論の論者、新川明さんは昨年『沖縄・統合と反逆』（筑摩書房、二〇〇〇年）という本を出したが、そのなかで本土への同化・統合をめざすナショナリズムとも、「独立」論につながる土着ナショナリズムとも一線を画して、沖縄の「反復帰」思想を、「脱国家」的発想と呼ぶ。

「国家を想定しない国民意識は存立しないが、国家を想定しないパトリオティズムは存在し続ける。」「「反復帰」論は、自らの生存空間が国家意志によって不当な抑圧を受けない境域にならない限り死滅することはありえない。なぜならそれは、人類の普遍的な「夢」としての、反権力と自由の思想に根ざしているからである。」（同書一四八頁）と、新川さんは書く。そして、「脱国家」の代替案として「琉球共和社会憲法私案」（『新沖縄文学』48号、一九八一年六月）の試みを示す。「国民国家」パラダイムの登場に先立つこと一〇年近く、国家が宿命的な与件として受け止められていた時代のことであった。九三年になってから同じ『新沖縄文学』に当時を回顧して、歴史家の色川大吉さんが次のように発言したことを、新川さんは著書の中で引用している。

「国家にかわる原理というものは、あの頃（発表時）、目の覚めるような問題提起でした。（中略）あの問題提起は、全世界的に国民国家が終わるという今のような歴史の枠組みが大

きく転換する時にこそ、新しい課題として再論できるのではないかと思います。」（同書一二九頁）

沖縄の現実の衝迫から生まれた構想力は、国民国家を越えるシナリオを指し示す。

同じ衝撃を、わたしは在日韓国人男性の発言から受けたことがある。「在日ナショナリズムと呼ばれるものは、その実ナショナリズムではない。」それは同化を強制する日本のナショナリズムには抗するが、だからといって韓国や朝鮮のナショナリズムに同一化するわけではない。ひとつのナショナリズムに抵抗するために、必ずしも「もうひとつのナショナリズム」を呼び起こす必要はない。在日ナショナリズムは「領土なきナショナリズム」「ナショナリズムに抵抗するナショナリズム」、いまだ適切な表現が生まれていないためにまちがって「ナショナリズム」と呼ばれている——新川さんのことばを借りれば——「反権力と自由の思想」の別名のことなのだ、と。

6. 難民の思想

西川さんは、本書を彼が教壇に立っている大学の講義の受講生の反応から説きおこしているが、「国民国家」批判をめざした議論は、かれらの素朴な反応、「自分の生まれた国をどうして愛してはいけないのか」という問いにさらされる。西川さんは、ルーツ探しやアイデンティティ論が盛んだが、そこに「民族的な自己愛が入りこまないように注意しなければならない」(本書五一頁)と注意を促すが、「なぜ民族的な自己愛を持ってはいけないのか」と素朴に反問されたら、西川さんはなんと答えるのだろうか。そのとき、西川さんの答えは、「なぜなら国境は必ず人間を分断し、「敵」をつくるから」というものであろうが、その背後に、植民地生まれの彼の出自が影を落としていることを見逃すわけにはいかない。

「北朝鮮で生まれ、幼少期を満州で過ごし、敗戦の翌年、難民として三八度線を越えた経験」の持ち主である西川さんは、これからの時代の希望を託す担い手が広い意味の「移民」であるというが、西川さん自身が「故郷を拒まれた」「移民」であり、「難民」であるという「ディアスポラの知識人」なのだ。

ポストコロニアリズムを定義して、スピヴァクは「強姦から生まれた子ども」とずばぬけた表現をしたが、サイードやスピヴァクが、英語圏で教育を受け西欧的な教養を自らの血肉としながら返す刀で西欧的な知の批判をしているように、フランスにここまで通暁しながらその生理の内側に入り込んでアキレス腱を切るような議論を展開する西川さん自身も、サイードやスピヴァクがそうであるように、広い意味で「ポストコロニアルな知識人」でもある。

その西川さんの、国民国家への代替案は「私文化」である。「文明」と「文化」という概念をめぐる犀利で徹底的な検証をふまえた後に、しかも国民国家の枠の中で成り立つ「異文化理解」や「多文化主義」が解にならないことを知悉している彼にしては、「私文化」に希望を託すことは、安易なオプティミズムではないのだろうか。原著が発行されてから約一〇年経って再刊される本書の平凡社ライブラリー版には、「一九九〇年代をふり返って」という「補論」が加えられているが、そのなかでも「多文化主義」と「私文化」に対する希望がふたたび述べられている。ポスト国民国家の歴史的現実を経験したのちも、西川さんのスタンスは変わらず、むしろ強化されている印象を与える。

「文化」を「国民文化」以外のものではありえないと徹底的に暴き出し、したがって「多文化主義」とは、国民統合の新しい様式のことであると見抜いている西川さんが、「私文化」にかぎっては、「文化」概念が自らを超出していく可能性を信じている楽観性は、読者に困惑を与える。

だが「私文化」という自己矛盾的な用語で西川さんが表現しようとしているのは、新川さんと同じく、まだ見ぬ「脱国家」的な生存の様式なのだろう。戦後日本で植民地生まれであるということは、故郷を拒まれたうえで、祖国についに同化しえなかったという経験をさす。

かれ自身そのような「ディアスポラの知識人」として、西川さんはメルッチの「遊牧民（ノマッド）」という概念にも親近感を示すが、「私文化」とは「どこにも属さない私」の「選択と決断」のことを指すのであろう。

昨年一二月の朝日新聞で、同じく大陸からの引揚げ体験を持つ作家の澤地久枝さんが、インタビューのなかで「国家あってこその国民という言い方がありますが……」という問いに答えて、「ごじょうだんでしょう」と語気鋭く切り返したのが印象に残った。敗戦のとき、国家も軍隊も国民を少しも守ってはくれなかった、人々は難民と化して、国家なしで生き抜いてきたのだという気概が貫いていた。

国民国家を越える思想は、難民の視線と治者の視線のふたつの位相を持っている。西川さんにあるのは、難民の側の視線である。いくらかの留保を伴いながらも、わたしが西川さんの議論にふかく共振し共感するのは、彼にこの「難民のまなざし」を感じとるからである。本書が『国境の越え方』と題され、九〇年代のポスト国民国家的な現実を経過してから二一世紀に再刊される意義はそこにある。

二〇〇一年一月

（うえの　ちづこ／社会学）

平凡社ライブラリー　380

増補《ぞうほ》 国境《こっきょう》の越《こ》え方《かた》

国民国家論序説

発行日…………2001年2月7日　初版第1刷

2015年4月27日　初版第7刷

著者……………西川長夫

発行者…………西田裕一

発行所…………株式会社平凡社

〒101-0051　東京都千代田区神田神保町3-29

電話　東京(03)3230-6579[編集]

東京(03)3230-6590[営業]

振替　00180-0-29639

印刷・製本 ……中央精版印刷株式会社

装幀……………中垣信夫

ISBN978-4-582-76380-5

NDC分類番号300

B6変型判(16.0cm)　総ページ480

平凡社ホームページ http://www.heibonsha.co.jp/

落丁・乱丁本のお取り替えは小社読者サービス係まで直接お送りください（送料，小社負担）.

平凡社ライブラリー　既刊より

【思想・精神史】

林　達夫……林達夫セレクション1　反語的精神
林　達夫……林達夫セレクション2　文芸復興
林　達夫……林達夫セレクション3　精神史
林　達夫＋久野　収……思想のドラマトゥルギー
エドワード・W・サイード……オリエンタリズム　上・下
エドワード・W・サイード……知識人とは何か
ルイ・アルチュセール……マルクスのために
市村弘正……増補「名づけ」の精神史
カール・ヤスパース……戦争の罪を問う
T・イーグルトン……イデオロギーとは何か
廣松　渉……マルクスと歴史の現実
ポール・ヴィリリオ……戦争と映画——知覚の兵站術
J・ハーバマス……イデオロギーとしての技術と科学
花崎皋平……増補　アイデンティティと共生の哲学
西川長夫……増補　国境の越え方——国民国家論序説